中国人民大学国际能源战略研究中心

中国能源国际合作报告

迈向低碳时代的全球及地区能源治理

CHINA INTERNATIONAL ENERGY COOPERATION REPORT 2011/2012
Towards Low Carbon Era's Global and Regional Energy Governance

（2011/2012）

主编◎陈 岳　许勤华

时 事 出 版 社

图书在版编目（CIP）数据

中国能源国际合作报告（2011/2012）/陈岳、许勤华主编．—北京：时事出版社，2012.5

ISBN 978-7-80232-526-5

Ⅰ．①中…　Ⅱ．①陈…②许…　Ⅲ．①能源经济－经济合作－国际合作－研究报告－中国－2011～2012　Ⅳ．①F426.2

中国版本图书馆 CIP 数据核字（2012）第 080093 号

出版发行：时事出版社
地　　址：北京市海淀区巨山村 375 号
邮　　编：100093
发行热线：（010）82546061　82546062
读者服务部：（010）61157595
传　　真：（010）82546050
电子邮箱：shishichubanshe@sina.com
网　　址：www.shishishe.com
印　　刷：北京百善印刷厂

开本：787×1092　1/16　印张：20.75　字数：320 千字
2012 年 6 月第 1 版　2012 年 6 月第 1 次印刷
定价：58.00 元

本书为教育部重大攻关课题《低碳经济若干重大问题研究》（项目批准号：09JZD0020）、教育部人文社会科学研究规划青年基金项目《低碳时代发展清洁能源国际比较研究——兼论中国清洁能源国际合作战略》（项目批准号：10YJCGJW016）和中国人民大学科学研究基金项目《中国能源国际合作的理论和实践》（中央高校基本科研业务费专项资金资助 项目批准号：10XN1005）阶段性成果。

目 录

引 篇

主题篇

地区篇

案例篇

序 言

21 世纪的前 20 年，被视为中国和平发展的“战略机遇期”。在此期间，中国经济与社会有望保持较好的态势。稳定、充足、经济的能源供应是中国发展的重要基础。同时，更大的能源需求和更严重的对外依赖，也将是这一进程的必然结果。进一步增强对我国开展国际能源合作重要性、必要性和紧迫性的认识，准确把握国际能源合作的现实性、可能性和机遇性，牢牢把握今后十几年重要的战略发展机遇期，牢固树立和落实互利合作、多元发展、协同保障的新能源安全观，坚持统筹国内发展和积极开展国际能源合作，提高把握国际能源市场机遇和规避市场风险的能力，建立多元、稳定、可靠的能源供给保障体系，在开放的格局中维护国家能源安全，这是我国当前和今后较长一个时期内的重大战略选择。

进入 21 世纪，中国能源国际合作的大背景即国际能源形势发生了重大的变化和调整，国际能源发展中的核心问题也有了一定意义上的转移。主要表现为全球石油市场的建立和完善，使得石油、天然气可以在全球范围内流通和交易。国际地区层面上的能源管理机制如石油输出国组织（OPEC）、国际能源机构（IEA）在协调能源政策方面的作用不断显现。作为能源安全重要组成部分的环境安全，更需要地区内国家的合作。因此，能源安全越来越需要依靠能源市场的相互依赖和国际合作来实现。

同时，国际合作的内容随着能源安全概念的逐渐扩展而不断增加，不仅包括能源供应安全，也包括能源使用安全问题，即对环境的影响问题。随着石油的广泛使用，在石油开采、运输、消费过程中产生的环境问题，如气候变暖、臭氧层、酸雨、油轮泄漏等，开始引起人们的注意。可以说，现代意义上的能源安全是与可持续发展紧密联系在一起的，能源安全是实现一个国家或地区国民经济持续发展和社会进步所必需的能源保障的一种状态，它不仅包括能源供应的安全，也包括对由于能源生产与使用所造成的环境污染的治理，能源安全是能源供应安全和使用安全的有机统一。

本研究将在国家层面、国家间互动关系的层面以及国家与市场互动的层面上展开，试图进行跟踪式的调查与研究，了解国际能源整体形势（即国际能源发展的国际政治经济背景）的变化对中国能源国际合作的影响过程、影响程度、主要影响因素及主要影响方式等；中国应该在理论和实践上如何做出相应的回应：中国是否能够通过国际合作，解决自身能源安全问题？中国开展国际能源合作有哪些可以优先考虑的合作模式？如何开展多边能源合作？开展多边能源合作的利与弊？开展能源合作的重点是什么？中国对合作的战略选择有哪些限制性因素？等等。因为每年国际能源形势都会有较大的变动，因此中国能源国际合作有必要对其进行长期的跟踪性研究，对其进行国际政治经济学的研究，这将具有较大的理论价值和现实意义。在人文社会科学领域居优势地位的中国人民大学，努力回答上述问题的确是责无旁贷的。

2009 年报告在对全球各重点地区及国家展开的对外能源合作整体描述的基础上，着重关注了 2008—2009 年金融危机对我们考察对象地区和国家的能源政策及对外能源战略的影响，特别是金融危机下全球能源国际合作的变化和新动态。2010/2011 年报告在对全球重点地区和国家能源发展的政治经济变化、能源政策及战略变化、对外国际合作实践变化进行梳理的基础上，将关注目光投向影响能源国际合作的各种因素，尝试分析如政治、经济、社会、宗教、自然、人才、科学研究等因子对中国能源对外合作的影响。2011/2012 年报告依循上年报告的基本结构，突出了“迈向低碳时代的全球及地区能源治理”的主题，主题篇中展开了对全球、地区和次地区能源治理机制的探讨，地区篇中则加大了对清洁能源或低碳能源的关注。

引　篇

全球能源秩序与能源治理

陈 岳 许勤华

2008年国际金融危机发生以来，一些主要经济体经济增速下滑，一些国家主权债务问题突出，国际金融市场动荡不已，新兴市场国家通胀压力仍然较大，各种形式的保护主义愈演愈烈，西亚北非局势持续动荡，极端气候和自然灾害频发也给世界经济带来负面影响，世界经济复苏的不稳定性、不确定性突出，风险挑战增多。[1] 以上种种情况表明，我们面对的不是一场单纯的经济金融危机，这场危机暴露出若干体制机制、政策理念、发展方式的弊端。世界经济发展正处在何去何从的十字路口，全球经济治理正面临十分艰巨的任务。[2] 能源是全球经济治理中最重要的商品之一，能源治理是全球经济治理中的核心内容。在充分了解全球能源秩序发展规律、现阶段全球能源秩序特点的基础上，找寻一种切实有效的全球能源治理方法，是全球各类国家和经济体所迫切需要的。中国作为一个快速发展中的新兴经济体，能源安全意味着更多的相互依赖。如何在全球能源治理形成过程中、全球能源治理中发挥符合本国地位和利益的作用，是我们需要认真研究和思考的一项重大议题，前提是必须先弄清楚什么是全球能源治理。

一、什么是全球能源治理?

20 世纪 90 年代，随着冷战的结束、全球化进程的加速，各种全球性问题的解决已经突破单一国家的界限和范围，需要国家和各非国家行为体共同作用，“全球治理”理论便应运而生。[3]所谓全球治理是指国际社会各行为体通过具有约束力的国际规制解决全球性公共事务以建立或维持正常的国际政治经济秩序。[4]因此，我们认为，“全球能源治理”是指对国际社会各行为主体通过具有约束力或法律基础的国际规则解决国际能源政治及经济事务的行为方式。

“全球能源治理”有四个方面的基本特征：其实质是以全球治理机制为基础，而不是以各个国家或经济体的政府权威为基础；其行为体为一个由不同层次行为个体及其行为构成的复杂系统，具有多元化和多样性；其方式是参与、谈判和协调，强调治理行为产生时程序上的基本原则；其基础为全球能源秩序，全球能源秩序包含了世界能源政治与经济不同发展阶段中的常规化安排，其中一些安排是客观产生的基础性的，而另一些则是主观的程序化的。

“全球能源治理”的核心要素包括五个方面：一是全球能源治理的价值观，即在全球范围内所要达到的治理能源事务的理想目标，这个目标一般是超越国家、种族、宗教、意识形态、经济发展水平之上的；二是全球能源治理的规则，包括用以调节国际能源关系和规范全球能源秩序的所有跨国性的原则、规范、标准、政策、协议和程序等；三是全球能源治理的主体，即制定和实施全球规则的组织机构主要有两类，分别为“各国政府、政府部门及亚国家的政府当局”和“各类政府间和非政府间国际能源组织”，后者如国际能源机构、欧佩克、世界能源理事会、能源宪章和国际能源论坛等；四是全球能源治理的合作机制，包括全球性的和地区性的，如联合国、亚太经济合作组织、“东盟 +3”、上海合作组织，以及中亚区域、大湄公河次区域、东北亚等能源工作组等；五是全球能源治理的经济协调手段，即能源现货市场和能源期货市场。

“全球能源治理”的基本模式主要体现为三类：一是“国家中心治理模式”，即以主权国家为主要治理主体的治理模式。是主权国家在彼此关注的能源领域，处于对共同利益的考虑，通过协商谈判、相互合作、共同处理问题，进而产生一系列国际协议或规则；二是“有限领域治理模式”，即以国际能源组织为主要治理主体的治理模式。是政府间国际能源组织针对特定的能源领域（如能源供给、消费、新能源发展、能源与环境的可容性等）开展活动，使相关成员国之间实现对话和合作，谋求实现共同利益；三是“网络治理模式”，即以非政府间国际能源组织为主要治理主体加入前述两类主体的混合型治理模式。是指在现存的跨组织能源关系网络中，针对特定问题，在信任和互利的基础上，协调目标与偏好各异的行为体的策略而展开的合作管理。[5]

二、全球能源治理的基础

全球能源治理的基础是全球能源秩序，随着全球能源秩序的变化而变化。所谓全球能源治理是指各国在一定程度上超越传统的能源地缘政治观，回到能源最初的经济属性，强调其商品性，将其更多地纳入全球市场，由全球性协调机制来提供全球能源安全，全球能源治理是各国能源利益相互碰撞、相互平衡的产物。

全球能源秩序大致经历了三个发展阶段。从19世纪下半期到20世纪70年代为第一发展阶段。在此阶段，西方发达国家在全球能源秩序中占据统治地位，生产和出口石油的殖民地和不发达国家成为被控制、被掠夺的对象。当时的全球能源秩序是以殖民主义性质的“石油租借地”制度及完全由西方国家控制的石油定价制度为基础的。从这个意义上可以说，当时的全球能源秩序是一种极不平等的国际制度安排。

从20世纪70年代开始至冷战结束，为全球能源秩序第二发展阶段。这个阶段的特点是，西方国家完全垄断世界石油市场的局面被打破。1960年欧佩克（OPEC）建立，随着20世纪70年代发生两次石油危机，国际油价完全由西方发达国家和“石油七姐妹”[6]决定的时代结束。全球能源秩序的“单中心”格局逐渐被发达的能源消费国和发展中的能源生产国相互对立的“双中心”格局所取代。这是全球能源秩序演进过程中的一次重大变革。1974 年，发达的石油消费国在经济合作与发展组织（OECD）框架下，发起了成立国际能源机构（IEA）。这是发达国家反制欧佩克（OPEC）的重大举措。从此，无论是发展中的石油生产国，还是发达的石油消费国都加强了各自的联合，更加注重通过国际组织进行竞争和合作，以维护对己有利的能源游戏规则。

从 20 世纪 90 年代开始至今为全球能源秩序发展的第三个阶段。冷战结束，经济全球化趋势不断加深，能源在国际关系中的地位大幅上升。全球能源秩序面临新一轮重大变革。主要表现在以下六个方面：第一，全球能源秩序开始从“双中心”向“多中心”格局发展。出现了俄罗斯等非欧佩克石油生产大国及中国、印度等非国际能源机构石油消费大国；第二，石油定价机制出现多元化趋势。长期以来，纽约和伦敦石油交易所在决定国际油价方面起着决定性的作用。现在，在美国和欧洲以外地区纷纷成立新的石油交易场所，如伊朗国际石油交易所、俄罗斯石油交易所。它们对国际石油定价机制的重要作用正在逐渐显现；第三，美元主导的国际石油金融体系面临重大挑战。2006 年 5 月，委内瑞拉总统表示，委正考虑以欧元为出口石油计价。2006 年 7 月，俄罗斯提出在其与他国的石油交易中将逐步采用卢布定价制度。2008 年由美国扩散到全球其他地区的金融危机进一步冲击了美元在国际石油金融体系中的地位；第四，与能源有关的气候和环境问题成为大国间合作与竞争的新焦点；第五，争夺核能和平利用及新能源开发规则制定权的斗争进一步展开；第六，建立全球能源共同安全秩序的呼声日益高涨。

现行全球能源秩序具有两个特点：一方面，全球能源秩序有着较强的不公正和不平等性。美国等发达国家依靠政治、经济和军事的整体实力，以及在投资、金融、技术和运输等领域的综合优势，对全球能源秩序的形成和发展施加重大影响，保持其对国际能源领域游戏规则制定与修改的重大话语权的能力；另一方面，全球能源秩序有着强烈的趋同性。这是在能源问题全球化过程中，世界各国为维护能源安全共同努力的结果，反映了能源生产和消费国际化的客观需要。

全球能源秩序在经历了三个阶段的发展以后，实现了一定的去政治化、去意识形态化和去政府化，实现了一定程度的全球能源市场的规范性建设和较高程度的国际合作。但是以“零和博弈”理念为基础的现实主义依然在全球能源秩序的发展过程中占据十分重要的位置，即各国的相互合作是在维护自身国家利益的前提下开展的；全球能源秩序在其发展过程中无论加入任何新元素（如能源安全的维护日益受到其外部性即环境保护等要求的挑战），国家利益永远是关键中的关键。现实国际社会中的低碳发展权力的竞争，也十分清楚地体现出当今及在可预见的未来全球能源秩序的现状及特点。因此，全球能源治理就是在“零和博弈”理念基础上展开并不断变化的一个动态过程。[7]

鉴于化石能源的有限性和全球环境压力的增加，世界上很多国家都认识到了新能源与可再生能源的重要性，并从政治、经济和技术上采取行动，出台了一系列有利于加快新能源与可再生能源技术产业化、商业化的政策法规和措施。对于新能源与可再生能源市场来讲，地缘政治因素的影响力不如对传统能源市场般强势，虽然国际政治中现实主义派强调的为了国家利益的“零和博弈”依然是能源关系、能源市场上的主流（如发达国家对发展中国家的新能源和可再生能源技术的封锁，发达国家利用低碳经济概念重新构建起全球的国际政治新秩序等），但自由主义的合作思想已经深入人心，全球能源秩序将会展现越来越多的国际合作。

三、全球能源治理的机制

全球能源治理的主体分为“各国政府、政府部门及业国家的政府当局”和“各类政府间和非政府间国际能源组织”。这些主体通过各种能源合作机制实现其功能并产生影响。我们认为，国际能源组织可以分为一般性或专门性国际组织、政府间或非政府间的国际组织、全球性或地区性国际组织。全球能源治理随着国际组织的形成而出现，并随着国际组织的发展而发展。

目前国际能源组织根据其功能和作用可以分为两类：一类是专业性国际能源组织如国际能源机构（IEA）、欧佩克（OPEC）、能源宪章（EC）、国际能源论坛（IEF）、世界能源理事会（WEC）等；另一类原则上为全球和地区性国际组织但兼有能源治理内容及功能，如联合国（UN）、欧洲联盟（EU）、亚太经合组织（APEC）、东盟+3（10+3）、上海合作组织（SCO）等能源工作组，这些组织的能源活动更多展现为一种能源合作机制。目前在世界上影响最大的几个专业性国际能源组织主要有：欧佩克、国际能源机构、能源宪章、国际能源论坛等，这些组织也是国际社会多边能源外交的重要舞台。

（一）国际能源机构（International Energy Agency-IEA）

国际能源机构成立于1973—1974年石油危机期间，是一个政府间国际组织，其初始目的是负责协调应对石油供应紧急情况的措施。随着能源市场的变迁，国际能源机构的使命也随之改变并扩大，纳入了基于提高能源安全、经济发展和环境保护“3E”[8]的均衡能源决策概念。国际能源机构当前的工作重点是研究应对气候变化的政策、能源市场改革、能源技术合作和与世界其他地区，特别是主要能源消费和生产国，如中国、印度、俄罗斯和欧佩克国家展开合作，以及定期对世界能源前景作出预测，供全世界参考。国际能源机构目前是全球最为活跃也最有影响的专业型国际能源组织。

（二）欧佩克（Organization of the Petroleum Exporting Countries-OPEC）

欧佩克成立于1960年9月14日，其宗旨是协调和统一成员国的石油政策，维护各自和共同的利益，以稳定石油市场，保证一个有效的、经济的和长期的石油供应。随着成员国的增加，欧佩克发展成为亚洲、非洲和拉丁美洲一些主要石油生产国的国际性石油组织。欧佩克各成员国的代表（主要是代表团团长）在欧佩克大会上对其石油政策加以统一协调，以促进石油市场的稳定与繁荣。欧佩克秘书处负责该组织的日常事务，接受理事会的指令，由秘书长直接领导。欧佩克下设的经济委员会、部长监察委员会等多个执行机构，则履行咨询、磋商、协调等多项职能。欧佩克的影响力主要表现在对国际油价的作用上。[9]

（三）能源宪章（Energy Charter-EC）

《能源宪章》签订于1991年12月17日，1998年4月正式生效。作为第一个具有法律约束力的、覆盖投资保护和贸易的多边协定，该条约首次将过境运输条例应用于能源网络，引起越来越多国家的关注。目前欧亚大陆的51个国家和地区已经签署了条约。《能源宪章》作为国际能源领域具有法律约束力的多边条约，对推动和促进能源领域的贸易、投资和运输活动具有重要意义。条约主要分为投资保护、能源贸易和运输保护、能源效率及争端解决等几部分。特别是在能源投资方面，《能源宪章》具有与双边投资保护条约类似的促进和保护外国投资的作用。同时，条约提供的争端解决机制也已经成为从事国际能源投资活动的投资者保护自身合法权益的有效途径。[10]

（四）国际能源论坛（International Energy Fortnum-IEF）

作为IEA与OPEC的重要合作机制，国际能源治理论坛创立于1991年，并于2003年在利雅得设立秘书处，如今已发展为全球性能源部长对话机制。国际能源论坛的一个主要成就是联合IEA、OPEC、亚太经合组织、欧洲统计局、拉美能源组织以及联合国统计司六大组织，建立了唯一覆盖全球范围的月度石油数据共享体系——“联合石油数据倡议”（JODI，Joint Oil Data Initiative），该体系（机构）目前已更名为“联合组织数据倡议”（JODI，Joint Organisations Data Initiative），数据范围拟扩展至天然气、煤炭市场，并计划涵盖上下游生产能力及新扩建计划等。[11]

（五）世界能源理事会（World Energy Council-WEC）

该机构成立于1924年，原名“世界动力会议”，1968年改名为“世界能源会议”，1990年更名为“世界能源理事会”。总部设在英国伦敦，现有91个国家和地区委员会。世界能源理事会的宗旨为促进全球和地区能源可持续发展以及最有效地和平利用所有能源；探讨能源与环境、能源与社会、能源与经济、节能和能源有效利用以及各种能源之间的互相关系；搜集和发表各种能源及其利用方面的统计数据；召开能源及经济方面的各种会议。[12]

（六）天然气出口国论坛（Gas Exporting Countries Forum—GECF）

天然气出口国论坛（GECF）于2001年成立，总部位于卡塔尔首都多哈。该组织成员国包括阿尔及利亚、玻利维亚、埃及、赤道几内亚、伊朗、利比亚、尼日利亚、阿曼、卡塔尔、俄罗斯、特里尼达、多巴哥和委内瑞拉。[13]这13个成员国拥有的天然气探明储量共占全球已探明天然气储量的70%、管道贸易的38%和液化天然气（LNG）生产的85%。其中，俄罗斯、伊朗和卡塔尔就占据了世界天然气总储量的57%。天然气输出国组织（即天然气出口国论坛）成立的宗旨为："提供一个研究和交换意见的平台，促进生产者之间的对话，在生产者和消费者之间、政府和能源相关产业之间形成获取相互利益的多赢概念，从而帮助建立起一个稳定、透明的天然气能源市场。"

全球性能源合作机制为联合国。联合国作为世界各国广泛参与、最具代表性和权威性、并且以促进社会与经济的可持续发展为重要宗旨的国际组织，在维护世界能源安全与发展问题上肩负着重要使命。由于世界各国发展水平不同、自然资源禀赋各异，各国关注能源问题的侧重点大为不同。联合国面对的突出挑战是，如何把这些不同的关注重点连接在一起，确保为人类发展提供充足的可持续能源。联合国在世界能源安全领域关注的重点是，促进国际能源关系的稳定，推动世界各国加强能源合作，提高能源的利用效率，保护人类的生存环境。联合国在动员世界各国维护全球能源安全方面，特别是在政策设计、计划协调、可持续能源发展模式推广方面，发挥着无可替代的作用。

为了推动各成员国就重大而紧迫的能源安全问题达成更加广泛的共识，实施联合国各项能源发展规划，履行其在世界能源安全领域的使命，联合国建立了一系列重要机制，设立了多个专门机构，其中最为重要的机制机构包括：联合国能源机制，包括20个联合国机构，并对所有有关组织和实体开放；联合国开发计划署，其能源援助项目是联合国各部门中最大的项目；联合国环境规划署，其核心理念是引导各国政府在做出与能源相关决策中综合考虑环境和社会因素，确保环境的可持续发展；联合国工业发展组织，旨在为供需双方进行协调，包括工业所需能源的供应和可再生能源的利用，改进工业能源的使用效率等。[14]

此外，与联合国相关的多个地区性组织亦具有能源职能。亚太经济合作组织、海湾合作组织、欧洲经济委员会、亚洲及太平洋经济社会委员会、西亚经济社会委员会、非洲经济委员会、拉丁美洲和加勒比经济委员会等，均设有专门的能源机构。这些组织针对各自地区的发展状况及资源特点，实施有针对性的能源项目，通过联合国粮食及农业组织、国际原子能机构、联合国人类住区规划署、联合国教科文组织、世界银行、经济和社会事务部等专门机构，在不同领域、从不同角度促进本地区与世界的能源安全与发展。在全球化及相互依赖日益深化的背景下，单靠一国之力已无法保障自身的能源安全，在某一地区性国际组织框架内展开能源多边合作则成为一个较优的选择。

1. 欧洲联盟的能源合作机制

欧盟能源合作机制的形成和确立，经历了一个较长的时期。20世纪50年代欧共体成立之初，以《欧洲煤钢共同体条约》和《欧洲原子能共同体条约》为标志形成了欧洲内部能源合作的基础。1974年成立了欧洲能源委员会，专门制定有关共同能源政策，协调成员国之间的能源关系。从1993年《马约》签订到欧洲联盟建立后，欧盟从法规建设、能源消费、共同市场和环境标准等几个方面推动了共同能源政策的发展，共同能源政策的制定和实施也纳入到了欧盟制度化框架中。其后，欧盟的一系列能源政策的法律性文件带动了欧盟共同能源政策的进一步深化，欧盟开始从单一的能源领域迈向目标明确、协调统一的全面能源政策。

2006年3月，欧盟发表《可持续、竞争和安全的欧洲能源战略绿皮书》，标志着欧盟“共同能源政策”的正式形成，欧洲各国对以超国家机构统领本国国内能源发展战略的形式达成一致意见，更将能源政策囊括于与欧盟的对外关系之中。2007年欧盟推出了“欧洲能源政策”，这个能源政策有对欧洲能源现状的战略性回顾，并介绍了一整套完整的欧洲能源政策方法，也就是所谓的“一揽子计划”。面对2008年的金融危机对欧盟的冲击，欧盟在2009年7月提出了一个“欧洲能源复兴计划”，以为欧洲能源资金援助提供保障。资金扶持的重点是“天然气和电力的基础设施”、“离岸风力发电”以及“碳捕捉和碳存储技术”（CCS），约3.98亿欧元的资金投入到这三个子项目中。2010年，欧盟将能源政策的目标进一步落实细致化。特别是欧洲能源局的设立，在机构设置和机制上保障了欧盟统一能源政策的行动基础。[15]

2. 亚太经合组织能源外交的合作机制

自1989年至今，亚太经合组织（APEC）诸经济体在其框架下进行了一系列的多边能源合作，包括在能源效率与节能、新能源及可再生能源、能源运输及基础设施建设等诸方面。随着合作进程的逐步推进，已经形成了相对完整的合作机制及兼具原则性与灵活性的合作原则。虽然在APEC能源合作不断进展的背后，美、俄、中、日、澳等21个经济体均有自身的利益考量，但对“能源安全保障”、“能源优势互补”以及“能源—环境可持续发展”的不断追求，始终是APEC能源合作背后的动力所在。同时，这种合作进程也受到APEC区域内复杂的能源地缘政治竞争关系、APEC组织自身发展瓶颈、各经济体不同文化差异等反向因素的制约。APEC各经济体之间能源合作的诉求早在其成立之初就有所体现，1989年召开的APEC第一次部长会议认为，应加强与基本的能源供需前景、能源政策、优先发展领域、能源使用对环境的影响等情况的地区交流。随着APEC整体合作领域及合作程度的不断扩展和深化，在能源外交的基础上，APEC框架内多边能源合作的进程也在不断推进，合作机制日益完善。

3. 上海合作组织与俄罗斯中亚地区的能源合作

随着全球国际政治经济和该地区区域经济一体化的发展，上海合作组织框架内的多边或双边合作不断被赋予新的内容以及新的内动力。如油气资源虽然是中亚国家赖以发展经济的重要基础，但中亚国家也不忽视发展新能源和可再生能源，这给中国与中亚国家的能源合作带来新机遇；又如

2008年的金融危机也许会让俄罗斯等国重新思考经济增长的原动力问题：对于油气价格的敏感度过高使得俄罗斯经济甚为脆弱，而上海合作组织内部经济体多元化，如能在上海合作组织内实现某种程度的能源与经济一体化，则这种脆弱的局面将得到改观。金融危机是在经济领域发生的事件，但是由它产生的政治力量的改变却是所需要考虑和关注的，金融危机后各成员国对上海合作组织内部多边能源合作的进程也产生了微妙的影响。无论如何，上海合作组织成员国将会越来越注重加强各种方式的能源合作，以获取双赢或多赢的福利效益。[16]

四、全球能源治理的主要手段

全球能源治理主要通过能源经济手段实现。能源经济手段主要包括两种：能源贸易和能源金融。

首先是能源贸易。能源贸易活动从一个国家（地区）的角度看，可称为该国（地区）的对外能源贸易；从世界范围看，各国（地区）对外能源贸易的总和构成了国际能源贸易。当代世界贸易量最大的能源品种为石油、天然气和煤炭。国际石油贸易格局的基本趋势是：发达国家能源进口逐步减少，发展中国家能源进口逐步增加；石油生产主要集中在一些发展中国家和经济转型国家，石油消费主要集中在部分发达国家和新兴大国；在石油出口国中，波斯湾国家的地位日益加重。由于大部分消费国的石油对外依存度都在不同程度地加大，国际石油贸易的规模也在持续扩大；石油贸易的规则制定权和定价话语权主要集中在少数发达国家，国际石油贸易秩序的不公正、不合理甚于整个国际政治经济秩序。

世界能源贸易未来发展趋势有以下几点：一是全球经济发展的区域结构变化导致能源供需的区域不平衡矛盾更加突出，新兴经济体成为国际能源市场更具份量的“战略买家”；二是多个发展中国家迈入工业化、城市化、现代化进程，世界能源需求总体增大，国际能源贸易的规模可能持续增长；三是贸易主体更加多元化，贸易方式更加多样化、体系化；四是实货交易中心的规模化、功能化日益突出，正在形成包括现货合同、远期合同、中长期合同等在内的体系化交易方式；五是石油纸货交易规模增长迅速，尤其是石油期货在整个石油市场交易体系中的作用越来越大；六是随着金融市场、金融工程技术和信息技术的发展，套利交易、现金交割以及期货转现货、期货转掉期和差价合约等新的衍生工具在能源交易中的应用日益广泛。

其次为能源金融。能源的金融属性主要表现在能源期货价格成为国际能源市场定价的依据上。能源期货交易量已经远远超过现货市场的供需规模。20 世纪 80 年代出现了以石油、天然气、煤炭为基本标的，通过金融工具进入即期和远期金融衍生交易的金融市场。国际社会对节能减排的高度关注，加速了在金融市场上碳配额交易的发展。金融市场在新能源开发、能源升级换代、支持节能减排方面也有望发挥重要的金融支持作用。当今世界，国际石油贸易基准价格形成过程中的金融活动属性日益突出。尽管现货市场仍是形成国际石油贸易基准价格的基础，但是期货市场越来越具有价格发现功能，并且能够大大增加交易的流动性，因而在某种程度上正在替代现货市场的价格发现功能，成为原油价格变化的预先指标。世界原油贸易大多是参照交货时一段时间的期货市场价格定价的。目前全球原油贸易的基准价主要参照 NYMEX 的 WTI 原油期货价格和 IPE 的 BRENT 原油期货价格。

小　结

伴随着全球经济社会的持续稳定增长，各国能源需求也保持了较高的增速。为了保障自身的能源供应安全并促进国际能源市场的稳定，各国一方面通过加大对国内能源资源的开采力度，特别是天然气、水电、核电以及可再生能源等清洁、低碳能源的开发，另一方面，各国也积极融入国际市场，充分利用境外资源，但这导致各国能源的对外依存度也不断提升。国际能源组织是各国积极融入国际市场、充分利用境外资源的最佳媒介，也是各国展开能源外交的广阔天地和平台。进入 21 世纪，随着世界能源形势的变化，各国参与的国际治理行动明显增多，参与的多边、双边能源合作呈现快速增长态势。世界上主要的能源生产国、消费国以及国际能源组织相互交流合作的关系日益密切，希冀通过能源合作和应对气候变化谈判，不断扩大自身在国际能源市场和应对气候变化问题上的影响力和话语权。因此，国际能源组织在国际能源规则、规章的制定、引导方面具有极大的影响力。随着经济的高速发展，中国的能源供给模式已由基本自给转变为依靠进口。2011 年中国原油对外依存度已超过 56%，这种能源供给方式的转变使得能源安全问题成为关系中国国家安全的全局性、战略性问题。同时，由于中国当前的外交环境日益复杂，对外合作备受挑战，[17]因而积极参与全球能源治理是事关中国能源安全的战略选择。

注　释

[1]《合力推动增长，合作谋求共赢》，胡锦涛在二十国集团领导人第六次峰会上的讲话（2011 年 11 月 3 日，法国戛纳），2012 年 4 月 11 日，http：//www. xinhuanet. com/world/hjtcf201110/。

[2] 同上。

[3] 参见 Armin von Bogdandy，Philipp Dann，MatthiasGoldmann，*Developing the Publicness of Public International Law*：*Towards a Legal Framework for Global Governance Activities*，the German Law Journal，2008.

[4] 俞可平：《全球治理引论》，载《马克思主义与现实》，2002 年第 1 期。

[5] 有关全球能源治理的特征、要素和模式参考了全球治理的基本概念，融入了作者自己对能源治理的思考。

[6]“石油七姐妹”是西方石油工业中常见的一个词汇，指当初洛克菲勒的标准石油公司解散后在石油方面的三家大公司和另外四家有国际影响力的大公司。“七姐妹”在多次合并重组后所剩只有四家，后来随着新的石油企业兴起，又出现了另外意义上的新的“石油七姐妹”：沙特阿拉伯石油公司（Saudi Aramco）、俄罗斯天然气工业股份公司（Gazprom）、中国石油天然气集团公司（CNPC）、伊朗国家石油公司（NIOC）、委内瑞拉石油公司（PDVSA）、巴西石油公司（Petrobras）和马来西亚国家石油公司（Petronas）。这些公司总共控制着全球近 1/3 的油气生产和超过 1/3 的油气储量。

[7] 许勤华：《2012 年世界能源形势的“不变”与“变”》，载《国际石油经济》，2012 年第 1—2 期合刊。

[8]“3E”是指经济 Economy，能源 Energy 和环境 Environment，2012 年 3 月 8 日，http：//www. iea. org。

[9] 参见欧佩克官方网站，2012 年 3 月 9 日，http：//www. opec. org。

[10] 中国于 2001 年成为“能源宪章代表大会”的观察国，2002 年派观察员到宪章秘书处工作。2012 年 2 月 6 日，http：//www. encharter. org/。

[11] 参见国际能源论坛官方网站，2012 年 1 月 4 日，http：//www. ief. org。

[12] 参见世界能源理事会官方网站，2011 年 11 月 23 日，http：//www. worldenergy. org/。

[13] 除此以外，哈萨克斯坦，挪威和荷兰为观察员，其他国家如文莱、印度尼西亚、马来西亚、阿拉伯联合酋长国和也门都参加 GECF 不同的会议。

[14] 参见联合国官方网站，2012 年 1 月 2 日，http：//www. un. org/。

[15] 本报告主题篇之一《欧盟能源治理》对欧盟能源合作机制有更为详细的论述。

[16] 许勤华：《上合组织框架内能源合作的现状与前景》，载《中国能源报》，2011 年 6 月 20 日，第 1 版。

[17] 陈岳：《中国当代外交环境及应对》，载《现代国际关系》，2010 年第 11 期。

主题篇

建立全球大宗能源资源市场治理机制

范必　王军　曾少军　张焕波　刘向东　马志扬*

石油、天然气、煤炭等化石能源，以及铁矿石、有色金属等大宗矿产资源，是人类社会发展的重要物质基础。从全球范围看，能源资源总体储量比较丰富。按现有速度，原油、天然气、铁矿石分别可以再开采 46.2 年、58.6 年、75 年，而煤炭、铝土矿的保障能力超过 100 年。[1] 未来非常规油气资源，如重油、油砂、页岩油以及天然气水合物等，其开发利用潜力也很大。尽管将来能源资源消耗总量会持续上升，但单位产出能源资源消耗正不断下降。从能源消耗来看，从 1990—2010 年，全球能源消费增长了 41%，而 GDP 增长了 96%，能耗强度下降 28%。[2] 从矿产资源消耗来看，随着科学技术水平的提高和产业结构的升级，单位 GDP 的矿产资源消费总体呈现缓慢增长甚至下降趋势。[3] 总体来看，现有能源资源储量总体上可以满足世界经济中长期发展需要。

* 范必，国务院研究室综合司副司长；王军，中国国际经济交流中心咨询研究部副部长；曾少军，中国国际经济交流中心副研究员；张焕波，中国国际经济交流中心副研究员；刘向东，中国国际经济交流中心助理研究员；马志扬，中国人民银行金融研究局助理研究员。中国人民银行金融研究局纪敏、国土资源部信息中心刘树臣、中国国际经济交流中心王冠群等在课题研究中参与了讨论。

在世界范围内，能源资源分布不均衡，生产和消费集中度较高，这决定了世界上没有一个国家可以完全依靠本国资源来满足发展需求，客观上需要对能源资源进行全球配置。与此同时，由于种种原因导致价格偏离市场供求关系，呈现出剧烈波动。以石油和铁矿石为例，2006—2010 年，全球石油需求量最大浮动为 2.3%，而同期原油价格最大浮动为 247%。全球铁矿石需求量最大浮动为 15%，而同期中国铁矿石到岸价最大浮动为 160%。[4]能源资源价格暴涨暴跌，对世界经济的波动推波助澜。当全球经济处于扩张期时，能源资源贸易量价齐升，增大通胀和过热风险；当全球经济处于收缩期时，能源资源价格下跌，加剧经济增速放缓甚至出现负增长。譬如，20 世纪 70 年代以来，每次全球经济衰退，都发生在油价涨到峰值之后。这次全球金融危机中，能源资源价格高位急跌，企业加快去库存，与实体经济衰退相互作用加重了经济危机。在经济复苏时期，能源资源价格大幅上涨，增加企业成本，推升通货膨胀，阻碍经济复苏。为了避免能源资源大幅波动对世界经济的影响，迫切需要建立全球能源资源市场治理机制。

一、国际能源资源市场存在的主要问题

当前，世界上大多数大宗商品交易都是以某些主导国际的期货市场价格来决定的，即商品现货价格主要参考权威期货[5]市场价格。铁矿石仍然以供需双方的直接谈判定价为主，但谈判的周期越来越短。[6]虽然大宗商品交易规模、范围在不断扩大，但是地缘政治、投机炒作等非供求因素影响突出，致使价格剧烈波动，商品金融属性更趋明显，寡头垄断市场既已成形，政府干预的程度广泛深入。

（一）国际能源资源市场过度金融化

国际金融危机爆发前，以投机为目的的国际金融资本得到了快速发展，大量的金融衍生产品被创造出来推向市场。金融衍生产品交易具有自我膨胀特质，其泛滥就会导致过度金融化，助长投机氛围。在商品市

场，围绕能源资源创造了大量的期货、掉期、期权等金融衍生产品，相关衍生品交易量大幅度超过了实物的产量。在衍生品市场中，致力于获取超额价差收益的各类金融机构已取代了套期保值的商品买家和卖家，成为了市场的主导力量。当前，商品市场的金融化趋势已经改变了商品价格的形成机制，像石油、天然气、铜等商品已具有很强的金融属性。据国际清算银行（BIS）的统计，2005 年在交易所的石油和铜的期货、期权合约规模分别相当于其全球产量的 3.9 倍和 36.1 倍。[7]商品市场过度金融化是造成近几年国际能源资源价格发生大幅波动的重要因素，不仅严重威胁国家和地区经济安全，而且易引发全球性的能源资源危机。

（二）全球能源资源被高度垄断

当前，全球能源资源生产相对集中，产业集中度较高。少数国家和企业控制了一些重要能源资源的探明储量和供给数量，进而掌握了市场价格的主导权。全球石油、天然气储量已基本被分割完毕，产油国组织（欧佩克）通过协同限制油气产量，维持其卖方垄断地位以获取超额收益。除了产业资本外，华尔街金融资本也渗透其中，间接控制了全球石油和天然气的贸易规模，并利用金融衍生品操纵现货价格，从中攫取交易价差收益。[8]全球 70% 的铁矿石资源的贸易量均被三大矿商所控制，致使铁矿石价格连年上涨，这让众多钢铁企业买家苦不堪言。[9]由此看来，个别国家或者企业形成卡特尔联盟，容易滥用市场支配地位，哄抬能源资源价格，不仅损害公平竞争，限制其他企业进入，使市场机制失灵；而且严重损害消费者权益和社会公共福利，阻碍整体经济发展。

（三）国际能源资源问题日趋政治化

当前，能源资源消费大国为保障本国供给，越来越多地采取政治、外交甚至军事手段，寻求建立海外能源资源的长期、稳定、安全、经济的供应体系。[10]例如，美国能源资源外交重点是维持一个以其为主导的多元化的全球供应格局；[11]而中国、印度等新兴经济体也展开全面资源外交，以保障国内经济发展的能源资源需要。[12]为实现其能源资源安全保障，某些能源资源消费大国频频介入一些能源资源集中地区，加剧了这些地区的政治动荡和民族冲突。像达尔富尔、利比亚地区的政治骚乱背后都与国外政治势力有着千丝万缕的联系，而国外势力的意图往往在于获取能源资源收益。[13]资源供应国则以资源为“武器”，谋求国际政治地位提高，并获取更大的经济利益，比如不断提高市场准入门槛，正常的贸易、投资、并购活动往往受到政治上的限制和干扰。一些国家通过调整矿产资源法或矿业法，实施能源资源贸易保护政策，限制外资的过度介入，以保护本国企业利益或维护国家资源主权，如秘鲁、俄罗斯、委内瑞拉、蒙古和智利等国家都强化了相应措施，保护或控制本国的优势矿产资源。俄罗斯把油气作为大国外交的重要筹码，[14]动辄实施“断气停供”；加拿大为了充分发挥资源优势建立世界矿业金融中心，试图从金融和信息方面控制国际矿业活动，加强优势矿产在国际市场上的垄断地位；澳大利亚开征碳税，大型矿产资源企业经营受到影响，一定程度打乱了其他国家在澳投资计划。

（四）能源资源国际通道安全令人堪忧

在能源资源的勘探开发、装运、炼化等全过程中，任何一个节点的断裂都会造成产业全链条的瘫痪。对于能源资源消费国而言，海外获取重要的能源资源，保证运输通道安全至关重要。无论是通过贸易投资手段还是其他方式，将能源资源从供应国运到过境国，最终转运到消费国，都需要防止其途径的陆路、海运及管道等运输路线中断。历史证明，过境运输出现的问题往往与政治原因有关。[15]一些石油运输通道地区民族冲突严重、犯罪活动猖獗，严重威胁石油海上运输的安全。即便是相对安全的陆路和管道运输也经常面临地区军事冲突、地震天灾等不可抗拒因素导致的中断风险。当前从供应国到消费国的运输通道还比较单一，时常还可能会受到过境国垄断经营的风险，极大增加了运输环节的成本，抬高了进口资源的价格，严重威胁国际经济安全。

二、构建全球大宗能源资源市场治理机制的重要意义

大宗能源资源市场剧烈波动，不仅影响了新兴市场国家利益，也损害发达国家人民福祉，威胁到全球经济与政治稳定。保持全球能源资源市场稳定，无论对于生产国还是消费国，对于一国还是世界，都具有积极意义。

（一）有利于创造稳定的国际政治环境

能源资源问题对国际政治历来具有举足轻重的影响。历史上的局部冲突和战争往往是对能源资源争夺的结果，甚至一些人道主义灾难、种族仇杀事件，表面上看是是由意识形态、文化差异造成的，其背后也往往与能源资源带来的经济利益有关。21 世纪以来，随着新兴经济体对能源资源需求的大量增加，未来能源资源市场中的政治博弈、利益冲突将使市场竞争更富有政治色彩。能源资源还与各种非传统安全因素紧密交织在一起。恐怖主义、宗教极端主义、跨国犯罪、环境生态等非传统安全威胁因素都与能源资源因素密切联系。缺乏稳定的能源资源市场，一国往往会诉诸政治、军事等方式来保障能源安全，这可能埋下区域冲突和政局动荡的隐患。建立一个稳定的国际能源资源市场，保障各国通过市场手段，公平、稳定、可预期地获取能源资源，维护各方合理的经济利益，有利于解除由于能源资源政治化带来的安全隐患，创造一个和平的国际政治环境。

（二）有利于维护世界经济安全和国际金融市场稳定

能源资源价格急剧变动会加剧经济周期波动。在经济下行时期，能源

资源价格急剧下跌，会加深经济衰退程度。在经济复苏时期，能源资源价格大幅上涨，会推升通胀，延缓经济复苏。自20世纪70年代以来，历次世界经济衰退都发生在原油价格上涨到峰值后[16]（图1）。本轮金融危机中，能源资源价格高位急跌与经济衰退相互强化，加剧了经济的不稳定性。2010年以来，国际原油价格又一次大幅上涨，一度达到每桶110美元以上，推高了全球通胀水平，特别是新兴经济体通胀明显上升。新兴经济体不得不采取连续加息、升值、控制信贷等政策，在抑制通胀的同时，也影响了经济增长。

图1　国际油价与世界经济走势[17]

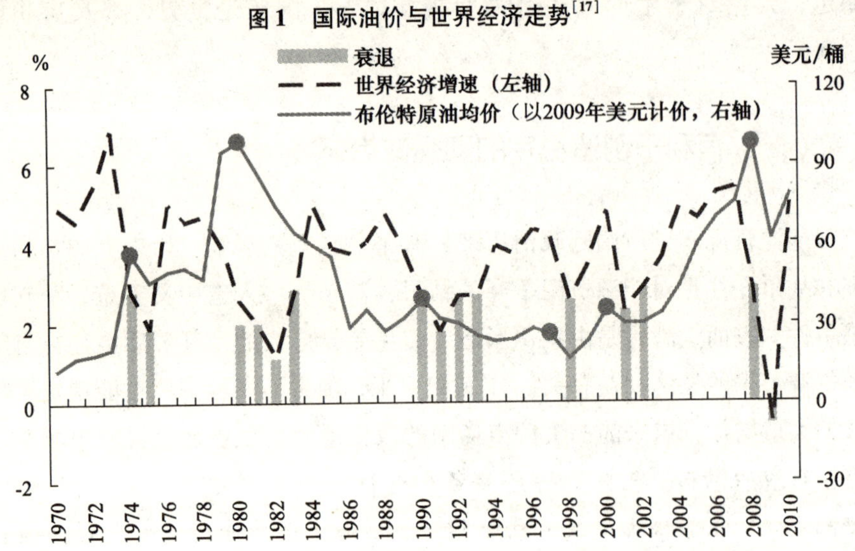

能源资源价格急剧波动会影响国际金融市场稳定。随着金融化程度不断提升，投机交易对能源资源价格的影响日益明显。从1995年到2011年7月，美国纽约商品交易所原油期货期权交易中，以投机为目的的非商业交易者持仓比例从10%—20%上升到45%—50%。[18]大量逐利资金的流入流出将各个市场统一为联系紧密的全球市场，某一个市场的微小变化，会迅速向其他市场传递，引发全球市场联动反应。例如，外汇市场和原油市场之间的波动显著相关，具体表现为美元指数与原油价格之间存在较强的反向变动关系（图2）。能源资源价格大幅波动，会引起巨额投机资金在能源资源市场和其他金融市场之间的迅速转移，造成有关金融市场的剧烈波动。

能源资源价格保持基本稳定，可以减少全球经济金融运行中的不稳定因素。能源资源供应方可以合理进行投资开发和生产，避免因供给大幅增加引起的价格下跌和产能闲置所导致的损失。能源资源需求方可以根据生产进程安排采购计划，减少维持高库存对资金的占用，提高资金利用效率。价格稳定可以降低库存过多波动，避免库存因素成为市场投机炒作的借口，降低能源资源库存波动对其他市场的影响。

图 2　美元汇率指数与国际原油价格走势[19]

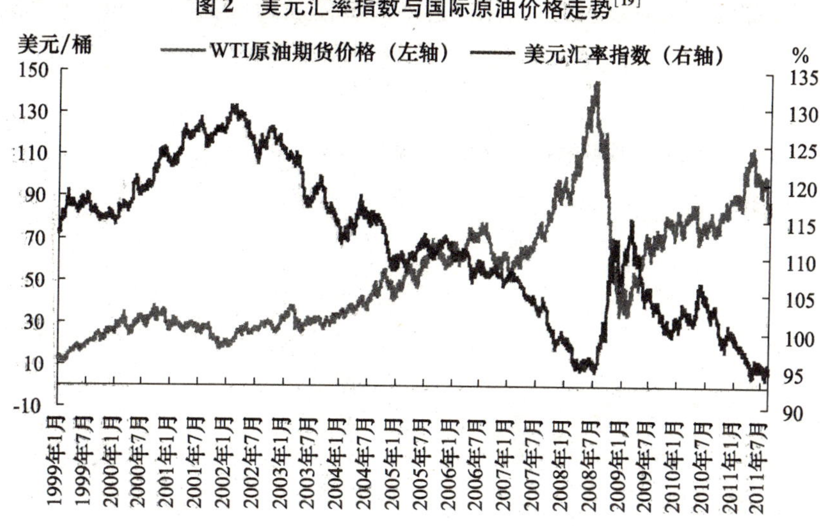

（三）有利于中国经济继续平稳较快发展

2003 年以来，中国经济发展对国外能源资源的依存度不断提高，石油、铁矿石等能源资源价格成倍上涨，增大了工业原材料成本，压缩了企业利润，削弱了中国国际竞争优势，同时也带动了国内下游产品价格的提高。从长期来看，到 2020 年，在最重要的 45 种矿产品中，中国仅有 6 种能够基本自给。[20]即使是中国储量丰富的煤炭资源，也将会出现大量进口。未来中国能源资源对外依存度会继续提高，保持国际能源资源价格基本稳定，有利于中国更好地利用国际国内两种资源、两个市场，减轻输入性通胀压力，把更多的资金投入到转变经济发展方式上来，延长中国发展的战略机遇期。

（四）有利于新兴经济体保持良好发展势头

中国、印度等新兴经济体是能源资源消费大国，还有一些新兴经济体既是能源资源的生产大国也是消费大国，每年全球新增能源资源贸易量的大部分发生在这些国家。世界能源需求将在今后25年增加48%，非OECD国家在能源消费增长量中占81%（图3）。国际能源资源价格大幅上涨，加大资源消费国输入型通胀压力，影响新兴经济体经济增长的稳定性。稳定的全球能源资源市场，可以保持新兴经济体强劲增长，也可促进世界经济尽快复苏。

图3　世界市场能源消费：OECD国家和非OECD国家，1990—2035[21]

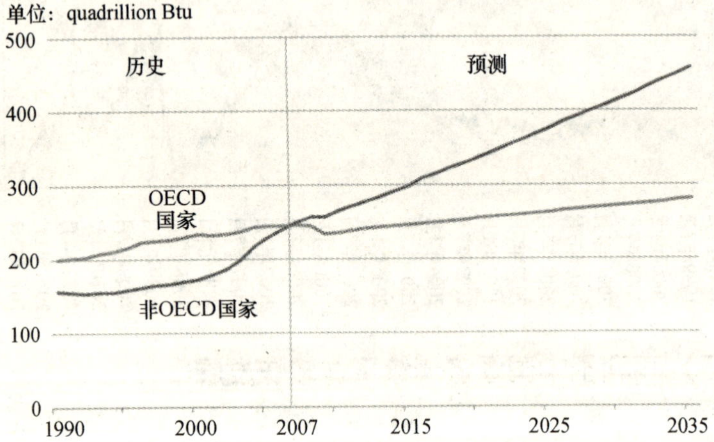

单位：quadrillion Btu
500
400
300
200
100
0
历史
预测
OECD
国家
非OECD国家
1990
2000
2007
2015
2025
2035

（五）有利于发达国家的能源资源安全

发达国家是国际能源资源市场波动最早的受害者。2010年全球每年原油总产量43亿桶，贸易量约18亿桶，贸易量中欧洲和美国占了50%以上。以美国为例，当原油每上涨1美元，美国每日进口成本就增加800—900万美元。[22]20世纪70年代以后，它们也试图通过一定的国际合作机制（如国际能源组织）来稳定能源市场，但这些组织代表性不足，其作用日渐式微。在其他资源领域，则一直尚未形成有效的合作组织和机制。扩大能源资源领域的国际合作机制实现能源资源市场稳定，有利于发达国家获得稳定可靠的能源资源供应，避免遭受诸如能源供应中断、价格突然上升或其他能源安全威胁。

（六）有利于能源资源供应国获取长期稳定收益

价格波动对能源资源供应国来讲是一把双刃剑。价格大幅上涨时，这些国家经济增长加快，可以获得较大的收益。但在政治上，价格长期高位运行会使能源资源供应国和跨国公司遭到国际社会的谴责和政治压力，人们会将失业、贫困及环境恶化等问题与高价格和垄断暴利联系起来，把矛头指向这些出口国和跨国公司。从长期来看，能源资源价格长期居高不下，必然会引发节约能源和寻找替代能源，促进资源循环利用，从而降低消费，影响整个行业的发展，过度替代导致相应需求不可持续，生产国的利益就得不到保障。因此，国际能源资源价格保持合理水平，有利于供应国获得长期稳定的市场需求，从而促进其经济持续增长，提高国民就业和社会福利水平。

三、在G20框架下构建全球大宗能源资源市场治理机制的可行性

在能源资源进行全球配置的客观要求下，为了避免能源资源大幅波动对世界经济的影响，迫切需要建立全球能源资源市场治理机制。如何保持大宗能源资源市场稳定已成为全球性问题。WTO、G20、《联合国应对气候变化框架公约》等很多合作机制的形成告诉世人，当国际社会遇到共同问题时，可以通过建立一个共同的规则，也就是全球经济治理机制来解决。在应对2008年金融危机中，G20顺利实现了制度升级，成为应对危机的主要平台，并初步显示了其治理成效，获得国际认可。[23]由于G20的权力结构和制度建设具有成本优势，在该框架下构建全球能源资源市场治理机制

具有可行性。

（一）国际能源资源问题亟需全球治理

随着经济全球化的发展和国际政治格局的变化，全球能源资源问题在国家或地区发展与安全中的地位不断提升，对国际经济秩序的影响日益增强。能源资源安全问题越来越明显地具有全球性质，大规模的能源资源合作活动日趋活跃，各国之间的相互依存关系不断增长，能源资源合作内涵正向纵深化发展，呈现出一系列新的特点，亟需通过世界范围内的共同机制和框架来实施全球治理。

第一，现有的国际组织在能源资源集体安全保障方面的协调作用有限。全球能源资源安全越来越具有明显的不可分割性，追求能源资源的集体安全符合各国的共同诉求，国际社会正积极寻求建立集体安全的保障机制。自20世纪60、70年代，先后出现了维护石油输出国利益的欧佩克（OPEC）组织和完善能源消费国集体安全保障的国际能源机构（IEA）。随着能源资源环境与安全问题之间联系的日益加深，全球能源资源问题在区域性经济合作组织、政治联盟、国际性机构中的重要性日益突出，保障集体安全成了国际社会的共同追求。自20世纪90年初起，国际能源资源合作逐渐由国别、集团和区域逐渐向全球范围扩展，开始出现包括消费与生产国在内的多边国际能源合作机制，其代表性组织为国际能源论坛和能源宪章。此外，联合国、八国集团首脑会议（G8）、经济合作与发展组织（OECD）、欧盟首脑会议、亚太经济合作组织（APEC）、东盟和上海合作组织等许多重要国际组织和机构，均把能源资源安全问题列为重要议题，有的还专门设立了相应的分支机构。但从效果来看，上述现有的国际能源资源合作组织在能源资源安全方案的协调上作用十分有限。

第二，国际能源资源的自由贸易秩序亟需代表性更广、约束力更强的全球化机制与平台来实施和保证。当前，对于能源资源的贸易、投资，各国家均具有保护主义倾向，但是任何国家都不能完全依赖本国供给发展经济。在经济全球化的背景下，能源资源的全球化趋势更加凸显。无论是供应国还是消费国，都纷纷倡导在WTO框架下实施公平合理的自由贸易，寻求全球能源资源等要素的自由流动。特别是在本次国际金融危机中，能源资源供需受冲击较大，促使很多国家放开能源资源领域的贸易投资限制，鼓励自由竞争，开展市场化改革，积极推进在多边合作框架下的贸易投资合作，但效果有限。本质上讲，坚持自由的贸易投资方向，既符合发达经济体的主流取向，也能满足新兴经济体的利益诉求，仍将是未来能源资源合作的大方向。国际能源资源的公平合理的自由贸易秩序，亟需由代表性更广、约束力更强的国际合作机制与平台来实施和保证。

第三，现有的国际能源资源合作组织的代表性和影响力不足，有的甚至存在对抗性。由于新兴经济体消费的扩大、独立油气供应国地位的增强以及其他一些新情况的出现，以缓解能源矛盾和解决能源争端等为重点的多边能源合作日趋活跃。一些国际组织已考虑到自身代表性的局限，试图扩大自己的影响力和代表性，纷纷邀请新兴经济体和能源资源供应国加入，举办全球范围内的能源资源论坛，推进更广泛的多边合作。例如，国际能源机构一直积极邀请中国加入该组织。但事实上迄今为止的国际能源合作组织的代表性和影响力均不足，有的甚至还存在对抗性，如国际能源机构和欧佩克组织之间的对抗性就十分明显。

第四，国际能源资源合作需要制定更有可操作性、有约束力的全球性规则。当前，很多有关能源资源的全球议题还停留在讨论层面，很多国际组织只具有论坛性质，缺乏约束力和实质治理作用。国际能源资源领域出现的贸易纠纷、投资争端还很难在统一的框架下得以有效协调。许多国际组织认识到：能源资源的全球性自由流动，亟待国际组织发挥国际协调和政策制定的统领约束作用。很多国际性组织已开始有意识地制定有约束力和影响力的能源技术标准、产业政策、管理制度和交易规则。但受组织本身影响力所限，这些约束规则还只能局限在区域范围内。

第五，亟需从全球治理的高度平衡能源资源市场参与方的共同利益。无论能源资源的供应国还是消费国、国际组织还是研究机构，只要参与能源资源产业链，都是寻求己方利益最大化的市场主体，客观上有可能损害他方的利益。要确保每个参与主体利益最大化，而不使任何参与者受到损害，就要从全球治理的高度，确保能源资源市场的有效性和稳定性，平衡能源资源市场参与方的共同利益。

（二）在G20框架下对能源资源市场进行全球治理的可行性

当前，国际社会关注的全球经济治理机制主要是国际金融体系和全球自由贸易体系。金融危机后，在G20合作机制下，国际社会着手全球金融体系改革，加强对金融创新、资本流动的监管。全球自由贸易体制改革在WTO机制下有多哈回合谈判。能源资源安全体系尚未得到足够重视，主要局限在行业国际组织、区域合作组织中的讨论，没有一个全球性的合作机制。为了稳定能源资源市场，有必要建立一个包括能源供应国和消费国在内的集体安全体系。

在G20框架下对能源资源市场进行全球治理是必要的，也是可行的。20世纪90年代以来，全球经济治理逐步从发达国家主导的G7、G8，向发达国家和发展中国家共同参与的G20转变。本次全球金融危机中，在G20框架下一些新的管理世界经济的规则出现，约束力不断增强，其代表性、广泛性正在增加，国际社会普遍接受G20成为今后开展全球经济治理的主要平台。目前，G20的GDP总量约占世界的85%，人口约40亿，G20国家覆盖了主要发达国家和新兴经济体，也包括了主要的能源资源供应国和消费国，具备承担能源资源市场全球治理的基本条件。

G20已经意识到稳定大宗商品价格的重要性。在2011年2月举行的G20财长和央行行长会议上，已经将大宗商品问题列入公报，并设立了分析资金流动对价格影响的工作小组。同时，G20下还设置了化石燃料补贴、化石燃料价格波动、清洁能源和能效三个工作组。在11月举行的G20领导人戛纳峰会上，中国领导人强调，应当推动形成更加合理透明的大宗商品定价和调控机制，实现和保持大宗商品价格合理稳定。这一观点得到了与会国家和国际舆论的赞赏。这次峰会的公报也指出，G20国家认可国际证监会组织（IOSCO）改进大宗商品衍生品市场监管的建言，并认为应当赋予市场监管机构有效的干预权利，尤其是应当拥有和利用正式的头寸管理能力。虽然G20所谈的大宗商品只涉及能源和粮食，但这些举动表明，G20愿意成为稳定大宗商品价格的平台。

在这个体系框架下，主要能源供应国、消费国、中转国坐在一起，共同讨论能源政策、市场建设、定价机制、运输通道安全等重大问题，形成有约束力的机制和共同行动计划，从而建立起一种集体安全体制。无论是资源丰富国还是资源贫乏国，无论是发达国家还是发展中国家，面对全新的国际能源资源局面，都有可能支持国际能源资源市场治理机制的建立。这里就主要国家对这一倡议可能的态度作简要分析。

第一，发达国家的态度。G20 中美国、日本、德国、法国、英国、意大利、加拿大这 7 个国家和欧盟都是能源资源的主要消费国家与地区。金融危机爆发后，发达国家经济问题凸显，希望采取措施防止能源资源价格波动引发新的全球经济动荡。在联合国、世界银行、国际货币基金组织、世贸组织等发达国家具有传统优势的全球治理机制中，基本都没有解决能源资源矛盾的功能。出于自身经济恢复和长远发展战略的需要，G20 中这 7 个发达国家和欧盟完全可能接受新的国际能源资源协调平台，以保持其影响力和控制力。

第二，资源供应国的态度。从 G7 扩大到 G20，新增加国家中俄罗斯、澳大利亚、巴西、印度尼西亚、沙特阿拉伯、南非 6 国都是资源输出型国家。除石油外，天然气、煤炭、铁矿石、有色金属等大宗矿产资源一直没有形成全球有效的产量、价格协调机制，而欧佩克的作用近年来也日渐下降。资源供应国为了保障长期经济利益，也在积极寻求解决途径。G20 聚集了有代表性的资源供应国，便于它们协调立场，开展同消费国的对话，并且可以将产量、价格与世界经济波动周期结合起来考虑。资源供应国接受 G20 框架下的能源资源市场治理机制，有利于维护和保障它们的长期经济利益。

第三，新兴经济体的态度。在 G20 中，中国、印度等新兴经济体占据 11 席。为了抵御能源供应和价格波动带来的风险，它们有强烈意愿维护国际能源资源市场的长期稳定。在世界银行、国际货币基金组织这些传统的国际组织中，新兴经济体的发言权十分有限。但在 G20 中，它们有着共同的利益，占有的席位也较多，各国又都普遍肯定它们在世界经济中的影响力，因此在 G20 框架下建立能源资源市场治理机制容易得到它们的认可。

当然，也有一种观点是，通过全球治理的方式稳定能源资源市场，会影响中国对稀土的定价权。这种担心是不必要的。首先，稀土不属于大宗矿产品。相比于原油、天然气、煤炭、铁矿石、铜铝等大宗矿产品，稀土的贸易规模显得非常小，其价格波动不会对世界经济波动产生重大影响，目前不应当纳入全球治理的范围。其次，中国一直没有掌握稀土的定价权。与石油、铁矿石等大宗矿产品不同，稀土没有出现过金融化、垄断定价和泛政治化等问题，不属于全球经济治理需要解决的范畴。第三，如果将稀土纳入全球治理，其他资源国也同样会受到影响。中国稀土储量只占全世界总储量的约30%。世界很多地方都蕴藏着丰富的稀土矿产，俄罗斯、美国、澳大利亚分别拥有全球约22%、15%和6%的稀土储量，印度、加拿大、南非以及巴西等国稀土储量也都非常丰富。随着这两年稀土价格快速上涨，美国、澳大利亚、加拿大等国已经重启本国稀土开采计划。因此，通过全球治理制定统一的规则，对这些国家同样适用。中国是大宗矿产资源的重要消费国，通过全球治理遏制了这些品种的过度金融化、垄断定价和泛政治化，有助于消除对中国发展的制约，总体上是利大于弊。

四、构建全球大宗能源资源市场治理机制的设想

目前，全球经济治理改革正向纵深推进，稳定能源资源市场符合各方共同利益。国际社会应当抓住这一机遇，推动建立全球大宗能源资源市场治理机制（Global Mechanism for Stabilizing Energy and Resources Market，GMSERM）[24]，并将其正式纳入G20峰会讨论的范围，与国际金融体系和自由贸易体系一起，相互配合协调，共同履行全球经济治理的责任，防止出现新的全球性经济危机。

（一）构建全球大宗能源资源市场治理机制的目标

在G20框架下，构建全球大宗能源资源市场治理机制的目标可以概括为：制定公正、合理、有约束力的国际规则，形成大宗能源资源市场的预测预警、价格协调、金融监督、安全应急等多边协调机制，使全球能源资源市场更加安全、稳定、可持续。安全，包括供给安全，及时、充足、经济地在全球范围内配置能源资源；利用安全，在开发、生产、转换、仓

储、运输、消费等各个环节没有危险、不受威胁、不出事故。稳定，包括价格稳定，减少暴涨暴跌引发风险；供需稳定，保持生产与消费供需平衡；政策稳定，有效协调各国政策及相关标准，减少不确定性风险。可持续，包括能源资源的合理开采、高效利用，全产业链相关参与方互利共赢、共同发展。

（二）构建全球大宗能源资源市场治理机制的原则

建立全球大宗能源资源市场治理机制应坚持以下原则：

第一，自由竞争原则。健康的国际能源资源市场应当是一个消除垄断、充分竞争的市场。应当通过全球治理，减少政府对能源资源供给和消费的直接干预，打破产业资本与金融资本双重垄断，增加全球范围内的竞争程度，提高资源配置效率。

第二，广泛代表原则。全球能源资源市场治理的参与方应有广泛的代表性，主要包括发达国家和新兴经济体、资源供应国和消费国政府，以及企业、国际组织、研究机构等各个层面。

第三，互利共赢原则。秉承公平交易、合理配置的理念，避免一方受益他方受损的“零和游戏”，妥善解决贸易投资的纠纷争端，共同维护公平稳定的市场环境。

第四，可操作性原则。G20 应当在充分协商的基础上，制定有约束力的规则。各相关参与方应当恪守承诺，接受相关机构的监督和检查，确保相关规则可实施和可操作。

（三）全球大宗能源资源市场治理机制的框架内容

初步考虑，全球大宗能源资源市场治理机制可以包括以下内容：

第一，建立信息通报机制。在能源资源供应市场中，建立全球信息沟通机制，提高能源资源交易的透明度，减少或取消对能源资源市场的行政干预或垄断。建立全球能源资源交易数据库，协调各国通报能源资源的生产、消费数据，要求有关机构公布交易头寸、保证金数额等重要指标。加强对需求的预测，引导消费需求，保障市场的稳定供应。

第二，建立价格协调机制。制定市场竞争规则，建立价格平抑机制。进一步放开价格管制，打破个别国家和企业对某些能源资源的价格垄断。建立能源资源期货市场和全球储备体系，当价格波动严重异常时，通过增加保证金头寸、动用储备等措施，缓解价格波动。建立各国能源资源的补贴、生产、贸易、投资政策的协调机制，防止各国单独制定政策产生的外部性。

第三，建立金融监督机制。将国际金融体系改革与能源资源市场体系改革联系起来，建立全球能源资源衍生品市场的金融监督机制，加强对资本流动和金融创新的监督，防止重要能源资源过度金融化和杠杆化，减少金融或矿业寡头对商品市场的大肆投机和价格操纵行为。

第四，建立安全应急机制。建立全球能源资源安全应急机制，制定必要的应急预案，针对能源资源运输供应过程中的突发事件开展联合演练。各相关国家要及时通报安全信息，例如威胁海、陆运输通道安全的犯罪活动，地震海啸等不可抗力引发的供应中断，以及其他原因造成的大范围环境损害等。

第五，建立合理消费机制。引导国际能源资源消费趋向清洁化、低碳化，在国际社会建立低投入、高产出，低消耗、少排放，能循环、可持续的国民经济体系。推行绿色生产方式、生活方式和消费模式，形成节约环保型社会组织体系。

第六，建立自由开放的贸易投资机制。改善能源资源的贸易和投资环境，进一步放开价格管制和管道限制，反对各种形式的保护主义，建立区域和全球能源资源统一市场。

将全球大宗能源资源市场治理机制纳入 G20 框架下，需要分步骤实施，分阶段推进。中国政府应当积极推动，有所作为。中国领导人可在国际场合，按照双边与多边相结合的原则，就建立能源资源市场治理机制与 G20 国家积极磋商，在适当的多边场合，向国际社会正式提出建立这一机制的建议，并积极推动其付诸实施。

注　释

[1] 原油、石油、天然气和煤炭相关数据来自《BP 世界能源统计年鉴 2011》；铁矿石

和铝土矿相关数据来自美国地质勘探局（US Geology Survey）各年的矿物摘要（Minerals Commodity Summary 2011）。

[2] International Monetary Fund：World Economic Outlook 2010.

[3] 成金华、汪小英：《工业化与矿产资源消耗：国际经验与中国政策调整》，载《中国地质大学学报（社会科学版）》，2011 年第 3 期。

[4] 石油数据来自 BP 网站；铁矿石来自国际钢铁协会网站。

[5] 钱成、刘宇：《铁矿石定价机制与价格波动研究与其它大宗商品价格波动比较》，载《现代矿业》，2009 年第 5 期。

[6] 冯俊新：《大宗商品国际贸易对中国经济的影响》，《中国宏观经济分析与预测报告（2011 年第一季度）分报告》。

[7] 殷剑峰：《商品市场的金融化与油价泡沫》，载《中国货币市场》，2008 年第 11 期。

[8] 赵庆寺：《国际能源外交的经验与启示》，载《阿拉伯世界研究》，2010 年第 3 期。

[9] 王明宇：《铁矿石：定价权与产业安全》，载《新财经》，2009 年第 8 期。

[10] 国家发展改革委外事司：《中国开展多边能源合作的分析建议》，载《中国经贸导刊》，2006 年第 21 期。

[11] 隋舵、孔艳杰：《石油问题政治化与石油外交应对策略》，载《国际石油经济》，2007 年第 3 期。

[12] 方晋：《新兴经济体对全球能源格局的影响》，载《发展研究》，2011 年第 8 期。

[13] 唐志超：《"9·11" 全球能源外交发展态势》，载《现代国际关系》，2006 年第 1 期。

[14] 斯·日兹宁：《全球能源安全与俄罗斯能源外交》，载《俄罗斯学刊》，2011 年第 3 期。

[15] 管清友、何帆：《中国的能源安全与国际能源合作》，载《世界经济与政治》，2007 年第 11 期。

[16] 田中伸男：《亚洲在全球能源需求方面发挥着决定性作用》，2011 年 6 月 26 日在第二次全球智库峰会的能源安全和核能论坛上的讲话。

[17] International Monetary Fund 统计数据库。

[18] 数据来源于美国商品期货交易委员会网站 www. cftc. gov。

[19] 数据来源于 CEIC 数据库。

[20] 麻志周：《中国矿产资源保障问题的思考》，http：//www. mlr. gov. cn/zljc/201005/t20100516_ 149047. htm（国土资源部网站网页）。

[21] International Energy Outlook 2010，http：//www. eia. gov/oiaf/ieo/graphic _ data _ world. html.

[22] 2011 年美国每日进口原油约在 800—900 桶之间。

[23] 崔志楠、邢悦：《从“G7 时代”到“G20 时代”——国际金融治理机制的变迁》，载《世界经济与政治》，2011 年第 1 期。

[24] 或 Stabilizing Mechanism for Energy and Resources of Global，SMERG；或全球能源资源治理机制（The World Energy and Resources Governance，WERG）。

温室气体限制协议中发展和发达国家需求的调和：基于消费的方法

［美］拉夫·D. 萨缪尔森　许勤华*

由于目前发达和发展中国家之间的谈判进入了僵局，通向 2012 年后温室气体限制协议的签署之路遇到了障碍。本文的作者们假设此僵局是因《京都协议》的设计中所存在的基本缺陷造成的，而这种缺陷是可以通过采用不同的设计进行克服的。明确地说，该协议不该根据每个国家所产生的排放量设定排放限值，而应根据每个国家的消费量设置排放限制。可能在乍一看之下，此变化并没有多大区别，但在各参与国所面临的经济刺激以及在它们的经济中，这种改善的意义可能将是深远的。这项变化还有助于阐明对于发展中国家来说涉及公平性、并且以目前方法无法简单处理的一些基本问题。这项变化的总体影响是更易促成一份对发展和发达国家来说都可接受的、有效力的温室气体限制协议，并且使每个参与国签署此协议后都能从政策上更易执行和实施。

* 拉夫·D. 萨缪尔森博士，能源经济学家，亚太能源研究中心（APERC）副所长，美国斯坦福大学经济学博士，曾在新西兰能源局工作多年；许勤华博士，中国人民大学国际关系学院副教授，中国人民大学国际能源战略研究中心执行主任，前亚太能源研究中心高级研究员。

一、背景

事实证明，通过谈判签署限制温室气体排放的协议是一项极其艰巨的任务。在1997年签署实施的《京都协议》是至今为止在此领域内的一项主要成就。该协议欲将37个发达国家的排放限制到一个规定水平，使2008—2012期间的平均排放量比1990年降低5%。[1]但《京都协议》的成果在很多方面表现并不尽如人意。《京都协议》中的一些失败在签署该协议之时就已被认识到，因为大家只将该协议视作是通向一份更有效、更全面的协议的第一步：

• 与1990年排放水平相比只降低5%，与解决长期气候变化问题的需求相比还远远不够；[2]且

• 鉴于发达国家在过去150年里应为大气中排放温室气体的累积承担主要责任，《京都协议》的排放限值并未包括任何发展中国家。[3]

在签署阶段，还发生了其他事情：

• 由于预知到此协议会对它们的经济带来威胁，美国和澳大利亚拒绝签署该协议。

在签署之后，还有如下其他事件发生：

• 由于其出口能源增量造成排放增加，加拿大在2007年宣布它无法再履行其《京都协议》下的义务，且加拿大政府将不再购买筹码或以任何其他方式参与全球碳市场；[4]以及

• 其他国家，包括日本[5]、意大利、西班牙、丹麦、瑞士[6]和新西兰[7]，目前的排放水平都在京都目标水平之上，但仍能够通过使用协议规定的、基于市场的措施或其他国内措施达到该协议要求。

《京都协议》排放限制规定将在2012年到期，气候变化问题的紧迫性逐渐被全球所认知，而且美国和澳大利亚政府的选举也越来越趋向接受温室气体限制，当前正是进行谈判、签署一份更有效、更全面的国际气候变化协议的良好机会，这也是在最初签署《京都协议》时就预想到的。

由于发达和发展中国家之间谈判陷入僵局，这样一份协议的签署之路

遇到了障碍。然而，可以通过采用另外一种协议设计的办法打破此僵局。明确地说，在此协议中，不是根据每个国家产生的排放量设定限值，而是根据每个国家消费能源所内含的排放量设定限值。

为了发现基于消耗与基于生产两种温室气体限值设定方法之间的不同，首先应检查发展和发达国家对气候变化协议的谈判立场。论文作者假设两方都有正当的关注问题，且在基于生产的排放限值方法中没有办法解决这些问题。

（一）发展中国家的立场

发展中国家一般都已认识到气候变化问题的严重性。但是，它们认为大气中温室气体的累积主要是由于发达国家在过去约 250 年期间的排放导致的。甚至如今，发展中国家每人每日的排放仍远远低于发达国家的排放。在 2006 年，OECD（发达国家）所有排放源所产生的人均温室气体排放为 14.4 吨 CO_2e/人[8]，而在美国，此数据高达 25.0 吨 CO_2e/人[9]。为进行比较，在非 OECD 国家，此数据为 4.8t/人[10]，中国为 5.7t/人[11]，印度为 2.2t/人[12]。发展中国家认为将它们的排放水平限制在当前水平是非常不公平的。这种观点没错，不仅仅因为它们的人均允许排放量仅是发达国家的一小部分，而且还因为发达国家已排放了 250 多年并已获得了基础设施和工业建设方面的额外收益，而对此发展中国家仍然缺乏。[13]

中国[14]和印度[15]都要求在人均基础上设定排放限值，印度总理辛格甚至还准备承诺，印度的人均排放不会超过发达工业国家的平均人均排放水平。基于上述引用的排放统计数据，看起来这并不可以算是一项承诺，但是，总理的观点很容易解释：凭什么要求印度人承诺达到比发达国家更低的排放水平呢？

然而，在《京都协议》的当前设计中，等值的人均排放标准仍是不平等的。因为在有些国家，如加拿大、俄罗斯和沙特阿拉伯，虽然它们的排放量很高，但其原因部分在于它们是能源集约型产品的大出口国。生活在它们国内的人不得不为由它们生产但在其他地方由其他人消费所造成的排放而受到惩罚，它们认为这是不公平的。

（二）发达国家的立场

另一方面，发达国家总体都认可发展中国家需要相对放松的排放限制，以允许它们的经济有增长和发展的空间。但是，发展中国家的经济已经占了全球温室气体排放量的59%[16]，如图1所示，此份额在未来几年内（至少能源的温室气体排放）还会将继续增长。气候学专家呼吁，与2000年水平相比，2050年的温室气体排放需要降低50%—85%[17]。如果没有发展中国家参与的话，这项任务是不可能完成的。

图1　预期的能源温室气体排放[18]

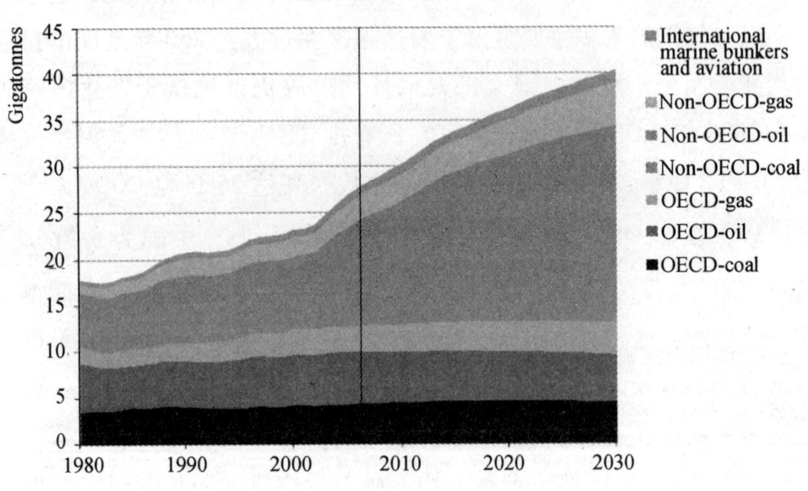

Gigatonnes 千兆吨

International marine bunkers and aviation 国际船舶业和航空业

Non-OECD-gas	非 OECD—天然气
Non-OECD-oil	非 OECD—石油
Non-OECD-coal	非 OECD—煤
OECD-gas	OECD—天然气
OECD-oil	OECD—石油
OECD-coal	OECD—煤

其次，发达国家认为，如果发达国家内的产业必须遵守排放限值，

而发展中国家没有排放限值约束的话，那么能源密集型行业会在利益趋动下从有排放限值的国家纷纷涌向没有排放限值的国家。这有悖于降低总体排放的目标，还会使发达国家陷入不公平的竞争地位。发达国家各产业为了满足全国限值水平，必须承受降低排放的巨大成本，这样又如何能与发展中国家中无需承受此类成本的产业在一个公平基础上进行竞争呢？

（三）矛盾的焦点

发达国家也有正当的关注问题。但是这些问题似乎无法与发展中国家的同样正当的关注问题相互调和。我们该如何解决这些明显冲突的需求呢？

在回答此问题之前，还需要讨论一个更广义的激励性问题，这个问题已在《京都协议》中提出过，而且在今后的任何类似协议中都肯定会被提出。这个问题是，各个国家之间排放管理条例中的任何差异都将使限值更严格的国家陷入一种不利的竞争地位。这种竞争劣势对任何国家中的比其他产业具有更大排放的能源密集型产业带来了一种可以感知的、可能真实发生的威胁。而这些产业及这些产业内的工作人员在政策上较有影响力，他们会要求取消这些管理条例，至少免除对出口竞争性产业的约束，而这会明显削弱这些限制规定的效力。政府被迫在温室气体限制同经济增长和就业之间做出权衡。当这些方面造成政策问题时，不可避免地气候保护会成为败方。事实上，当各国寻求比其竞争方更低的排放限制时，“逐底”似乎是自然的后果。

例如，这种类型的政策压力已经在新西兰获得了胜利，虽然新西兰被公认是世界上环保意识最自觉的国家之一。迫于强势的产业反对呼声，新西兰政府在 2005 年不得不撤销了一项碳税提案[19]，并且其后的有关排放交易方案的提议也被重复搁置[20]。在加拿大，自由党政府在其 2008 年选举中失败的一个主要因素是它的碳税提案。没有人会喜欢新增税项，但当这些税项看起来像是在你国不面向国外竞争者的自用产品上增加的一道消费壁垒的话，那即使是对于最最环保的政策领导人来说，实施难度都将是压倒性的。

当然，如果有一份对温室气体排放设定一项公共税（如 Joseph Stiglitz[21]所提议）的全球协议的话，就可以基本避免温室气体限制对经济增长和就业的制约。但是，这样一份协议可能要求世界上几乎每个国家都处于同等水平的竞争赛场上，但这是不大可能的，因为处于公共税范围以外的任何国家都会比参与此公共税的国家获得不容低估的竞争优势。所以许多国家在实施这样一种税项时不仅会遇到内部政策困难，个别国家想成为“自由骑士”。

二、更好的选择：根据消费限制排放量

那么有什么其他有效的办法呢？经济原理告诉我们，当消费者为他们消耗的产品支付全额成本时，是市场在起作用，如果与此市场原则发生背离，那么会导致“市场失败”，这种情况会促使人们以并非对社会最佳的有益的方式去行事。然而根据《京都协议》，其排放限制是按国家区分，即由生产国、而非消费者，支付其生产产品的排放费用。这样的结果是一种典型的市场失败，这解释了我们在达成和实施一份协议时都曾遇到过的许多问题。

避免市场失败的另一种办法是每个参与国都宣誓限制它们所消耗产品中所含的排放，而不是它们所生产产品产生的排放。每个参与国可以通过一些措施实施这些限制，如仅适用于国内消耗的碳税或排放交易方案。但是，碳税或排放交易方案需要覆盖所有国内消费，无论是当地生产还是进口的产品或服务。很明显，在执行此类消费限制时会遇到一些计量方面的挑战，特别是在确定一件特定产品的碳含量时。这种计量挑战并非不可克服，有关讨论详见附录 A。在此我们假设它是可以执行的，并将焦点放在此方法的优点上。

第一，由于出口货物或服务不适用碳税或排放交易，对于将生产地迁移至一个非参与国内的公司来说，它不会获得任何竞争优势。另一方面，由于所有国内消费品都有碳税，无论是国产的还是进口的，对于从非参与国进口到国内市场的进口产品，也不会获得任何竞争优势。如此，在各公

司的竞争赛场上，国产产品和进口产品拥有有效平等的基准线，这使得执行排放限制所需的碳税或排放交易在政策方面变得更易接受。

第二，每个国家的生产商，即使未参与本协议，都有一股强大动力刺激他们去降低其产品中内含的排放量，以便提高其产品在参与国市场内的竞争性。与根据《京都协议》各国想方设法逃离此协议成为“自由骑士”的情况不同，一份基于消费设定限值的协议将刺激整个产业的排放量降低，包括非参与国内。

将产业拖曳到参与国范围以外的趋势非常强大，以至于基于消费的排放限制甚至能够单方面起作用，而无需签署国际协议。如果一个主要消费国（如美国、欧盟或日本）采用了一项基于消费的排放限值，即使没有任何其他国家加入，仍可能对全世界的生产商带来显著影响。

一份基于消费的排放限制协议还可能消除掉发展中国家因平等的人均排放限值需求而提出的强烈反对意见。这种反对之所以存在，是因为有些国家的较高排放量部分是由于它们作为能源集约型产品的主要出口国而导致的。根据基于消费的排放限值，出口产品中内含的排放将随同产品一起流向消费国。这样，对平等的、基于消费的人均排放限值的认可，至少在长期来说，将是气候变化协议谈判的一项平等基础。

实际中，对平等的、基于消费的人均排放限值的协议可能意味着刚开始，发达国家需要向初始筹码有盈余的发展中国家购买排放筹码。这会促使各发展中国家加入本协议，并且这还会成为它们通过正当渠道为其发展融资的一种主要方式。随着时间推移，发展中国家的经济不断增长，发达国家不断采用科技手段降低排放，从发展中国家流向发达国家的排放筹码流量将减小。在这个体系中，随着发展中国家的经济发展越来越接近发达国家，向发展中国家的资金转移将会自动停止。

气候变化协议有一套清晰的原则，如平等的、基于消费的人均排放的长期原则，这套原则将有利于消除发达和发展中国家内投资者的不确定性。这无论对经济还是环境来说都将是有益的，因为许多降低排放的投资需要持续几十年，只有具有长期获利预期的投资者才能坚持下去。当前存在的、对2012年之后存在的不确定性是进行此类投资的一项主要障碍。即使有了一项新签署的短期协议，但由于缺少明晰的长期原则，仍无法解决这种不确定性。

三、结论

综上所述，我们已经弄清楚，针对《京都协议》中的诸多失败点，该如何签署一份以限制国家消费内含排放为基础的国际性温室气体排放限制协议。对于发展中国家来说：

- 它将提供一个载体，使它们在人均基础上进行排放的长期平等权利获得认可，其中每个人都应当平等对待；
- 向它们提供了一项即时性的刺激力量，促进对减排科技方面的投资；并且
- 向它们提供了一种以正当渠道为它们的发展协助融资的办法。

对于发达国家来说，

- 它抹平了发达国家和发展中国家之间的竞争赛场；
- 降低了其国内可能削弱该协议或其执行的政策压力；
- 消除了一些国家不打算加入此协议而想成为自由骑士的动机。

而对于所有国家来说，

- 当少数国家决定不加入时，该协议不会失去其效力，因为不参与者如果想要出口，仍需面临必须降低其产业排放的强大激励；并且
- 出于上述所有原因，该协议既能满足气候变化的挑战，还不会与持续的经济增长和发展相抵触。

附录 A　内含碳排放的计量

对于本文所述的基于消费的排放限制方法，这里有一个遗留问题，那就是它在实际中是否真实可行。毕竟，在能够限制正在消费的产品或服务中内含的排放之前，一个人必须知道正在消费的每样产品和服务中所内含的排放量。毫无疑问，这只是一项与信息相关的挑战，而并非不

能解决。

用于最终回应此挑战的是一个国际公认的碳计量系统。在跟踪自有排放的同时，各公司需要跟踪它们购买的输入品中内含的排放量，并将这些排放量分配到它们的产品中。为了获得最大影响，计量系统应深入到尽可能细微的每个层次。例如，每种型号的特定产品应有其单独计算而得的排放量，因此消费者有动力去购买具有较低内含排放量的型号，生产商们也有动力去降低它们各种型号产品的内含排放量。

这样一套具有明晰规则的计量机制的执行难度应该比增值税所要求的、已在全球很多国家应用的计量机制的执行难度相当或相差无几。对于实际上由多方联合生产的产品，例如空客上的座椅，将内含的排放以价格（机票）的方式进行分配可能是一种公平合理的办法，因为价格大约近似于每位顾客承担的联合成本（如燃料）的份额。对于不是联合生产的产品，材料单可以为内含排放量提供计算依据。

研发每个产业的清晰规则将是一项主要任务，但这与研发其他产业标准，如金融会计或产品安全，没有什么不同。这些规则应该在全球范围内相互协调。通过这种方法，每个进口国都能够识别其进口的产品和服务相关的出口国排放含量声明。参与此排放限制协议的所有国家都应遵守这些公认的计量规则。对于拒绝加入此协议并拒绝遵守公认计量规则的国家，应允许进口其产品的国家能对进口产品的碳含量进行评估。由于这些评估可能并不是出口国所乐意接受的，从而促使所有国家都遵从这些标准。

与所有计量系统相似，这个碳计量系统肯定也有其缺陷。这类缺陷越少，该系统会运作得越好。但是，此系统运作有效不一定要求系统必须完美。无论如何，将排放分摊给消费者的规则都要比将排放分摊给生产者的当前系统规则更好。

由于《京都协议》运行到 2012 年期满，其后我们需要一个继承者，而这份新协议能实现从老旧的、基于生产的限值向新颖的、基于消费的限制逐渐过渡。在这种过渡刚开始时，可能仅仅对能源最密集的产品进行基于消费的排放计算，而且排放含量计算可采用简单的大拇指规则。随着碳计量系统的研发，可以逐步实现更广泛的产品覆盖率并采用更精细的规则。

注 释

[1] 参见联合国气候变化框架公约（UNFCCC）“京都协议”页面，2007年11月，http：//unfccc. int/kyoto_ protocol/items/2830. php。

[2] 参见政府间气候变化专门委员会：《气候变化2007：综合报告》；转引自《决策者摘要》，2007年11月，http：//www. ipcc. ch/pdf/assessment-report/ar4/syr/ar4_ syr_ spm. pdf，尤其是表SPM. 6。

[3] 参见Gabrielle Walker和David King主编：《特题：如何应付全球变暖且能保持全球正常运转?》，伦敦Bloomsbury出版社，2008年版，第180—181页。

[4] 参见加拿大环保署：“京都协议2007年实施法案的气候变化计划”，2007年9月6日，http：//www. ec. gc. ca/doc/ed-es/p_ 123/s2_ eng. htm及其随后页面。

[5] 参见日本政府内阁办公室经济社会研究协会（ESRI）的Nobuyuki Sakashitaee，有关“日本GHG排放情况和气候变化方针”的演讲，2009年2月23日，http：//www. esri. go. jp/jp/workshop/090223/02_ country3_ Japan. pdf。

[6] 欧洲环境署（EEA）：新闻稿“E-15，摒除参差表现后的京都目标”，2008年10月16日，http：//www. eea. europa. eu/pressroom/newsreleases/eu-15-on-target-for-kyoto-despite-mixed-performances。

[7] 参见路透社：“新西兰预期超过京都目标”，2009年4月14日，http：//www. scientificamerican. com/article. cfm? id=new-zealand-expected-to-e。

[8] 有关温室气体排放的所有随后数据都来自国际能源署的《燃料燃烧的CO_2排放》，2008年版，巴黎，第III. 42-III. 47页（表格“2005温室气体排放”），并包括来自所有排放源的排放。有关人口的所有数据均来自同一卷，第II. 37-II. 39页。人均排放数据计算方法：温室气体总排放量除以人口。这种情况下，此数据为16855. 4mt/1170. 4m人=14. 4t/人。

[9] 7424. 3mt/297m人=25. 0t/人。

[10] 25680. 0mt/5289. 3m人=4. 8t/人。

[11] 7485. 3mt/1304. 5m人=5. 7t/人。

[12] 2393. 6mtCO2e/1094. 6m人=2. 2t/人。

[13] 孙国顺，中国外交部条约法律司处长的文章：“气候变化与中国国情”，载《外交》，第85期，2008年11月24日，参见http：//www. cpifa. org/en/Html/200812240453-1. html。

[14] 负责气候变化和人口事务的国务委员宋健博士的演讲摘要：“中国呼吁平等的人均排放”，1997年10月5日，参见http：//www. gci. org. uk/cop3/songjian. html。

[15] 参见财经快讯："印度呼吁西方降低人均排放量"，2008 年 2 月 7 日，http://www.financialexpress.com/news/bring-down-per-capita-emissions-india-to-west/270304/。

[16] 25680mt 非发达国家/43475.9mt 全球 = 59%，国际能源署：《来自燃料燃烧的 CO2 排放》，2008 年版，巴黎，第 III-43 页。

[17] 参见政府间气候变化专门委员会：《气候变化 2007：综合报告》；转引自《决策者摘要》，2007 年 11 月，http://www.ipcc.ch/pdf/assessment-report/ar4/syr/ar4_syr_spm.pdf，尤其是表 SPM.6。

[18] 国际环境署：《世界能源展望 2008》，巴黎，2008 年，http://www.worldenergyoutlook.org/key_graphs_08/WEO_2008_Key_Graphs.pdf。

[19] 参见 http://www.nzherald.co.nz/nz/news/article.cfm?c_id=1&objectid=10360930。

[20] 参见 http://www.nzherald.co.nz/business/news/article.cfm?c_id=3&objectid=10558152。

[21] 参见 Joseph Stiglitz：《全球化之道》，Allen Lane（企鹅出版集团），2008 年版，第 181 页。

东北亚天然气枢纽建设的理论探讨

[韩] 金博扬（Kim Bo-yang）*

美国西德克萨斯轻质原油（WTI）的价格上升到147美元/桶后，在短期内又下降到40美元/桶，由于这样不稳定的石油市场，所以天然气市场事实上没有人关注。不过我们在过去10年的时间从国际天然气市场的趋势，可以得出其最近三四年的趋势比过去出现了不同的波动。在国际天然气市场，这些变动称为购买者市场，主要是让我们看到输入方的协商能力弱化。但是笔者要研究的是按照各个国家具有的特性购买者市场如何影响到国际天然气的需求量及给各个国家导致的任何结果。天然气市场不但与石油市场不同，甚至市场还没有完整地形成，根本不具备对外部条件的变化进行弹性应对的能力。因这些情况而出现的波及效果，使整个能源市场受到很大影响。

几年来以这些内容为主题的一些文章备受学术界关注，针对这一主题并多次召开国内外研讨会，都是为了从理论上探讨在国际天然气市场上可能出现的所谓"海啸"以及在东北亚这个天然气消费量快速增长地

---

* 本文作者为韩国天然气公司（KOGAS）研究所所长。此文分析的数据基础虽然因近一两年全球非常规天然气发现和开采的迅速发展需校准，但就东北亚地区来讲，考虑到2011年因东日本大地震引发海啸及核泄漏事件后，日本大幅度进口管道天然气（LNG），一定程度上引发了全球LNG的"海啸"，本文之理论基础、现实描述和实践建议值得借鉴。

区应对可能出现的“海啸”的建议。当然在本论文中所说的“海啸”是从由于市场的外部变量而发生不能引进天然气的情况、导致在需求上出现国家能源安全危机的假定出发。但这是最极端的局面，本人也希望在现实中不会发生这样的现象。此外，虽然本论文从天然气输入国家韩国的视角来讲，不过希望在国际天然气市场上分析各个国家的案例时，可以普遍适用。

一、国际天然气市场的趋势与展望

（一）世界天然气供应展望

根据表1，我们可以预测，到2015年现有传统的天然气供应大国，即印尼、马来西亚、阿尔及利亚、特立尼达和多巴哥等国家的供应增加趋势比较缓慢。不过卡塔尔、澳大利亚、尼日利亚等国家2015年的供应量比2005年增加到300%以上。这些国家在未来国际天然气市场上将成为“三套马车”（troika）。从2005年开始供应天然气的埃及，到2015年预计其供应量将达到17.5百万吨，这数值不算大，但其凭借大西洋地区和亚洲—太平洋地区的地理优势估计将成为今后重要的天然气供应国。此外，挪威、利比亚、巴布亚新几内亚、秘鲁、也门等新兴天然气供应国家在数量上、供应途径变得多边，不过在规模上今后对供应市场上影响不太大。综合上述内容可以认为，现有传统的供应大国将维持现状，供应量少的国家将保持对有关地区的需求的充足供应。

表1　按国别看世界天然气供应展望（2015）

（单位：百万吨）

国家	2008	2009	2010	2011	2012	2013	2014	2015
Alaska	1. 3	1. 3	1. 3	0. 3	0. 0	0. 0	0. 0	0. 0
Algeria	19. 9	19. 9	19. 9	22. 8	24. 3	24. 4	24. 4	24. 4
Angola	0. 0	0. 0	0. 0	0. 0	2. 2	4. 8	5. 2	5. 2

续表

国家	2008	2009	2010	2011	2012	2013	2014	2015
Australia	15.5	19.0	19.6	23.3	23.9	23.9	27.6	45.0
Brunei	7.2	7.2	7.2	7.2	7.2	7.2	7.2	7.2
Egypt	11.6	11.6	12.4	12.4	12.4	14.6	17.1	17.5
Eq. Guinea	3.4	3.7	3.7	3.7	3.7	3.7	3.7	3.7
Indonesia	20.8	26.2	27.1	26.1	25.0	26.3	27.8	29.2
Libya	0.7	0.7	0.7	0.7	0.7	0.7	0.7	0.7
Malaysia	23.9	24.4	25.0	25.0	25.0	25.0	25.0	25.0
Nigeria	19.7	20.9	21.0	21.0	22.7	29.8	37.4	46.2
Norway	2.1	3.8	4.2	4.2	4.2	4.2	4.2	4.2
Oman	10.5	10.5	10.5	10.5	10.5	10.5	10.5	10.5
PNG	0.0	0.0	0.0	0.0	0.0	0.0	4.0	6.1
Peru	0.0	0.0	1.9	4.1	4.5	4.5	4.5	4.5
Qatar	33.2	54.1	71.0	76.6	77.2	77.2	77.2	77.2
Russia East	0.0	4.1	8.9	9.6	9.6	13.7	14.4	14.4
Russia West	0.0	0.0	0.0	0.0	0.0	0.0	0.0	0.0
Trinidad	15.3	15.3	15.3	15.3	15.3	15.3	15.3	15.3
UAE	5.6	5.6	5.6	5.6	5.6	5.6	5.6	5.6
Yemen	0.0	4.3	6.4	6.7	6.7	6.7	6.7	6.7
Total	190.7	232.6	261.7	275.1	280.7	298.1	318.5	348.6

资料来源：Wood Mackenzie

（二）世界天然气需求展望

根据表2可以预测，到2015年现有传统的天然气需求大国和地区，即日本、韩国、台湾等的需求量将继续增加，此外亚太地区的中国与印度及大西洋地区的西班牙、法国、英国等需求大国的需求增加趋势也值得关注。到2015年，日本、韩国、中国将成为世界三大天然气进口大国。在新兴天然气进口国家中，墨西哥（西部）、中国、印度等国家与韩国可能进行天然气进口竞争。虽然巴西、智利、塞浦路斯、德国、希腊、牙买加、新西兰、巴基斯坦、波兰和泰国等国家的需求量很少，不过目前开始使用天然气的国家将逐渐增多。

表 2　按国别看世界天然气供应展望（2015）

（单位：百万吨）

国家	2000	2005	2010	2015
Belgium	3.3	2.1	6.3	6.1
Brazil	0.0	0.0	1.2	2.2
Canada East	0.0	0.0	1.7	4.9
Canary Islands	0.0	0.0	0.0	0.6
Chile	0.0	0.0	2.0	2.6
China	0.0	0.0	7.7	12.5
Croatia	0.0	0.0	0.0	0.0
Cyprus	0.0	0.0	0.0	0.2
Dominican Republic	0.0	0.2	0.7	1.1
France	9.1	10.1	18.4	18.2
Germany	0.0	0.0	0.0	1.7
Greece	0.4	0.3	0.6	1.1
India	0.0	4.8	9.4	13.7
Indonesia（Java）	0.0	0.0	0.0	1.1
Italy	2.8	1.9	8.8	10.2
Jamaica	0.0	0.0	0.0	0.0
Japan	57.0	60.9	69.0	74.6
Mexico East	0.0	0.0	1.9	1.9
Mexico West	0.0	0.0	4.6	6.3
Netherlands	0.0	0.0	0.0	2.4
New Zealand	0.0	0.0	0.0	0.0
Pakistan	0.0	0.0	0.0	1.3
Poland	0.0	0.0	0.0	0.5
Portugal	0.0	1.4	3.2	5.0
Puerto Rico	0.2	0.5	0.6	1.1

续表

国家	2000	2005	2010	2015
Singapore	0.0	0.0	0.0	1.1
South Korea	15.3	23.5	32.5	41.5
Spain	7.2	17.6	28.9	30.6
Taiwan	4.6	7.5	9.2	12.0
Tailand	0.0	0.0	0.0	1.3
Turkey	3.4	3.5	3.4	3.4
UK	0.0	0.4	14.0	21.6
US East	4.9	12.5	23.2	53.4
Total	108.2	147.2	247.3	334.2

资料来源：Wood Mackenzie

除了现有的日本、韩国以外，美国将成为新兴的天然气进口大国。今后，隔太平洋而居的沿岸国家如果也开始进口天然气，现货（spot）交易竞争将更加深化。此外，还会出现很多天然气少量进口国家。这些市场主体的数字变化在天然气交易领域上带来更多的、新的动态。

（三）亚太地区天然气需求展望

据 Wood Mackenzie 的资料，到 2015 年全球天然气供应量是 348.6 百万吨、需求量是 334.2 百万吨，这使供需平衡来看没有问题，但这样看待问题与实际是有偏差的。因为今后在国家内部能源市场各能源品种之间的竞争上，天然气的价格竞争力可能逐渐强化，因此预测潜在的需求量会变得更大。相对而言，最近 10 年间，由于对天然气需求的突然增加，在供应方面导致了各种问题，不能及时供应而令人忧虑。比如，因开发气田需要的原料价格的暴涨、因专家不足而人工费上升、筹措必须原料的能力不够和在外部因为开发而引发环境问题的社会反响等，推迟了 FID（Financing Investment Decision）。所以，总体来说，天然气项目供应的年度目标将推迟到 2—3 年，甚至 5 年。在实际上，2012—2013 年的供应量目标，即 280.7 百万—298.1 百万吨，到 2015 年才能达到，这个数量比 2015 年的预计供求量少很多，因此，导致了供不应求的现象。目前，在国际天然气市场上，已经全面出现了供不应求的现象，特别是亚太地区的需求展望不很乐观。

表3 亚太地区需求展望

Asia Pacific's Natural Gas Balance, Base Case: 1975 - 2020 (mmscf/d)							
Year	Power	Industry	Residential	Total Consumption	Production	Imports	Exports
1975	837.6	1, 373.6	330.9	3, 307.0	3, 004.4	677.9	440.6
1980	2, 378.1	2, 278.1	712.6	6, 595.4	6, 742.0	2, 262.6	1, 788.2
1985	4, 332.7	3, 192.8	1, 169.5	10, 182.2	10, 804.1	3, 819.3	3, 318.2
1990	6, 375.9	3, 949.7	1, 821.4	14, 685.5	15, 297.9	5, 180.1	4, 718.9
1991	7, 031.8	4, 134.6	1, 924.2	16, 310.0	16, 795.8	5, 696.0	5, 089.7
1992	7, 382.1	4, 268.2	2, 122.7	17, 168.0	17, 718.1	5, 977.7	5, 408.8
1993	7, 860.6	4, 537.4	2, 320.2	18, 336.6	18, 360.9	6, 228.1	5, 662.2
1994	8, 843.1	4, 819.9	2, 457.6	20, 064.3	19, 775.7	6, 868.4	6, 159.7
1995	9, 514.9	5, 042.2	2, 682.8	21, 423.4	21, 019.9	7, 131.9	6, 359.7
1996	10, 525.9	5, 397.9	3, 025.1	23, 468.1	22, 683.0	8, 116.5	7, 254.6
1997	11, 215.8	5, 653.3	3, 156.8	24, 946.0	24, 489.4	8, 666.6	7, 647.3
1998	11, 934.4	5, 759.2	3, 237.0	25, 988.9	25, 370.4	8.873.1	7, 591.5
1999	12, 892.3	6, 304.1	3, 505.1	28, 152.9	27, 162.5	9.524.4	7, 990.7
2000	13, 497.8	7, 137.5	3, 746.1	30, 550.9	28, 376.7	10, 149.1	7, 900.6
2001	14, 199.4	7, 656.2	3, 987.7	32, 308.3	29, 351.4	10, 887.7	7, 865.7
2002	14, 986.3	7, 985.2	4, 220.3	33, 673.7	31, 687.7	11, 158.1	8.504.2
2003	16, 240.2	8, 535.4	4, 390.7	35, 852.4	33, 036.2	12, 177.9	9, 005.0
2004	16, 784.1	9, 507.0	4, 584.4	37, 461.7	34, 598.8	12, 861.6	9, 445.0
2005	17, 572.7	10, 366.4	5, 325.3	40, 172.8	36, 831.9	13, 833.2	10, 105.2
2006	18, 422.2	11, 750.9	5, 949.2	43, 329.9	37, 819.1	15, 266.6	10, 307.6
2007	20, 054.1	12, 500.3	6, 531.7	46, 586.3	40, 208.8	16, 788.4	10, 639.4
2008	22, 262.1	13, 735.7	6, 820.3	50, 611.2	42, 650.2	18, 190.3	10, 848.4
2010	24, 375.0	15, 744.9	8, 020.3	57, 585.4	48, 953.2	20, 522.1	12, 532.4
2012	26, 774.8	17, 518.0	9, 100.5	63, 158.9	52, 415.2	22, 774.1	12, 073.9
2015	30, 561.8	21, 318.9	11, 033.2	73, 394.2	60, 201.1	27, 699.6	15, 741.2
2020	37, 047.4	26, 034.7	14, 101.6	87, 985.9	68, 163.4	35, 504.8	18, 656.1

资料来源：FACTs

根据表3的FACTs资料显示，从2006—2020年亚太地区的年均天然气消耗增加率达到5.2%，生产增加率则达到4.3%。此时的消耗量除了前面所说的天然气，还包括通过输气管道供应的天然气消耗量。由此，预测认为，亚太地区的需求不平衡已进入到结构不稳定的阶段，地区内消耗总量对比进口量的比重，将从2006年的35%继续上升到2020年的40%。除了进口比重，在进口依赖度上，从2006年的15266.6mmscf/d（114500千吨）增加到2020年的35504.8mmscf/d（266286千吨），即2.3倍以上。这样，日益增加的亚太地区天然气需求不平衡，只有从大西洋地区得到供应才能缓解，但目前大西洋地区的需求状况也不太好。

图1　韩国的天然气需求展望（2007—2020年）

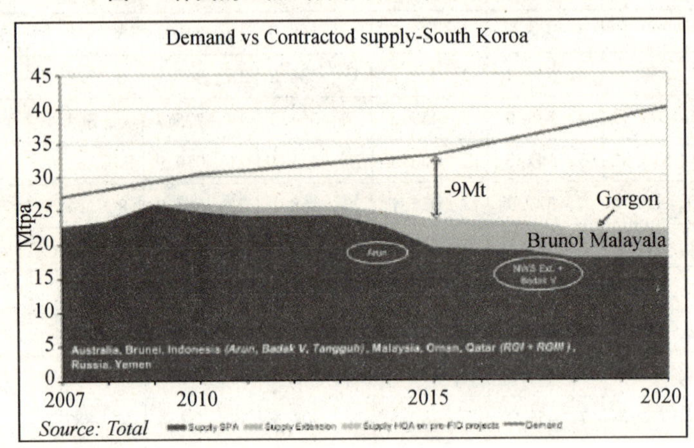

图2　中国的天然气需求展望（2007—2020年）

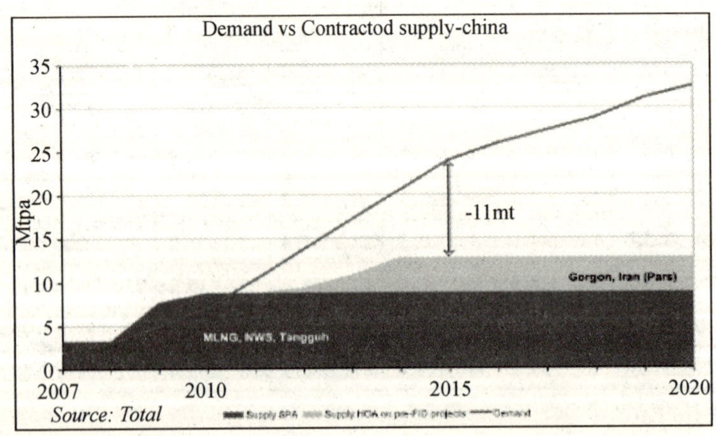

图 3 日本的天然气需求展望（2007—2020 年）

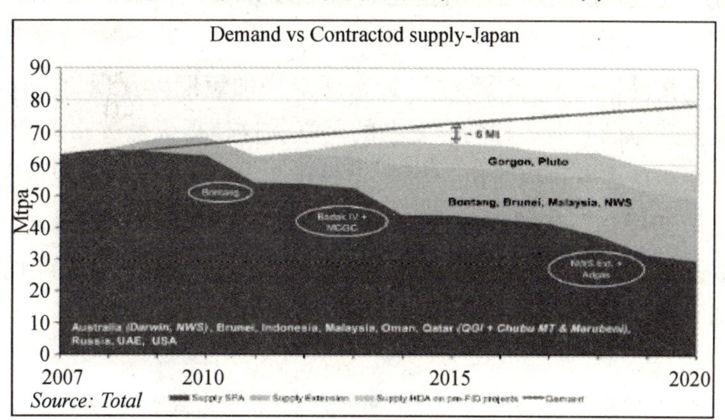

目前世界天然气进口量居于首位的日本（6875 万吨）、第二位的韩国（2780 万吨）和从 2006 年起成为进口天然气新兴需求大国的中国都集中在东北亚地区。法国 TOTAL 公司的 Yves Cerf-Mayer 于 2008 年在泰国召开的“GASTECH 2008”会改上发表的资料，比较了韩、中、日三国天然气需求展望与购买合同总量之间的差异。（参考图 1、2、3）根据上述的资料，预测到 2015 年，韩、中、日的天然气需求量分别欠缺 900 万吨、600 万吨、1100 万吨。到 2015 年，这三国欠缺的天然气需求总量达到约 2600 万吨，不过到 2020 年，其幅度将越来越大，达到 5800 万吨。

表 4 东北亚三国的天然气需求展望

	2010	2015	2020
预计需求量（a）	10500 吨	12900 吨	15000 吨
合同供应量（b）	10300 吨	10300 吨	9200 吨
不足量（b－a）	－200 吨	－2600 吨	－5800 吨

当然需求量不能满足的话，只能减少需求量本身。但是今后如果对韩、中、日等东北亚国家不能稳定及时地实现天然气供应的话，这意味着各个国家在能源安全上可能受到用能行业的波及影响。

（四）在国际天然气市场上的短期以及现货（spot）交易的角色

天然气交易以长期合同为主，近来逐渐增加短期以及现货（spot）交易的比重。其原因具有多样的、复杂的因素，这使得天然气市场变得更多边、更复杂。从表5可以看出，2000年只是5.5%的短期以及现货交易量，随后比重渐渐增加，2003年达到10.7%，到2007年占了19.4%。此外，在短期以及现货交易量上也从2000年的5389千吨上升到2007年的33214千吨，即6倍以上。

表5　世界天然气交易总量中短期以及现货交易比重与交易量趋势

年度	2000	2001	2002	2003	2004	2005	2006	2007
比重（%）	5.5%	8.0%	8.2%	10.7%	11.7%	12.5%	15.8%	19.4%
交易量（千吨）	5，389	8，522	9，269	13，443	15，304	18，088	25，090	33，214

资料来源：GIIGNL（在这表上，短期以及现货交易定为4年以内的LNG短期合同）

※比重为短期和现货交易量的合计，与其他数据所指的现货交易量不同。

近来，为了补充长期合同的供应量不充足的部分，试图增加单纯的现货交易，即通过购买者之间的互换交易（swap transaction）试图缓解该问题，不过这是为了解决市场的僵化问题而采取的不切实际的行动。一般来说，较常用的互换交易模式是以双方之间的合作协定来完成。近来三者之间的互换交易模式也在一点一点地进行，各方想通过这些方法来缓解天然气市场的现有僵化。但今后如出现投机者为了获得差额而使实际性需求中增加了间接性的需求的话，未来将会是更复杂的局面。

二、天然气之“海啸”（Tsunami）理论

（一）什么叫“海啸”理论？

“海啸”只有具备几个条件才发生。在国际天然气市场上笔者所说

“海啸”理论的定义如下：国际天然气市场也因具备几个条件出现巨大的地壳变动，由于这些变动产生的需求不稳定，在一些国家的能源安全上将导致相当严重的后果。2007 年世界天然气消费总量达到 2922bcm（1bcm = 730 千吨），其中，国家之间的交易量是 776bcm，包括以输气管道运输而进行交易的 550bcm 和以运输线运输进行交易的 226bcm。在世界天然气交易总量中，本论文所说的天然气交易量仅占 29.1%。不过，从天然气的特殊性而最终会引起“海啸”的假定出发，故有做本论文的必要性。通过输气管道供应的天然气因用管道而出现的物理限制，所以带有只在一定区域内供应的限制性条件。不过通过运输线供应的天然气则超越了这些地理限制，可促进国际天然气市场的全球化。因此，天然气市场含着会引起“海啸”的潜在可能性。

$$Pt = f\ (T,\ Q,\ R,\ S,\ N,\ C)$$

Pt（Power of tsunami）：“海啸”发生强度

T（TDR）：对月最大消费量月最少消费量□比重

Q（Quantity of storage capacity）：存储量

R（Reaction against balance）：需求敏感对应度 R = Q/T

S（Spot）：在天然气消费总量中现货交易量比重（%）

N（Neighborhood）：周边相关国家对天然气需求的体现度指数

C（Consuming rigidity）：消费僵硬性（电力及城市煤气等的天然气需求）

1998 年仅达到 84440 千吨的天然气交易量，2000 年和 2007 年分别上升到 101810 千吨、170797 千吨，在 10 年间增加到 2 倍以上。这样随着天然气交易量增加，同时天然气的流动性也加大，估计按照各个国家对天然气的依赖度，“海啸”的力量也逐渐扩大。因为天然气市场与石油市场不同，结构性流动性仍然落下，在这样的情况下，如果在一定的条件下以流动性僵化而喷出的就是在天然气市场上的“海啸”。

（二）分析发生“海啸”的因素

1. TDR 与存储量（Q）　根据 IEA 资料表 6，TDR 的大小法国排首位（4.4），澳大利亚位居第二（3.0），接着排在意大利（2.6）、韩国（2.5）、英国（2.2）、加拿大（2.1）、美国（1.7）、日本（TGC，1.5）、西班牙（1.4）、墨西哥（1.1）。

表 6　比较主要国家的 TDR 及存储量

国家	TDR（T）	存储量（Q）	R = Q/T	国家	TDR（T）	存储量（Q）	R = Q/T
法国	4.4	91 日	20.7	加拿大	2.1	73 日	34.8
澳大利亚	3.0	117 日	39.0	美国	1.7	69 日	40.6
意大利	2.6	58 日	22.3	日本（TGC）	1.5	57 日	38.0
韩国	2.5	33 日	13.2	西班牙	1.4	52 日	37.1
英国	2.2	18 日	8.2	墨西哥	1.1	3 日	2.7

资料来源：IEA

从按国别存储天数来看，澳大利亚（117 日），法国（91 日），加拿大（73 日），美国（69 日），意大利（58 日），日本（TGC，57 日），西班牙（52 日），韩国（33 日），英国（18 日），墨西哥（3 日）。但是这两个因素的需求敏感对应度（R = Q/T）显示，美国（40.6），澳大利亚（39.0），日本（TGC，38.0），西班牙（37.1），意大利（22.3），法国（20.7），韩国（13.2），英国（8.2），墨西哥（2.7）。这个数值越大，可以说需求稳定性越强。

以上所述的 TDR 和存储量（Q）这两个指标作为两个轴的图标，按国别排列的话与图 6 相同。TDR 数值越小、存储天数越大，需求是稳定的，即位于左侧上端的美国、加拿大、日本、西班牙等国家在能源安全上可称比较需求稳定的国家，然而位于下端的墨西哥、英国、韩国可称为需求不稳定的国家。此外，意大利、法国、澳大利亚等国家，虽然 TDR 大，但存储天数也大，因此，估计可以调整比较稳定的需求。

图 4　TDR 与存储天数的关系

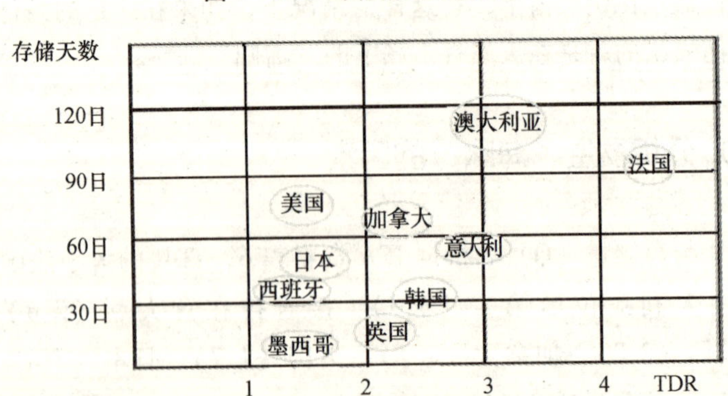

2. 现货交易比重　亚太地区的韩国与日本、大西洋地区的美国与西班牙贡献了增加短期以及现货交易的比重。以2007年为标准看在短期以及现货交易中各个国家占的比重，日本占23.6%、韩国占18.5%、美国11.8%、西班牙占11.2%，这4个国家占着65.1%。分析如何出现这些结果的原因是如下：对韩国来说，随着迟延签订长期合同，其不够货量代替中短期或现货量。日本因核电厂连接不断地运行中止的影响而增加发电用天然气的需求，为了满足这一需求，增加了现货的比重。与此相比，美国与西班牙按照国内市场的价格体系，对在高油价时代拥有相对价格竞争力的天然气，其需求以短期或现货形式来供应。

看地区的特征，首先，在表7的亚太地区国家中韩国的天然气消费总量对比短期以及现货交易的比重最高，我们可以看到从2006年以后，其增加趋势急剧地上升，尤其是从2005年9.8%增加到2007年22.7%。

表7　亚太地区韩中日的天然气短期以及现货引进量比重（2004—2007年）

（单位：千吨）

国家		2004	2005	2006	2007
韩国	短期以及现货引进量	2，497	2，426	5，839	6，134
	天然气消费总量	22，995	24，601	25，988	27，010
	比重	10.8%	9.8%	22.4%	22.7%
日本	短期以及现货引进量	1，800	1，299	5，380	7，824
	天然气消费总量	56，210	57，378	61，101	65，846
	比重	3.2%	2.2%	8.8%	11.8%
中国	短期以及现货引进量	—	—	—	311
	天然气消费总量				49，129
	比重				0.6%
印度	短期以及现货引进量	—	58	1，132	3，837
	天然气消费总量		26，061	27，229	29，346
	比重		0.2%	4.1%	13.0%

来自：GIIGNL（短期以及现货引进量），BP（消费量）

注：与另外资料上提出的消费量比重有些不同，本文的消费量来自BP的数据来统一。

日本2005年仅仅达到2.2%的天然气消费总量对比短期以及spot引进量的比重，发生地震或以结构缺陷为中止运行核电，从2006年8.9%急剧增加到2007年12.0%。中国因从2006年才开始天然气使用而天然气消费总量对比短期以及现货引进量的比重仅仅达到0.6%。目前，对spot的依赖度还低，作为能源消费大国，今后在东北亚地区与韩国、日本一起购买现货货量的话，成为最有力量的竞争者。印度在2005年天然气消费总量对比短期以及现货引进量的比重仅仅达到0.2%，到2007年其比重达到13.0%，可以看出在印度天然气市场上短期以及现货引进量的比重明显地增加。

值得提出的是，在本文引用的资料不是普遍使用的“现货”交易比重，而是以在液化天然气进口国集团组织（GIIGNL）每年发表《四年以内的LNG短期合同》的资料为基础，因此，与另外资料上提出的spot交易比重有些不同。大西洋地区使用液化天然气（LNG）。至今为止，主要通过输气管道交易天然气。不过近年来在大西洋地区对LNG的需求也在增加，进入与亚太地区竞争关系，根据各种统计资料，估计到2010年—2015年，在现货购买上，大西洋地区的LNG交易总量将超过亚太地区的总量。

按照表8，美国以2007年为标准的天然气消费总量对比LNG进口量仅仅占着3%左右，短期以及现货货量在需求总量占的比重也仅仅达到0.8%。不过比LNG进口总量（15928千吨）相比，短期以及现货货量（3921千吨）的比重（24.0%）高。因此，对美国的LNG spot需求变化，给美国国内需求带来的不稳定影响不大，但是扩大现货需求变动幅度，给周边国家的影响变大。

对西班牙而言，天然气消费总量对比短期以及现货消费比重，2005年其比重渐渐减少，这在大西洋国家中具有最重要的意义。意大利比西班牙，天然气消费总量超过两倍，不过消费总量对比现货引进两的比重仅仅是0.2%—0.4%。因此，我们可以看出意大利在需求上比较稳定。墨西哥从2006年起引进LNG，而2006年的短期以及现货比重达到2.2%，到2007年急剧增加到5.2%。对韩国来说，要重视美国西部与墨西哥及加尼福尼亚半岛（BajaCalifornia）的LNG需求增长。

表 8　大西洋国家的天然气短期以及现货引进量比重（2004—2007 年）

（单位：千吨）

国家		2004	2005	2006	2007
美国	短期以及 spot 引进量	5，096	7，653	3，276	3，921
	天然气消费总量	462，820	455，009	447，563	476，617
	比重	1.1%	1.6%	0.7%	0.8%
西班牙	短期以及 spot 引进量	4，147	4，933	4，005	3，722
	天然气消费总量	20，002	23，652	24，601	25，623
	比重	20.7%	20.8%	16.2%	14.5%
意大利	短期以及 spot 引进量	180	219	228	150
	天然气消费总量	53，947	57，743	56，502	56，794
	比重	0.3%	0.3%	0.4%	0.2%
墨西哥	短期以及 spot 引进量	—	—	830	2，073
	天然气消费总量			37，522	39，493
	比重			2.2%	5.2%

资料来源：GIIGNL（在这表上，短期以及现货交易定为四年以内的 LNG 短期合同）

※注：这所说的比重是短期和现货交易量的合计，与一般在另外数据所说的现货交易量不同。

3. 周边国家的天然气需求展望　亚太地区周边国家的 LNG 需求展望如下：根据表 9，现有多用 LNG 的韩国与日本表示了较稳定的需求增加趋势，不过最近才开始使用天然气的印度（2005 年）、中国（2006 年）、墨西哥（2006 年），虽刚刚使用不久，却可以看出来急剧的需求增加趋势。

表 9　周边国家 LNG 需求增加趋势

（单位：百万吨）

国家	2006	2015	增加率	N 指数	国家	2006	2015	增加率	N 指数
韩国	25.6	41.5	162%	22.9	印度	6.2	13.7	221%	16.5
日本	62.2	74.6	120%	31.3	美国	12.0	53.4	445%	7.7
中国	0.8	12.5	1，563%	1.48	墨西哥	0.6	8.2	1，367%	1.8

资料来源：FACTs

※注：N 指数 = 周边相关国家需求增加率总计/本国需求增加率。

根据上述的内容我们可以看出，按照本国的情况和周边国家的需求增加趋势，各个国家对周边国家的行动的体现指数是不同的。本论文使用的对周边相关国家需求增加的体现指数（N）是周边相关国家需求增加率总计除本国需求增加率得到的数值。尽管数据显示中国与墨西哥都从2006年开始进口LNG而N指数相对较小，不过总体来看，可以预测新兴LNG消费国家的增加，会对现有LNG消费国家造成需求稳定的压力。

4. 消费僵化　消费僵化程度以每个国家拥有的价格体系或与其他能源消费代替弹性等来决定，按照僵化的程度，海啸发生强度也出现了不同的结果。比如，运用可中断供应合同制度的国家，发生需求不稳定的情况时，以市场的价格功能来提前运用切断其发生可能性的装置。而且如果达到不能解决天然气价格制度的情况，按照是否具备能代替其他能源的dual系统，可以调整需求不稳定发生强度。不过这些方面不能以量化作为指标，受到只能用定性指标的限制。

三、比较按国别海啸指数（Tsunami Index）

正如上文所看到的海啸发生因素以指数作为比较的是表10与图5。海啸发生强度将出现各种发生因素的复合结果，通过强度其本身以加权值为综合，难以做好数值化。因此，本论文只想查看其趋势或动态。

表10　比较按国别海啸指数（Tsunami Index）

	T	Q	R	S	N
韩国	2.5	33	13.2	22.7	22.9
日本	1.5	57	38.0	11.8	31.3
美国	1.7	69	40.6	0.8	7.7
墨西哥	1.1	3	2.7	5.2	1.8

T（TDR）：对月别最大消费量月别最少消费量比重

Q（Quantity of storage capacity）：存储量

R（Reaction against balance）：需求敏感对应度 R = Q/T

S（Spot）：在天然气消费总量中spot交易量比重（%）

N（Neighborhood）：周边相关国家队天然气需求的体现度指数

图5 比较 Tsunami Index

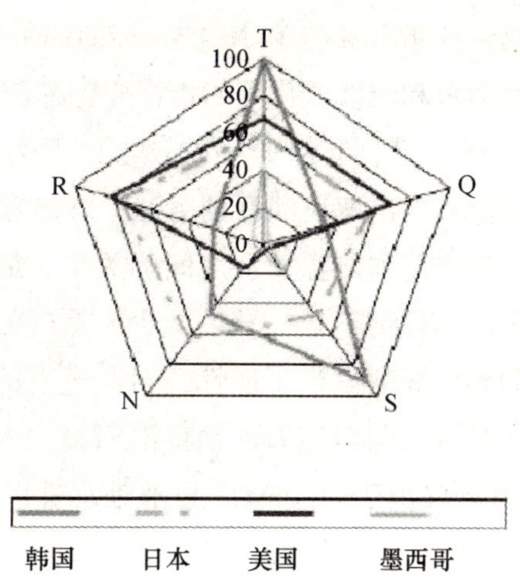

各个指标的性质如下：

第一，T（TDR）指数越大，发出海啸（Tsunami）警报的概率越高。按国别，韩国排在首位，接着位居美国、日本、墨西哥。

第二，存储天数越小，发出海啸警报的概率越高。按国别，墨西哥排在首位，接着位居韩国、日本、美国。

第三，TDR与存储量同时考虑的需求敏感对应度（R）也越小，发出海啸警报的概率越高。按国别排在的顺序和存储天数相同。

第四，在天然气消费总量中spot交易量比重（%）（S）越大，发出海啸警报的概率越高。按国别，韩国排在首位，接着位居墨西哥、日本、美国。最后，表示周边相关国家队天然气需求的体现度指数（N）越大，发出海啸警报的概率越高。按国别，日本排在首位，接着位居韩国、美国、墨西哥。

四、归纳与结论

在本文提出的海啸理论上，其发生因素，T（TDR）：对月别最大消费量月别最少消费量比重、Q（Quantity of storage capacity）：存储量、R（Reaction against balance)：需求敏感对应度（R = Q/T）、S（Spot）：在天然气消费总量中spot交易量比重（%）和N（Neighborhood）：周边相关国家对天然气需求的体现度指数和消费僵化等的指标变化等。

任何理论都是一样，只是有限的反映现实。但为了解决现实中的问题，笔者试图通过理论来找出解决问题的方法。并希望有机会从这些认识出发，再次思考天然气市场与能源安全之间的关系。最近从美国发生的全球金融危机以来，全球的经济不景气导致减少天然气的需求，而有人说难以出现正如上文所看到的海啸发生可能性，对此笔者的理解是如下：看今后天然气市场的需求情况，与因经济活动停滞而减少的需求量一样，供应量也减少了。其原因不仅由于资金筹措的困难，难以成交项目融资管理（Project Financin），而且由于油价的急剧下降，开发气田的事业可行性也突然降低了，于是把投资供应往后推。因此，LNG市场的需求情况如何变动还要看具体情况。反之亦然。

笔者认为本论文剩下的课题是通过对这些问题的认识，来拟订出防止国际天然气市场上发生海啸的对策。其对策之一，笔者建议在东北亚地区天然气市场上开设天然气枢纽（Gas Hub）。美国的Henry-Hub或英国的英国现货（National Balance Point）以通过价格机制与北美和欧洲地区顺利地进行天然气交易，通过市场价格机制解决需求上的问题。但是，东北亚地区的韩国、日本、中国等的能源消费大国，不但还没构造以输气管道可以交易天然气的基本建设（Infra），而且，对LNG而言，因合同上的“目的地条款”而不能互相收受余下的本国货物（Cargo）。因此，开设这些天然气枢纽（Gas Hub）的话，将发挥缓解海啸发生可能性的作用。对此，在下一篇论文上具体地分析。

参考文献：

Boyoung KIM, “Gas Hub in Northeast Asia”, The 5th APERC-KOGAS Workshop, Imperial Palace Hotel, Seoul KOREA, 18 June 2008.

Boyoung KIM, “The future of the LNG spot market”, World Gas Conference 2006, Amsterdam, Netherlands, 5th – 9th June 2006.

Boyoung KIM, “The tsunami in Asia-Pacific LNG market”, APERC Mid-Year Workshop 2005, Tokyo, 10th – 11th November 2005.

Boyoung KIM, "Cooperation and Competition in Asia-Pacific LNG Market", APEC EGCFE Workshop, Chinese Taipei, 21 th – 23 th March 2005.

BP, *BP Statistics Review of World Energy*, 2008.

CERA, *Monthly Briefing.*

Energy Intelligence, *World Gas Intelligence Weekly.*

FACTs, *Grobal Energy*: *Asia Pacific LNG Monthly.*

IEA, *Natural Gas Information*, 2007.

Poten & Partners, *LNG in World Markets MonthlyReport.*

国际核安全治理*

2012年3月27日，胡锦涛总书记在韩国首尔核安全峰会上发表了题为《深化合作提高核安全水平》的讲话，表明了中国作为一个负责任大国对核安全问题的正确立场与态度，阐述了中国在维护核安全事业上所做的各项努力，提出了各国携手共谋核安全的倡议，表达了中国在新形势下增进核安全的良好愿望及四项主张。讲话中多次出现“合作”一词，突出了“只有各国通力合作，才能实现普遍核安全的共同目标”的宗旨。各国通力合作，意味着需搭建一个保障核安全的治理平台。

核安全的国际治理诉求由其属性的特点和发展规律而来。自核议题出现以来，核在人类生活中扮演的角色不断发生着变化。各国政府和其他非政府力量围绕着核技术的开发、利用、使用领域、应用范围以及核原料贸易、核废料处理等展开的合作与对抗活动，构成了核安全的主要内容。根据核在每个时期所扮演的角色，核安全内涵也在发生着变化。发展至今，核安全越来越兼具传统安全和非传统安全两种属性。

就安全研究理论概念来说，传统安全主要是指国家的主权与军事安全，其考察的对象是国家围绕政治独立、领土完整、权势斗争展开的战略竞合关系。非传统安全则主要关涉在军事、政治之外的经济、能源、环境、人权等问题，非传统安全研究的根本主题就是追问这些问题对国

---

* 本文为中国人民大学国际能源战略研究中心研究成果简报。

家安全、人的安全、甚至世界安全的影响。就核安全而言，其非传统安全性包含两个方面：其一为和平利用核能的安全问题；其二为核扩散背景下的核恐怖主义问题。2011 年 3 月在日本发生的福岛核泄漏事件则增加了人们对核能利用的社会安全性的认识，国际社会对能源安全的定义也从原来的“3E”即经济性、环境性和能源性扩大为“3E + S”，增加了社会安全性（safety）。

冷战前期，核技术主要应用于军事，成为对抗的双方进行终极较量的武器，美苏进行的核军备竞赛成为冷战时期国际关系博弈的最重要内容和最显著特征。冷战中后期，核裁军与防扩散成为核安全的中心议题。无论是冷战前期还是冷战中后期，维持传统意义上的核安全有两种方式，即处于竞争与冲突中的核大国有两种战略稳定关系：由向上平衡构建的稳定关系。这是指双方通过扩充核武库数量或增强核武库质量，或者同时增强核武库的数量与质量，从而建立和延续相互威慑关系；向下平衡的稳定关系。这是指通过削减核武库数量，并降低核武库质量来建立和延续相互威慑关系。决定这两种战略稳定关系的因素有二：其一是能否在反导协议上达成共识；其二是两国对彼此关系的预期。只有双方既支持反导协议，又对彼此关系有良好预期时，两国才能形成向下平衡的战略稳定关系。但如果这两个条件其中之一不具备，那么，双方就只能形成向上平衡的战略稳定关系。

20 世纪 80 年代中期苏联逐步放弃核军备军赛，核军备竞赛的烈度开始下降。冷战之后，核裁军逐步进入实质行动阶段，世界总体核武器数量不断缩减。同时民用核能逐渐升温，核能开发已成为众多国家保障自身能源安全、优化能源消费结构的较优选择，核能合作开发占据了这一时期核安全的重要位置。另 方面，民间反核力量在多次核事故的刺激下不断壮大；恐怖分子也一直在寻求获得核武器，核材料的走私和扩散日益严重；部分面临外部威胁的国家，也希望借助发展民用核技术获得核武装。这些因素推动核安全逐步从传统安全领域过渡为既为传统安全领域又为非传统领域的核心议题。

由于核安全的非传统安全性及越来越从高级政治（政治、军事）向低级政治（经济、商业、社会等）转移，核安全议题中的行为主体变得日益复杂，涉及领域变得日益多元。要实现真正意义上的核安全需要不同层次利益相关方的通力合作，特别是大国之间的有效交流。当前，国际核安全治理面临的困境有：

一为“核门槛”悖论。“核门槛”悖论是指一国的独立发展核武器的过程是不可逆的，该国未拥有核武器，依照国际法，无法证明其事实有罪；一旦该国事实拥有了核武器，国际社会为防止核报复，将难以实施有效制裁解除其核武装，并最终承认其合法性。在各大国陆续发展核武器的进程中，基本呈现出这样的进程；

二为霸权主义双重标准与发展核能的合法性。美国反对伊朗、朝鲜拥有核武器，但却帮助以色列发展核武器。对于在同样条件下发展核武器的印度和巴基斯坦，美国在1998年就默许解除了对印度的制裁，并于2005年与印度达成民用核材料的贸易协议，但始终没有取消对巴基斯坦的限制；

三为主权国家的核扩散行为对于在非法领域进行的核扩散活动，国际社会可以通过联合行动进行遏制和打击。但是在主权国家层面进行的核扩散，造成的事实扩散效果要大于非法途径，但这种扩散应该在国家法层面难以界定，也难以对主权国家，尤其是核大国进行制裁。

核安全的国际治理应着力于以下三点：

第一点，提升核信息的相对透明。核信息的相对透明主要表现在“核军事信息”和“核能发展信息”上，在军事领域，主要核大国之间已经具备了基本核威慑能力，其获取安全的渠道已经不再是对具体对手进行核威慑，以免受威胁，而是寻求在核大国之间推行军事透明化，从力量和意图上判断对手与对手的行为，从而获得安全。相对于前者来言，核能发展信息较容易透明化；

第二点，加强防扩散。防扩散在国家层面包括，一是拥有核技术或核材料的国家完善其核安全保护措施。二是防止有发展核武器倾向的国家在不受法律监管的条件下获取核技术和核材料并应用于军事领域；在社会层面则与打击恐怖主义相结合，杜绝恐怖分子通过非法窃取和贩运等途径获取核技术和核材料，保障核能在负责任的行为主体的监管之下健康发展；

第三点，防事故。通过完善核技术，有效防范和减少核事故，保证核设施地域内居民的生命安全，其主要内容包括：科技层面，在核能设施选址、核能工程防护设计、操作人员安全监督、工程设备检修与更新与核废料处理等问题上进行更加严格的处理；机制层面，通过合作，敦促各国提高核设施建设安全等级标准、制定核事故应急预案和加强核事故应对的国际协调等，最终确立核领域国际支持的规范作用。

欧盟能源治理的现状与前景*

从20世纪50年代的欧洲煤钢共同体、原子能共同体的建立，到70年代欧盟共同能源政策的出台，再到80年代内部能源市场的开始创建，90年代对外能源关系的统一发展，新时期新能源、低碳技术的欣欣向荣，经过60年的发展，欧盟能源治理取得了不小的进展。从2006年发表“绿皮书”至今，欧盟频频出台共同能源政策，以加强能源治理的机构建设。2011年当欧盟遭受主权债务危机的沉重打击之时，欧盟委员会更是颁布法律推进能源市场一体化、增大在能源领域的投资，以期通过加快能源治理步伐拉动欧盟经济复苏、应对气候和环境问题，能源治理已成为欧盟超国家机制中最具动力的一环。

一、欧盟能源治理的过程

从2012年1月1日起，欧盟对降落在欧盟成员国机场区域内的国际航班统一征收国际航空碳排放税，此为欧盟能源治理在环境领域的溢出效应。2011年，欧盟公布了《2050年能源路线图》，确定能源路线的总目标

* 本文为中国人民大学国际能源战略研究中心项目研究成果。

为到 2050 年在现有基础上降低二氧化碳（CO_2）温室气体排放至少 80%，[1] 再一次确定了欧盟能源治理中共同能源战略的“3E”目标。[2] 同年欧盟通过决议，将在 2014 年前通过立法和加强合作等手段建立一体化能源市场。为了整合欧盟内部不同的市场范围和规则，决议提供了三种选择：一是所有权拆分；二是经营权拆分，仍可保有输送网络的所有权，但需设立一个独立的公司全权负责输送网络的运营；三是管理权拆分，仍可拥有并经营输送网络，但管理权必须交给下属子公司。这是欧盟在建立共同能源市场方面最为现实可行的实施方案，欧盟将在此基础上真正打造一个内部统一的能源高效市场。由此，欧盟能源治理也将大大地向前推进。

欧盟能源治理在形成的过程中，经历了一个较长的时期。20 世纪 50 年代欧共体成立之初，以煤钢共同体和原子能共同体为标志形成了欧洲内部能源合作框架，这是欧盟能源治理的初始。70 年代在石油危机背景下，欧共体于 1974 年成立了能源委员会，出台共同能源政策，[3] 以协调成员国之间的能源关系。这一时期的能源政策主要关注如何应对石油供应危机，各成员国也都坚持和实施各自的能源政策，欧共体范围内的能源治理很大程度上只是停留在欧共体委员会的政策备忘录和指南上，一体化行动不足、一致性不强。[4] 80 年代末，针对欧共体石油进口依赖度高的能源发展瓶颈，欧共体能源委员会提出了“建立共同能源市场”[5] 和“发展替代能源”[6] 的发展思路。1993 年《马约》签订欧盟建立后，共同能源政策的制定和实施被纳入到欧盟制度化框架中，欧盟开始从法规建设、能源消费、共同市场和环境标准等几个方面推动能源治理。接下来的几年中，欧盟颁布了一系列能源政策相关法律性文件，包括 1995 年的《欧盟能源政策白皮书》和《欧盟能源政策白皮书》、1998 年的《能源行动框架计划》、2000 年的《迈向欧洲能源供应安全战略绿皮书》、2002 年的《欧洲智慧能源计划》。共同能源政策在制定、通过和实施的过程中，欧盟各国对其的重视程度不断加大，欧盟能源治理开始向目标明确、协调统一的综合性能源政策迈进。

2006 年 3 月，欧盟发表了《可持续、竞争和安全的欧洲能源战略绿皮书》，标志着欧盟能源治理的核心即共同能源战略的正式确立。[7] 各国对欧盟委员会以超国家机构统领区域内能源发展的形式达成一致意见，也希望这样一种统一的能源规划能为欧盟能源发展带来新动力。在“绿皮书”的基础上，2007 年欧盟推出了《欧洲能源政策》，该政策对欧洲能源现状进行了战略性评估，并推出了一整套欧洲能源发展计划，称为《一揽子计划》。《一揽子计划》包括建立“内部能源市场”、“保证牢固的能源供给”、“减少温室气体排放”、“提高能源效率”、“发展新能源”、“开发能源技术”、“设想核能技术的未来”和“建立一个共同的国际能源政策”等各项与欧盟发展息息相关的内容，这说明能源治理已经被置于欧盟政策的中心位置。[8]2008 年欧盟委员会通过的《能源安全和团结行动方案》，将欧盟共同能源战略目标化为“2020 年减少 15% 的能源消耗、减少 26% 的能源进口和 2050 年新能源完全替代碳能源”，欧盟能源治理至此有了更加具体可行的发展方向。[9]

面对金融危机的冲击，欧盟在 2009 年 7 月提出了一个“欧洲能源复兴计划”，为欧洲能源资金援助提供保障，资金扶持的重点是“天然气和电力的基础设施”、“离岸风力发电”以及“碳捕捉和碳存储技术”（CCS），约 3.98 亿欧元的资金投入到这三个子项目中。[10]2010 年 3 月，欧盟委员会宣布划拨 23 亿欧元作为专项基金。该基金是欧盟迄今为止划拨的最大一笔能源专项资金，共运用于 43 个能源项目的建设。其中 22 亿用于 9 个成员国开展的天然气管道项目建设，以扩大能源进口来源的多元化。[11]大规模资金被投放到能源治理领域，加快了治理的进程。

2010 年 2 月，欧委会成立了具有决策性能力的能源协调机构欧盟能源总局（Directorate-General for Energy），在机构设置和机制上保障了欧盟能源治理的行动基础。欧洲能源总局将以前分散在交通、外事机构的能源管理职责进行统一，力促更积极、主动的市场竞争，以快速整合欧盟内部资源，形成一种成员国之间优势互补，有效调配资源的机制，有效增强各国能源安全。能源总局成立后，欧盟各成员国也相继成立与欧盟委员会能源总局相对应的能源机构并与之联系。[12]欧盟能源总局的成立说明，欧盟共同能源外交政策的执行已经达到了一个新的高度，标志着欧盟能源治理机制已成雏形，[13]这是欧盟能源治理的重大突破。

二、欧盟能源治理的特点

从 2006 年共同能源战略确立到 2011 年欧盟发布《能源战略 2020》期

间，欧盟从能源政策的方向、目标、内容、重点及执行这几个方面开始加快治理的步伐，主要有以下几个特点：

第一，共同政策的发展方向及目标日益多元化。共同能源政策是欧盟能源治理的核心。首先，共同能源政策目标将能源政策与欧盟的长期内部外部发展战略相结合，政策对象既包括能源市场、能源战略，还将能源外交以及气候问题纳入其中，体现了宏大的整体考虑；其次，能源政策更注重资源的合理分配以及能源、环境与经济增长三者间的关系，更强调不同经济水平成员国之间的政策协调。如，加大了对前东欧等国家在新能源技术如核能上的合作和支持，对于经济水平较低的国家，在温室气体的排放量问题上相对于西欧国家严格的指标也有了一定的弹性。欧盟在确定其能源发展目标时，希望引发一场新的工业革命，创造一个低碳发展的高效率能源经济。在欧盟的共同能源政策中，经济的高速发展成为衡量能源平衡的首要指标。

第二，注重欧盟内部共同能源市场的建设。欧盟内部市场建设是欧盟能源治理的主要内容。对于欧盟内部市场建设而言，保证有效的市场建立和运行是能源政策中急需解决的问题。所以欧盟通过各种立法降低成员国现有的壁垒，增强市场透明度与竞争性，取消各种歧视性贸易条款，同时通过能源共同体所对外签订的一系列条约，将能源市场向欧洲以外的地区扩展，形成以欧盟为中心的跨国家、跨区域能源大市场。目前欧盟许多国家的能源市场还是被国家间的保护主义所阻挠，并且还被一小部分大能源公司所垄断，这种情况造成了偏高的价格和不完善的基础设施。从具体领域来看，重点是电力和天然气市场。天然气和电力在欧盟地区能源消费领域处于急速上升时期，但这两个市场在发展水平和合作程度上却存在着较大的障碍，如东西欧国家之间市场开放度和自由度有极大差距，所以这是近些年来欧盟共同市场建设的关键。欧盟力图实现电力和天然气市场管理和生产销售之间的分离，这种分离对于完善市场的竞争机制和价格机制大有裨益，同时也会增强能源市场的准入条件，加强能源供给的安全性，解决由于国家之间的技术标准不同以及运输能力的差异而造成的跨国家之间能源交易的不顺畅。

第三，加强了在气候变化及新能源技术上的成员国合作。随着气候议题在国际范围内越来越受到广泛关注，鉴于能源与气候变化之间的密切关系，欧盟的共同能源政策也开始寻求从能源生产、能源消费侧面提出一些环境保护的方案。欧盟共同能源政策对于气候变化的考虑主要表现在以下三方面：一是制定规范要求，提高新能源的使用效率。为了增加对新能源的使用，欧盟的新能源政策制定了一个“20—20—20”的减排方案，即到2020年温室气体排放比1990年减少20%，可再生能源在总能源中的比例提高到20%，同时将能源效率提高20%。二是提高能源效率。[14]三是在减排方面争当世界领跑者。欧盟在《京都议定书》中承诺，2012年前将把温室气体排放量在1990年的基础上减少8%，为主要工业国家中承诺减排之最高。[15]

第四，致力于建立共同的能源外交。1973年欧委会发表了一系列有关能源问题的政策文件，初步勾勒出了欧盟对外能源战略的整体轮廓。20世纪90年代初《欧洲能源宪章》颁布以及欧盟成立以后，欧盟开始注重在国际舞台上用“一个声音”争取能源对外合作。在2006年的《能源政策绿皮书》中，欧盟明确了能源外交的重要性，当年10月欧盟委员提出了《对外能源关系：从原则到行动》的报告，系统阐述了欧盟能源外交的具体行动纲领。在2007年欧盟出台的《欧能源政策报告》中，提出“建立一个共同的国际能源政策”。以此作为标志，欧盟的共同能源外交正式形成。2011年9月，欧盟委员会获其成员国授权与阿塞拜疆、土库曼斯坦两国谈判，以便为建设跨里海的天然气管道项目签署具有法律约束力的条约。这是欧盟27个成员国首次同意由欧委会出面进行对外能源关系谈判。欧委会还提出发展对外能源关系的全面战略，为保障能源供应安全提出了43项具体行动，要求成员国与第三国签署能源供应协议必须以欧盟法律为基础，欧委会可对协议发表意见，评估其是否符合欧盟相关法律和能源供应安全目标，必要时要在整个欧盟层面与第三国进行能源供应协议的谈判。这一超越国家层面的谈判模式增加了欧盟作为主体的谈判力，以更大的谈判筹码获取更多的权益，是欧盟能源治理的重要一步。至此，欧盟与世界上多数国家与地区建立了广泛的能源对话和合作机制，欧盟的共同能源外交成为欧盟能源治理中的重要组成部分，并随着能源治理的发展而发展。

三、欧盟能源治理的原因

欧盟能源治理之所以能够走到今天，既有其对自身能源安全保障性的考虑、有欧盟政治经济一体化向更高层次发展的需求，也有来自国际政治经济发展主题变化的约束。

首先，源自欧盟能源安全综合保障的要求。欧盟能源治理自初就与欧盟能源安全的保障性紧密结合在一起，以满足欧盟能源供应多元化、能源消费多元化、能源发展目标多元化的要求。作为拥有27个成员国的5亿消费者的经济体，欧盟是世界第二大能源市场、最大的能源进口方，能源消费量占世界总消费量的14%—15%，能源对外依赖度超过50%，石油进口率达81%，天然气进口率为54%。[16]尽管从20世纪50年代到现在，欧盟的能源消费结构从“以煤炭为主”发展为“以石油为主”，再到现在的以“石油、天然气为主辅之可再生能源的复合型”，欧盟依然是世界上传统化石能源供应最紧张的地区之一，供应安全问题是欧盟能源发展挥之不去的阴影。[17]随着世界能源需求的进一步激增以及能源市场竞争的愈发激烈，欧盟“能源供应单一”、“进口国地位脆弱”和“能源保障紧迫”的能源安全形势更加严峻。俄乌天然气之争（2006年和2009年）和俄白天然气之争（2007年），都导致了俄罗斯输往欧盟天然气的暂时性中断，给波兰、希腊等东南欧国家造成了一时的国内能源危机，甚至影响了居民冬季的正常供暖。俄罗斯是欧盟天然气的主要供应来源，多次的供应中断对欧盟形成了极大的心理冲击。[18]

长期以来欧盟能源治理的最大动力来自于对本地区能源供应安全的关注，主要集中在能源安全4As性中[19]的能源获得性（包括能源资源获得性availability和能源运输获得性availability）。无论是为了克服石油取代煤炭后导致的对外能源依赖而建立强制性战略石油储备（几次石油危机期间为保证石油供应主导成立了国际能源机构（IEA）以及1974年第一部共同体能源战略的出台），还是构建泛欧油气运输管道，都是为了实现其供应安全保障目标。自20世纪80年代后期以来，欧盟对能源安全的其他两个安全性——“可支付性”和“可接受性”（affordability 和 acceptability）——的关注力度不断加大。欧共体历来重视内部能源市场的建设，希望通过开放市场和自由竞争降低能源价格。2006 年欧盟出台的《能源政策绿皮书》中，明确表示欧盟能源政策的方向是“可持续发展、有竞争力和安全的能源政策”，意思是清洁的、可持续的、安全的与环境相容的能源消费品种是欧盟人民所能接受的，能源生产成本及能源价格必须是在欧盟人民支付能力范围内的、经济的，能源产业是有竞争力的。2007 年《欧洲能源政策》的颁布标志着欧盟能源的低碳化，欧盟希望通过对清洁能源技术的开发和利用，以促进成员国能源消费结构的转变，使用更多化石能源的替代性产品，一则可降低对外依赖度，二则可满足环境的要求。

其次，来自欧盟一体化发展的需求。能源治理是欧洲一体化的起始，也是欧洲一体化的重要组成部分。欧盟（前身欧共体）是全世界最早的区域一体化组织，也是最为成功的一体化范例。但是最近几年，欧盟面临着一定的发展困境：金融危机影响还没完全消退，又陷入了主权债务危机的泥潭；民众内部认同感下降，[20]在环保问题上的分歧种种，使得欧盟的发展速度放慢。欧盟眼前的问题是如何寻求成员国之间共同利益的最大化，实现欧盟一体化道路上的突破。由于能源问题涉及国家政治、经济安全、社会稳定、民生等各个领域，欧盟各国在能源领域共同利益颇多，能源治理成为欧盟未来发展中的强大推力和突破口。回溯历史，我们不难发现能源治理在欧洲一体化发展道路中的同样作用。[21]

在欧洲一体化的最初阶段，国家间的认同和政府间的一致很难在整个政治领域中得到实现，而能源领域的合作则恰恰为实现政治一体化提供了便利条件：通过具体能源领域超国家机制的建立，消除欧盟一体化机制在成员国间的障碍，实现最终的政治一体化。从最初欧洲部分国家间的重要物资部门开始消除贸易壁垒进行合作，形成了煤钢联营和原子共同体，到欧盟成立以后共同能源市场的建设直接推动了能源治理的发展，渐渐地能源治理在开放市场、消除交易壁垒、实行统一标准等领域形成了示范性效应。这种具体部门的一体化促使更多的单位体加入进来，从能源溢出到其他功能部门，直接推动了欧盟一体化的进程。

从欧盟能源治理的总体思路来看，是以市场化为导向，把能源问题视为经济领域问题，强调环境、价格和供应安全三方面的统一性；[22]从欧盟能源治理的涉及面来看，包括内部能源市场一体化战略、跨欧能源网络战略、节能增效战略、可再生能源战略、气候变化战略、技术研发和创新战略、油气储备战略和应急机制等，二者都旨在从各个方面加强欧盟成员国能源政策的趋同性。若这些政策真能如设想的一样得到贯彻实施，将能起到强化欧盟内部协调的作用，加强成员国之间的联系，加快欧盟成员国经济主权让渡的进程。能源治理中共同能源政策在内部市场、贸易、交通、关税、技术等方面的规定将会成为欧盟经济一体化发展的拉动力，补足因为金融危机和主权债务危机而缺失的发展动力。

再次，顺应全球发展大局。随着全球气候环境问题的日益突出，世界各主要国家的能源安全观也随之发生了变化，能源安全不仅仅指能源的供应安全、运输安全、价格安全，还引入了气候变化、环境保护等可持续发展因素。经历过几次石油危机后，世界主要能源消费国和 IEA 等国际能源组织在能源危机的应对手段上更为娴熟，而能源多元化道路也相对缓解了全球能源紧缺的局面。相比之下，因燃烧化石燃料等一次能源而造成的环境问题开始成为国际谈判桌上的重要议题。每个国家应承担的具体义务、国际组织应发挥的作用、碳排放交易机制建设、如何优化能源结构降低一次能源的使用比率等问题，成为新时期各国在制定能源政策时不得不考虑的因素。在 1992 年联合国气候大会确定的可持续发展目标中，环境保护成为衡量国民经济发展的新标准。之后的《京都议定书》更是将具体的减排指标量化到每个参与国，由此引发了一场关于环境保护责任的争论。发达国家与发展中国家，对于各自应承担的减排指标和公平发展权利展开了激烈的争论，每个国家都有着各自的利益考虑。[23]

欧盟是世界第二大能源消费区，石油消费在能源消费结构中占 40%，燃烧矿石燃料排放温室气体而造成的环境污染问题十分严重，如何降低能耗改善环境污染成了欧盟不得不着手解决的重要问题。但是对于减排和改善能源结构，欧盟各成员国有不同的考虑。法国、德国、英国等西欧国家清洁能源技术较为成熟，政府投入了大量资金进行研发和应用。所以在环保方面这些国家都制定了比较严格的减排目标。与之相反，新加入欧盟的国家能源结构单一，未掌握先进的清洁能源技术手段，对矿石燃料的依赖性大。特别是波兰、希腊等国，处于国内经济困难时期，相比于开发清洁能源技术实现减排，政府更愿意保持高能耗，将资金投入其他经济领域。

欧盟内部各成员国对于减排目标与能源利用的认识不同，以及环保、能源问题的跨国别性，使得在欧盟内部实施共同能源政策的需要变得更为强烈。

欧盟作为一个整体在保护环境、节能减排上的作用也是不容忽视的。签署《京都议定书》后，欧盟的环境政策与能源政策开始相互渗透，如鼓励能源企业通过开发清洁能源和节能技术的国际合作、树立欧盟企业的绿色形象来增强国际竞争力。[24] 在 2009 年哥本哈根气候会议上，欧盟在减排问题上积极主动并协调成员国制定共同的减排目标，显现了欧盟对环境问题的重视。欧盟的目标是在全球环境议题上成为全球的典范，这样的目标也给欧盟共同能源政策的制定和实施、欧盟能源治理提供了新的推动力。

四、欧盟能源治理的前景

梳理欧盟能源治理的历史与现状，不难发现，与欧洲一体化其他功能性领域相比较，能源治理尚处初级阶段，但其动因强劲、势头迅猛、成效显著。今后共同能源战略的有效实施、共同能源市场的真正形成、共同能源外交的现实效应都有赖于以下几点阻力的克服程度：

第一，禀赋差异的制约性。欧盟现在拥有 27 个成员国，不同成员国的经济状况处于普遍的不平衡状态。其中英、法、德几个老牌强国经济实力雄厚、市场建设完善、工业基础牢固，而东欧国家面临着许多经济和民生问题。欧盟内部成员国之间的差距具体表现在经济增长速度、人均收入水平、工业生产水平、平均失业率、通货膨胀率和财政状况上。[25]

欧盟的资源蕴藏量非常低，且能源储藏分布不均。煤炭资源主要分布在乌克兰的顿巴斯、波兰的西里西亚、德国的鲁尔和萨尔、法国的洛林和北部、英国的英格兰中部等地，这些地方均有世界著名的大煤田；石油主要分布在喀尔巴阡山脉山麓地区、北海及其沿岸地区；同时在东欧还有少量的天然气资源。而在清洁能源技术开发利用方面，法国、德国、荷兰等国具备尖端技术和较强的生产能力，风能、核能等清洁能源技术成熟。与此相比，东欧的不少国家因为技术和资金瓶颈，清洁能源占能源消耗的比重较小，多数还是依靠来自于俄罗斯、里海等地的天然气和石油。在大部分能源需求依靠外来进口的情况下，欧盟各国因为资源条件和经济水平会倾向于选择更能满足自身需求的能源结构和能源政策，保障能源安全。如果成员国发展程度和利益上的差异进一步拉大，成员国之间政策协调会变得更为艰难。各国资源和经济禀赋差异是欧盟能源治理前景面临的首要障碍。

第二，欧盟内部的结构性矛盾。欧盟的五个支柱性机构，即欧盟委员会、欧洲理事会、部长理事会、欧洲议会和欧洲法院，其中既有政府间组织，又有超国家机构。其中欧洲理事会和部长理事会是政府间的决策机构，由各成员国派代表驻任，采取协商一致或有效多数原则。而欧盟委员会、欧洲议会和欧洲法院则代表欧洲整体的利益，要求成员国部分国家主权的让渡，并致力于实现欧洲宪政。在欧盟一体化过程中，由于机构设置的不同，政府间主义和超国家主义的矛盾无法避免。能源政策涉及国家安全和国家核心经济利益，是国家战略规划的敏感领域，各国在制定能源政策时，会更多地考虑自身利益。这也使得欧盟超国家机制的发挥在能源领域受到限制，导致了共同能源政策相比于成熟的共同货币政策和共同农业政策逊色不少的局面。

欧盟共同能源政策很大部分的制定权掌握在代表成员国利益的欧盟理事会和部长理事会手中，各种决策必须经这两个机构通过，成员国代表则可利用具备的否决权反对不利于本国利益的任何能源政策，这也意味着成员国政府处于影响共同能源政策的最强有力的地位。“各成员国在国家利益上的不同认知和具体考虑促使本国政府尽可能地将能源政策的决策权掌握在自己手中。”[26]国家和超国家力量在能源政策和能源合作上的博弈使得能源领域任何共同政策的推出都要经历较长时间的起草与修改，特别是涉及各国能源发展战略差异性较大的共同能源政策的出台就更为困难，政策出台和执行受到来自全球、地区、国家、地方、利益集团等各方的压力。[27]共同能源政策要在成员国之间消除国家主义的阻碍达成一致性，更需要长期的努力。欧盟内部结构性矛盾是欧盟能源治理前景中面临的最大障碍。

第三，地缘政治的突发性。相对于欧盟内部的制约因素，来自国际层面的外部制约因素将直接影响欧盟能源供应、能源运输的安全以及欧盟在国际能源机构中的表现，以至于削弱欧盟能源治理对欧盟成员国的吸引力。全球能源供应紧张的局势，一方面会促使欧盟加紧能源领域合作，积极发挥整体能源外交的战略优势。但在另一方面，欧盟内部国家能源发展策略的不同、对国际能源紧张局势应对方式的不同，也会在成员国之间较易产生矛盾。当协调内部矛盾的成本大于各国按照自身意愿维护能源供应、生产安全的成本时，欧盟共同能源政策的协调机制就会逐渐式微。虽然从长远角度上来说，欧盟共同能源政策完全执行后会给各成员国带来好处，但是欧盟各国各自为阵的情况也时有发生。如对于欧盟规定的各国应有90天的储备量这一点上，东西欧盟成员国就因此而产生了间隙，在该问题上争论不休直接阻碍了能源治理的进程。

随着世界范围内政治经济因素的相互渗透，国际能源市场特别是原油市场越来越多受到国际政治格局和经济走势的影响，呈现出不稳定的趋势，全球范围内的地缘政治不稳定也直接反映在国际能源合作领域内。受自然灾害、恐怖主义袭击威胁、能源生产国内政局变动、国家间地区间的敌对冲突等突发性因素的影响，国际能源在生产、运输、销售等环节中安全性的保障，越来成为各国能源政策与能源外交的关注点。如，日本福岛核危机发生后，欧盟内部对是否坚持发展核能产生了分歧，德国、意大利和比利时明确表示放弃核能。[28]由于欧盟能源结构严重依赖于化石燃料的外部进口，所以国际能源市场的任何震荡都会对欧盟的能源供给产生巨大的冲击。面对冲击，欧盟共同能源政策的应对机制无法第一时间发挥作用，各国不同的利益诉求也会在遭受重击的情况下影响欧盟共同能源政策在国内的执行力度。如，2010年初的俄乌天然气之争中，受影响最严重的东欧国家就对欧盟的缓慢反应表示不满。

五、结　论

欧盟能源治理发展到现在，已经拥有共同能源政策、共同能源市场和共同能源外交三大部分，框架基本成形。欧盟能源治理面临着挑战，但又具备巨大的发展潜力。欧盟一体化要在现有基础上进一步发展，需要加强各成员国政治经济合作的意愿，在能源供给日益紧张、环境问题日益突出的国际环境下，能源合作提供了这种意愿的支点。能源治理是欧盟目前困境中的发展亮点，将是欧盟未来的重点发展领域。

注 释

[1] European Commission, "Energy Road Map 2050", 7 February 2012, http://ec.europa.eu/energy/energy2020/roadmap/index_en.htm.

[2] 所谓"3E"是指经济 Economy，能源 Energy 和环境 Environment。有学者将之定位为能源安全、经济安全和生态安全。

[3] 1974 年《1985 年共同体能源政策目标决议》（Council Resolution of 17 September 1974 Concerning a New Energy policy Strategy for the Community）是欧盟颁布的第一部共同能源战略。

[4] European Commission, *The Development of an Energy Strategy for the Community. Communication from the Commission to the Council.* 30 May 1980. COM (81) 540 final, 2 October 1981.

[5] European Commission, *The Internal Energy Market*, COM (88) 248 final, 2 May 1988.

[6] Council of the European Communities, *Community Orientation to Develop New and Renewable Energy Source*, Council Resolution of 26 November 1986 .

[7] European Commission: "Green paper: A European Strategy for Sustainable, Competitive and Secure Energy", 30 October2011, http://europa.eu/legislation_summaries/energy/european_energy_policy/l27062_en.htm.

[8] European Commission: "An Energy Policy for Europe", 3 November 2011, http://europa.eu/legislation_summaries/energy/european_energy_policy/l27067_en.htm.

[9] European Commission: "Energy Security and Solidarity Action Plan", 1 November 2011, http://europa.eu/legislation_summaries/energy/european_energy_policy/en0003_en.htm.

[10] European Commission: "European Energy Program for Recovery", 10 November 2011, http://europa.eu/legislation_summaries/energy/european_energy_policy/en0012_en.htm.

[11]《欧盟设立能源专项基金》，载《中国能源报》，2010 年 3 月 15 日，第 8 版。

[12] Philip Lowe，“Mission Statement of DG Energy”，2 April 2012，http：//ec. europa. eu/dgs/energy/mission_ en. htm.

[13] 欧盟能源治理机制由欧洲议会、欧洲经济社会委员会、地区委员会和欧洲能源总局组成。

[14] “Climate Change and Energy”，*EU Focus*，July 2008.

[15] Laurent L Viguier，Mustafa H Babiker，John M Reilly，“The Costs of the Kyoto Protocol in the European Union”，*Energy Policy*，Volume 31，Issue 5，April 2003，pp. 459 – 481.

[16] IEA，*World Energy Outlook 2011*，12 November 2011，http：//www. iea. org.

[17] Aad Correljé，Coby van der Linde，“Energy supply security and geopolitics：a European perspective”，*Energy Policy*，volume 34，issue 5，March 2006，pp. 532 – 546.

[18] Lyuba Pronina，“Europeans threaten to revisit gas policy”，*Moscow Times*，10 Jan. 2006.

[19] Asia Pacific Energy Research Centre，“A Quest for Energy Security in the 21st Century”，2007，p. 1，6 March 2012，http：//www. ieej. or. jp/aperc.

[20] 如挪威两次拒绝加入欧盟、瑞士拒绝加入欧洲经济区、英国不加入单一货币区、欧盟的东扩计划在申请国内部屡次遭否决，都显示出欧盟内部出现了较为严重的民主赤字。

[21] Dicle KORKMAZ，Pami AALTO，“European Energy Security and the Integration Process”，the ECPR Standing Group of International Relations Conference，9th – 11th September 2010，Stockholm.

[22] European Commission：“Green paper：A European Strategy for Sustainable，Competitive and Secure Energy”，1 March 2012，http：//europa. eu/legislation_ summaries/energy/european_ energy_ policy/l27062_ en. htm.

[23] Scott Barrett，“Rethinking Climate Change Governance and Its Relationship to the World Trading System”，*Working Paper*，p. 20，Foundation pour les Etudes et Recherches sur le Development International，6 July 2011，http：//www. ferdi. fr/uploads/sfCmsContent/html/112/P20. pdf.

[24] European Commission：“Roadmap for Moving to a Low Carbon Economy in 2050”，29 March 2012，http：//ec. europa. eu/clima/policies/roadmap/index_ en. htm.

[25] 申皓：《欧盟成员国经济发展不平衡浅析》，转引自胡荣花：《欧洲未来：挑战与前景》，中国社会科学出版社，2005 年，第 198 页。

[26] 吴宇晖、袁旭东：《欧盟一体化进程中的能源合作问题研究》，载《经济视角》，2007 年第 9 期，第 54 页。

[27] Steve Wood, "Europe's Energy Politics", *Journal of Contemporary European Studies*, Vol. 18, No. 3, September 2010, p. 308.

[28] Alyat Aliev, "Policy of Nuclear Energy Security", Working Paper of APERC Annual Conference, pp. 13 - 14, April Tokyo.

一国两制下的香港与大陆区域经济一体化发展趋势研究：评能源与环境政策视角

薛永恒*

美国经济学家巴拉萨认为："经济的整合既是一个过程，也是一种状态。就过程而言，它包括旨在消除各国经济单位之间的差别待遇的种种措施，就状态而言，则表现为各国之间各种形式的差别待遇的消失。"[1] 经济整合可以分为两种形态：功能性整合、制度性整合。功能性整合指消除一定区域内阻碍经贸活动的因素，以此实现经济的融合，这主要是自发的由市场力量推动和引导的结果，反映了区域内经济发展的内在要求；制度性整合是通过区域内各方建立协议，并由特定的一体化组织管理机构加以指导和按照明确的制度安排推进的一体化过程，它反映了功能性整合的要求并将其制度化和法制化，使功能性整合的成果得到巩固并不断提高。制度性整合的区域一体化程度要高于功能性整合，制度性整合涉及更多非市场力推动的领域出现合作趋势。

诺贝尔经济学奖获得者丁伯根（Tinbergen，1965）在分析国际经济整合时，提出了消极一体化和积极一体化的概念。消极一体化是指在区域一

---

* 薛永恒，博士，香港特区政府机电工程署副署长。

体化进程中，只消极地解决了歧视与流通限制等因素；积极一体化是指修订已有法规法律，改善机构设置，或成立新的机构，发布新法律法规，以实现区域内宏观政策目标。消极一体化是由经济实践自发推动的，可以归纳为需求推动供给。而积极一体化具有一定的规划性、前瞻性。结合上述两种区域一体化形态的特点，制度性整合阶段即为积极一体化进程。制度性整合阶段要求集团宏观政策目标的预先订立及协调，旨在共同建立良好的市场环境、社会环境。制度性整合是积极一体化的一个有效的实践途径，领先于市场自发需求，并确立了统一的、有制度保障及协议引导的区域合作基础。香港与大陆天然具备实践制度性整合的条件，香港与大陆优劣势互补，也有积极推进一体化的动力。

一、香港与大陆区域经济一体化的演变历程

1997 年香港回归后，“一国两制”政策的确立与成功实施，为香港与大陆的经济一体化提供了政治支持。2003 年 6 月，《关于建立更紧密经贸关系的安排》CEPA 的签署标志着香港经济的全面回归。2003 年 7 月，在全球区域经济一体化意义发展的态势下，广东省委省政府主要领导同志以科学发展观的理念，率先提出构建包括广东、广西、福建、云南、湖南、贵州、海南、四川、江西以及香港、澳门在内的跨省区的泛珠江三角洲经济区，这一举措得到了其他省区的积极响应，也得到国家有关部门的高度重视。2004 年 6 月 3 日，《泛珠江三角洲区域合作与发展的框架协议》在广州正式签订，在此前后，泛珠江三角洲 9 +2 省区相关的职能部门和各种协会以及省会城市的合作、交通运输的合作、科教文化的合作、工商管理的合作和环境保护等一系列合作协议分别得到签订。由此标志着面积和人口均占全国 1/5、GDP 总量占全国1/3 的泛珠江三角洲经济区全面启动。CEPA 的签署及泛珠江三角洲的提出及各项协议的制定，表明香港与大陆区域一体化关系，已经开始从功能性整合向功能性与制度性整合相互协调和相互促进的方向转变。

中华人民共和国成立后，中国大陆与香港的经济关系主要分为以下三

个时期：

第一时期，从20世纪50年代至70年代末的中国大陆市场基本封闭时期。在这一时期，经香港进口的货值占中国进口总值的比重曾一度高达55%左右，出口值则达40%左右，[2]香港几乎成为中国大陆与国际市场联系的唯一通道。香港凭借自由港的地位、国际性的商贸网络和与中国大陆特殊的联系，承担了中国大陆与国际市场之间有限的贸易转口港的作用。但中国大陆与香港的经济关系基本停留在单纯的贸易链接程度，即消极经济一体化的初期阶段。

第二时期，从20世纪70年代末至21世纪初的中国大陆市场局部开放时期。具体说来，是从中国大陆实行改革开放开始，到中国加入WTO和CEPA签署为止。1978年中国采取了改革开放的基本国策，中国国内市场选择了渐进式、逐步开放的道路。中国大陆与香港形成了“前店后厂”的合作模式，将香港的体制、资金和它掌握的国际市场与大陆和珠江三角洲的劳动力、土地等资源优势在中国大陆市场局部开放的条件下相结合。中国大陆在香港外来直接投资和香港向外直接投资中均名列首位。但中国大陆与香港的经济一体化依旧是由经贸需求推动的消极一体化，经济一体化涉及的领域均为经贸发达的纺织服装、电子业等。

第三时期，中国大陆市场全方位开放时期。以中国加入WTO为标志，中国大陆市场进入了全面开放时期。珠江三角洲经过近20年的高速经济增长，基本实现了从传统农业经济向工业经济的转变，进入了工业化的后期阶段。中国大陆市场的全面开放和粤港澳之间比较优势的变化，导致了CEPA的产生，影响着“前店后厂”模式的发展方向。最大限度地降低区域内商品和生产要素流动的障碍，建立起开放和统一的市场。

从香港与大陆的经济关系变迁可以看到，香港与大陆的区域一体化在逐步由消极一体化向积极一体化转变、由市场引导下的企业自发的合作向市场引导、政府规制和企业为主体的自觉合作转变。粤港之间过去以功能性整合为特征的经济合作，主要是在市场的引导下由经贸行业参与者推动的自发性合作。中国大陆市场的有限开放、香港与珠江三角洲要素价格的巨大差异造就了“前店后厂”的制造业合作模式。随着中国大陆的全面开放，区域一体化从功能性整合发展到制度性整合层面时，需要政府或成立特定的组织机构在区域一体化中发挥更加重要作用。随着CEPA的不断深化、泛珠江三角洲一体化程度不断提高，中国大陆与香港的合作将从制造业领域垂直的产业分工即“前店后厂”的模式合作向建立开放和统一的商品和要素市场转变。能源合作、环境保护政策合作具有重大的经济价值、社会价值，是制度性整合、积极一体化的重要合作领域。

二、香港与大陆区域经济一体化的领域转型

1997 年香港回归后，香港与大陆的区域一体化出现新的趋势：一是一体化涉及的范围不断扩大，从贸易流动、资本流动的经济合作向能源合作、环境保护合作等基础领域合作、公共服务领域合作扩展；二是一体化的推动力也从市场自发推动向政府合作推动的方向转变。

香港与大陆区域经济一体化从功能性整合向制度性整合的转变意味着两点：一点是香港与大陆区域经济一体化不再是简单的经贸关系合作，而是向更广的领域扩展，能源和环保合作则是利益聚集点；另一点是两者制度性整合更多的是通过政府在协调战略利益的前提下主动推动的整合进程。能源和环保是保持经济社会稳定的两大问题，在能源环保领域的合作由于投资大、周期长、收益难以完全衡量而很难全部由市场推进，政府合作是此领域的最优选择。可以说，香港与大陆区域经济一体化的发展需求确立了能源、环保领域在香港与大陆区域经济一体化转型过程中的核心位置；而双方能源环保问题的解决也需要区域经济一体化提升到新的阶段。

香港与大陆的能源一体化合作有着极大的优势互补空间，能源方面的合作对于香港与大陆均具有很高的经济价值、社会价值：首先，香港缺乏自然资源，能源需求依靠外部进口来满足。靠近香港的四川省具备丰富的天然气资源、广东省具备核电厂建设条件，这为香港的能源需求提供了稳定的、多元的供应。其次，香港作为世界金融中心，吸引着丰富的资本也具备成熟的交易市场。利用香港的经验和金融地位，大陆能够建立国际化的能源交易或者碳交易市场，增强中国在世界能源市场的竞争力。再次，香港经济在区域经济一体化进程中已转型为服务型社会，对清洁能源有着更高的需求。香港清洁能源市场是大陆进行清洁能源生产的动力和保障。

同能源合作相似，在环保领域，香港具备资金、市场优势，以及国际化的先进理念。在环保的区域一体化进程中，香港的辐射带动作用更加突出。同时，大陆环境的改善也将有利于香港环境质量的提高。因此，香港与大陆在环保方面的合作必将是双赢的局面。

三、香港与大陆区域经济一体化的能源合作

改革开放以来，香港与大陆双方的能源合作日益紧密。无论在传统能源领域还是新能源、可再生能源领域的合作，成绩都很突出，显示了双方对这些领域的关注程度在不断提升：

（一）香港与大陆地区在核电方面的合作：大陆是香港能源供给稳定的保障

大亚湾核电站由中广核集团和香港中电控股共同出资兴建，是中国大陆改革开放初期在能源领域最大的中外合资项目和大型商用核电站建设的起步项目。1994—2014 年为合营期。按照《合营合同》，大亚湾核电站上网电量的七成销往香港，三成销往广东。为了进一步加强在 2014 年合营到期后两公司在大亚湾核电站项目上的合作，中广核集团和香港中电控股于 2007 年 7 月签署了《关于建立长期战略合作的意向性框架协议》，双方同意在互惠互利的基础上尽快商谈 2014 年合营期结束后继续合资经营大亚湾核电站以及中电购买大亚湾核电站电力事宜。

2008 年 8 月 28 日，国家能源局与香港特区政府签署关于能源合作的谅解备忘录，支持中广核集团在原有协议基础上，续签 20 年供电协议，原则上供电量不低于现有供电水平。2009 年 9 月 22 日，香港特区政府行政会议批准中华电力把大亚湾核电站供电合约的年期，由 2014 年 5 月 7 日起延长 20 年，至 2034 年 5 月 6 日止。现行购售电比例维持不变，每年向香港输送大亚湾核电站 70% 上网电量。现时延长合约 20 年为一个积极的讯号；反映了粤港两地会继续加强紧密合作，对确保能源稳定及生态环境有

重要意义。

香港环境局局长邱腾华表示，延长大亚湾供电合约，对香港的消费者及环境都有利：一是稳定了香港安全的气源；二是符合香港所追求的清洁能源原则，也就是低污染低耗能；三是对香港市民而言这是很大的优惠，因为在核电发电下每度电只是港币 6 角，若香港自行发电的话则会是每度电 1 元。[3]截至 2010 年 12 月 31 日，大亚湾、岭澳核电站 4 台机组，加上刚刚投产不久已连续安全运行 61 天的岭澳二期 1 号机组，年度上网电量累计达 318 亿千瓦时，输送香港为 105 亿千瓦时，约占香港社会用电量的 1/4。

（二）香港与大陆地区在电力方面的合作：实现资源优势配置

广东省每年在用电高峰期均从香港中电进口部分电力，以缓解电力供应紧张问题，此举促进了大陆与香港电力贸易的平稳发展。2010 年 1—4 月，西南大旱，西电东输无法继续，广东共进口电力 9.23 亿度，比 2009 年同期增加 7.8%，其中 4 月份实际进口电力同比增长近 50%。从香港进口的电力，主要供应深圳和东莞，以保证社会用电需求。另外，香港中电自 20 世纪 70 年代到大陆发展，至今已成为大陆最大的外资发电公司。主要项目除大亚湾核电站外，还包括山东燃煤发电项目、广州抽水蓄能电站等。

（三）香港与大陆地区在天然气方面的合作：全方位互为补充

大陆地区与香港天然气供应合作主要包括三大项目：

一为香港中华煤气和香港电灯参股中外合资广东液化天然气接收站线项目。该项目是我国第一个进口液化天然气项目，1998 年经国务院批准建设，2006 年 9 月底正式投入商业运营。该接收站位于深圳大鹏湾的秤头角，总投资超过 36 亿美元，其中中国海洋石油总公司占了三成以上的股份。根据协议，该项目每年从澳大利亚进口 370 万吨的液化天然气，其中六成半用于发电，三成半供应珠三角地区和香港，为期 25 年。2003 年 3 月，中华煤气正式参与该项目，签订了为期 25 年的长期购气协议，并从

2006年10月起每年通过海底管道从深圳大鹏湾接收站运送30多万吨天然气到大埔制气厂，供给160万香港煤气用户。同时，香港电灯公司也自建海底输气管线，以将天然气从深圳大鹏湾接收站运送至南丫岛新扩建电厂，作为发电燃料。

二为香港中电公司从南海崖城气田购买天然气项目。南海崖城气田位于三亚以南100公里海域，系我国最大的海上天然气田，由中海油、英国石油及科威特海外石油勘探共同开发，并由中海油负责营运。1992年大陆与香港签署协议，自1996年起20年内崖城气田每年向中电屯门龙鼓滩发电厂供应约250万吨液化石油气，用以供应香港民用和工业所需，占香港发电总量的比重达25%以上。

三为中石化、中石油等公司在港开展加油（气）站零售业务。中石化香港公司在港运营油气站40个，并供应驻港部队所有液化气的需求。该公司在香港车用和民用液化气市场所占份额分别为五成和两成。中国石油（香港）公司已投入运营油气站5座，已签约收购加油站7座。

未来发展中，香港与大陆地区天然气合作将更加紧密。2008年8月底，香港特区行政长官曾荫权与时任国家发改委副主任兼国家能源局局长张国宝签署《关于向香港供气供电有关问题的谅解备忘录》备忘录就未来20年大陆向香港持续供应天然气达成共识。根据备忘录，中央政府支持中国海洋石油总公司20年长期供气协议。此外，双方原则同意就使用已规划的“西气东输二线”向香港供气，开展可行性研究。[4]

（四）香港与大陆地区在天然气方面的合作：香港是大陆新能源设备制造商的巨大市场

香港生产力促进局考察团于2010年6月21日到河北省保定市考察，寻求与新能源企业的合作商机。考察团一行36人，由制造企业、投资公司、能源服务企业的领导及董事组成。此次来保，考察团希望通过对风能、太阳能、环保能源等产业的考察，找到投资新能源企业所需配套零部件、复合材料、铸件等生产加工项目的合作商机。他们先后到中航（保定）惠腾风电设备有限公司、河北保定国电联合动力有限公司、天威集团有限公司、英利绿色能源控股有限公司进行实地参观考察。[5]

2009 年 12 月 1 日，重庆市能源投资集团公司下属重庆松藻煤电有限责任公司与香港中华煤气下属全资子公司易高环保投资有限公司，在香港签署了共同投资、建设和运行煤矿瓦斯液化项目的合资合同，组建的合资公司将对松藻煤电的瓦斯进行综合利用。该项目被纳入美中经济战略对话框架下中国 15 个煤矿煤层气综合利用项目合作名单，由美国联邦环保署出资、美国著名项目咨询公司拉文雷治资源公司（Raven Ridge Resources, incorporated）承担，并完成了项目可行性研究报告的编制。该报告是美国联邦环保署资助在中国完成的第一个煤矿煤层气综合利用项目可行性研究报告。项目将建设在綦江松藻矿区，应用最新的“含氧煤层气催化脱氧”技术，将瓦斯（含甲烷 40% 左右）提纯（含甲烷 98% 以上）、冷却、液化。预计总投资 5.2 亿元，年利用 1.1 亿立方米煤层气，生产 9100 万立方米液化煤层气，相当于减排 156 万吨二氧化碳。该项目是目前全球最大的瓦斯脱氧液化项目，竣工投入运营后可实现销售收入 2.3 亿元，利润 5700 万元。该项目的建成投产，将为重庆提供新的清洁能源，进一步缓解重庆用气难的状况。香港易高环保投资有限公司是一家于香港注册的大型企业，致力发展新兴能源业务，在国内的主要发展项目包括煤层气及天然气开发利用、煤基能源及化工、环保车用能源等。而当中的内蒙古乌审旗及山西吕梁甲醇项目、江西丰城焦炭项目和陕西及山西重载车 CNG 加气站等项目都已取得良好进展，香港易高环保投资有限公司在国内新能源的战略布局已全面展开。[6]

2011 年 4 月，贝尔照明设备有限公司、深圳公司和香港应用科技研究院签订了聚光太阳能发电系统和大功率路灯 IED 的技术合作协议。贝尔照明设备有限公司是一家集生产、科研、高科技节能产品企业的发展，公司的技术领先者是由香港政府特殊人才引进的绿色能源专家。香港应用科技研究院下的香港创新科技委员会是以运用科学和技术为基础的研究机构，IED 拥有世界领先的冷却技术、电力驱动技术和光学加工技术。IED 的技术填补了路灯电源的空白。这项深港产学研技术合作项目的签署，标志着深圳和香港的研究机构合作的新里程碑，并将促进能源节约和减排项目在能源领域的技术合作企业更密切合作。[7]

2011 年 5 月 16—20 日，江西省新余市组团参加在香港举办的“2011 江西（香港）招商引资活动周”，并在香港国际会展中心举办新能源项目推荐会。新余是国家新能源科技示范城，新能源产业对工业经济的贡献率达25%，已形成以光伏产业为核心，以动力与储能电池、风电产业和节能减排设备制造为补充的“一大三小”新能源经济板块，2010年的主营业务达到330亿元，特别是光伏产业已经形成了完善的产业链，在世界上具有较大影响。为进一步加快新能源产业发展，完善产业配套，提升产业集聚水准和竞争力，推动产业向纵深发展，新余此次赴港招商专案以新能源产业为重点，拟引进一批光伏产业项目、锂电材料及锂电成品项目、风力发电产业永磁电机配套项目，以及低温余热发电产业膨胀螺杆发电机组配套项目。[8]

四、香港与大陆区域经济一体化的环保合作

有调查显示香港市民目前最重视就业和经济问题，其次是关心空气质素。这对香港的民生及投资意义十分重大，因此香港会继续关注空气质素的问题。2009年2月7日，香港环境局局长邱腾华在深圳出席国家西气东输二线工程建设领导小组第二次工作会议的发言提到，改善空气质素亦是香港特区政府的首要工作之一。[9]从1990年开始的港粤环境合作在近30年的时间里，双方在空气质量监管、水环境保护等领域均取得了令人瞩目的成绩。特别是2004年泛珠三角区域环境保护合作拉开序幕、2005年初泛珠三角区域环境保护合作协议正式签署之后，泛珠三角地区与港澳全面启动了在生态环境保护、污染防治、环境管理、环境科技与环境保护产业方面的全方位合作。

（一）CEPA中详细规定了有关环保问题的协议

环境保护合作具有一定的系统性，涉及到环境服务（服务贸易）、环境保护项目投资（贸易投资便利化）及环境保护产品（货物贸易）三个方面。CEPA第二阶段补充协议在零关税产品清单、享受货物贸易优惠措施的香港货物原产地标准表中，列明了一些对环境问题可能造成影响的产品。CEPA第二阶段补充协议附件服务贸易中，[3]对专业技术人员资格考试

类承诺向港澳居民开放大陆环境影响评价工程师资格考试。CEPA 第五阶段补充协议 4 的第 1 条第 2 款、第 3 条及第 4 条分别就环境服务的市场准入、环境保护项目投资及专业资格相互承认做出了规定。其附件就具体开放的环境服务部门做出了规定。传统环境保护主要以保护的对象或客体进行分类，如生态环境保护合作、水环境保护合作、大气污染防治合作、环境监测、环境保护科技产业等。而 CEPA 规定的措施是以贸易对象划分的，如服务贸易、贸易投资及环境相关产品贸易。在 CEPA 的框架下就环境保护进行合作需要通过一定的机制与方式，将传统的环境保护各领域的问题有机纳入 CEPA，以加深经济合作与发展、促进三地服务业发展。

（二）《泛珠三角区域环境保护合作专项规划（2005—2010年）》规划了香港与大陆地区环保合作

开展泛珠三角区域大气环境监测合作。在粤港珠江三角洲空气监控系统通过鉴定验收的基础上，建立启用粤港珠三角区域空气自动监测质量保证试验室、自动监测数据中心和监控中心，实现珠三角地区三个区域中心、九个城市和香港空气监测联网和投入运行。

合作编制泛珠三角区域大气环境监测网络与酸雨监测网规划。合作编制泛珠三角区域大气环境与酸雨监测规划方案、能力建设要求和运行机制方案；推动各省（区）政府批准实施建立泛珠三角区域大气和酸雨监测网。

建立环境监测信息管理平台，实现各类环境监测信息共享。建立以实现污染源监测信息的连接能力、信息多功能的管理中心、实现直接远程监控和获取实时的现场数据等为目标的污染源信息系统。建立具有综合功能的环境信息社会发布系统。以粤港空气监测网为基础，建立区域城市空气和酸雨环境监测信息共享平台。逐步开展生态环境监测等其他环境监测信息的共享。

五、结　语

现阶段，合作与竞争的基本单位既不是国家也不是企业，而是中心城市及其所在的城市群。中心城市和城市群是区域经济活动的核心部分，即区域性经济中心凭借强大的集聚效应和辐射作用，成为所在区域的“经济心脏”和增长的“发动机”。区域性经济中心聚集了一定地域范围内的各种生产要素资源和相应的经济活动，从而成为社会生活和生产力布局的中心与枢纽，具有高度的聚集性和开放性。它能够有效地在更广的范围内配置资源、安排市场、布局网络，形成优势互补和资源互补的创新格局，并以此为基本单位展开全球的经济往来与合作。

在珠三角城市群发展过程中，香港和大陆城市相呼应，带动了广州、深圳、东莞以及珠三角西岸一大批城市的繁荣。在城市自身的发展过程中，深圳、香港、广州等中心城市也在产生城市群经济圈的辐射和扩散效应，并且这种扩散效应越来越明显。深、港与大珠三角、泛珠三角之间由于产业关联和经济关联引发的巨大经济流量，对周边城市和地区发展产生巨大的冲击。随着城区的总量增长、存量优化、增量扩张、流量扩大、质量提升，整个城市群呈现几何级数的飞跃和提升。[10]

城市群效应发展到一定程度，消极一体化便难以满足区域内更多领域的一体化要求，这就需要从消极一体化向积极一体化转变。区域一体化从经济层面上升到社会层面尤其需要制度性整合的推动。能源是经济发展的命脉，环境是社会赖以生存的基础，两者均是对积极一体化需求最显著的两个领域。在制度性整合阶段的初期，香港与大陆优势互补，展开了密切的能源、环境合作。香港与大陆提高区域竞争力，是提升区域经济、社会发展水平的有益途径。

注 释

[1] Bela Balassa：The Theory & Economic Integration，London，Allen & Unin，1961.

[2] 甘长求：《香港对外贸易》，广东人民出版社，1990 年版，第 12、13 页。

[3]《中央再赠香港“大礼”大亚湾核电站供电延长 20 年》，2009 年 9 月 30 日，载中国新闻网，参见 http：//news. ifeng. com/hongkong/200909/0930 _ 19 _ 1371580. shtml。

[4] 载《香港中国商会》，2010 年 9 月，参见 http：//www. hkchcc. com/articles/? _ do = view&article_ id = 2275&catalog_ id = 19&lang = chs。

[5]《香港生产力促进局考察团来保寻求新能源合作商机》，2010 年 6 月 23 日，载中国新闻网，参见 http：//www. heb. chinanews. com/baoding/11/2010 - 06 - 23/24166. shtml。

[6]《重庆能源集团与香港中华煤气公司合作建设全球最大瓦斯液化项目》，载煤炭网，参见 http：//www. coal. com. cn/Gratis/2009 - 12 - 7/ArticleDisplay_ 215034. shtml。

[7]《企业和科研机构在香港，深圳签署能源合作协议》，2011 年 4 月 22 日，参见 http：//www. zhixiang123. cn/html/shichang/201104/22 - 15588. html。

[8]《赣新余将赴港推新能源合作》，2011 年 5 月 11 日，载中国窗，参见 http：//jiangxi. hkcd. com. hk/zsly/content/2011 - 05/11/content_ 2736419. htm。

[9]《环境局局长在西气东输二线工程建设领导小组工作会议发言全文》，参见 http：//sc. isd. gov. hk/gb/www. info. gov. hk/gia/general/200902/07/P200902070159. htm。

[10] 周运源：《区域一体化——香港在泛珠三角的作用研究》，社会科学文献出版社，2009 年版。

地区篇

西亚北非

2011 年 12 月 4—8 日，第 20 届世界石油大会在卡塔尔首都多哈举行。5000 多位与会代表中包括石油输出国组织各个成员国的石油部长、一些石油进口国的能源部长、国际能源机构代表和各大能源巨头高层。卡塔尔本是沙漠中一个默默无闻的国家，但是沙漠下的石油资源，使得卡塔尔与西亚北非的许多国家一样成为世界瞩目的对象。

2011 年，在突尼斯、阿尔及利亚、埃及和也门，支持西方民主的反对派只用了几周甚至几天的时间就推翻了执政几十年的原有政权，西方国家变被动为主动，扶植并争取新生政权，2011 年 5 月下旬的八国峰会期间，美国促成峰会成员国宣布对西亚和北非地区国家提供经援，“多国银行承诺提供 200 亿美元援助，其中欧洲投资银行将于 2011—2013 年向埃及和突尼斯提供 35 亿美元，以支持其社会和经济改革进程”。又有报道，法国总统萨科齐提议将援助金额提高到 400 亿美元。[1]

在利比亚，西方国家直接进行武力干预，帮助利比亚反对派消灭了卡扎菲本人及其政权；叙利亚阿萨德总统在内外交困中迎来了 2012 年的新年，伊朗遭到来自西方更加严厉的制裁；在美国的默许下，巴林和沙特发生的社会运动被镇压，这些国家政权与美国的关系更加牢固。同时，在 2011 年底，美军撤离伊拉克。埃及面临总统大选，执政政府性质前景不明。

各国政权性质的变化也体现在阿拉伯国家联盟的行为当中，阿盟一直是西亚和北非地区的重要政治力量，以“密切成员国间的合作关系，协调彼此间的政治活动，捍卫阿拉伯国家的独立和主权，全面考虑阿拉伯国家的事务和利益”为宗旨。但在2011年，阿盟却率先向利比亚、叙利亚发难，与西方立场高度一致。

西亚和北非国家曾经团结起来向西方国家展开石油斗争，经过2011年的重新洗牌，这些国家又有重新团结的趋势。会不会再次发生石油危机？这是中国必须思考的问题。

一、2011年西亚和北非各国的能源形势

根据目前掌握的资料，尽管2011年西亚和北非多国政局出现波动，但由于持续时间较短，且未造成地区性武装冲突，因此该地区的油气生产基本保持稳定；下半年持续发酵的伊朗核问题对国际油气市场造成的威胁更甚于上半年的“阿拉伯之春”。[2]除以上政治问题，该地区能源领域依旧实现了较大发展。沙特阿拉伯等主要产油国仍保持稳定的产能，伊拉克处于重建之中，石油生产能力不断恢复；各国均力图发展核能和其他新形式的能源；区域内各国尽管存在各种矛盾，仍旧进行了密切合作，在电力、天然气以及能源运输工程等领域实现了资源的优化配置；世界大国在该地区的活动还是产生了显著影响，该地区国家在政治立场上依旧存在明显的分歧。

（一）政局动荡但油气产出基本稳定

2011年初，阿拉伯世界的政治动荡一度给世界石油市场造成恐慌，但在突尼斯、阿尔及利亚和埃及出现的革命均在短时间内结束，各国国内在政局更替期间，经济和社会生活保持基本稳定，油气生产受到影响较小；利比亚国内革命演变成战争，大规模武装冲突断断续续持续近7个月，所幸利国石油产量占国际石油总产量和中国石油进口总量的份额很小，且利国国内对峙双方在战争过程中并未完全中断对外石油出口，因此对世界石

油市场和中国的石油进口造成的冲击有限；同时出现国内政局动荡的还有也门和叙利亚，但两国油气产量较小，对国际能源市场影响并不显著。伊朗国家内部虽然未出现类似社会运动，但由于西方国家在伊朗核问题上不肯罢休，伊朗面临巨大的外部压力，伊朗频频以切断霍尔木兹海峡和中断本国石油出口对美国和西方发出威胁，构成了对国际能源供应的巨大威胁，一旦伊拉克和沙特阿拉伯等国石油增产的预期不能实现，或霍尔木兹海峡真的成为战场，其产生的破坏力不容低估。

1. 北非政治动荡，小幅推升国际油价

2011 年春，突尼斯、阿尔及利亚、埃及、巴林、也门等国家因为国内社会问题突出，出现了呼吁改革的社会运动，并导致多国政府更迭、政局动荡。本次社会运动与 20 世纪六七十年代出现的阿拉伯革命不同。那次阿拉伯革命多以实现国家自主和阿拉伯民族的联合为目标，其国际政治色彩浓厚；而 2011 年的社会运动诱因是各国国内社会贫富差距过大、政治生活缺乏民主、长期的社会积弊爆发引起的，目标主要是各国现任政府或主要领导人，一旦其得到满足，社会运动便会很快平息。

基于此类社会运动的性质，各国对外部投资，尤其是油气资源投资采取的态度也和 20 世纪的革命时期有本质的区别。20 世纪的革命完成之后，各国新政权多采取了排外的政策，将油气资源收归国有，提高石油价格。而此次社会运动中，各国的反对派多依靠外部力量的帮助，西方国家也给予积极配合，支持反对派对现政权的斗争；即使部分国家的亲西方政权被取代，新政权仍旧和西方国家保持了密切联系，国内政策未发生根本改变（见表 1）。这一情况削弱了社会运动短期内对国际能源市场的冲击。但从长远看，阿拉伯国家的社会运动推动了民主进程，部分被压制的极端势力也有了参与政权的机会，国际社会还要对将来的变数保持警惕。政局发生剧烈波动的国家石油产量不大，而主要的产油国伊拉克、沙特、科威特、阿联酋和伊朗发生的社会运动被及时遏制，因而没有对石油生产带来太大干扰。

表1　2011 年西亚北非社会运动的影响

国家	运动时间	主要形式	结　果	能源所受影响
突尼斯	2010 年 12 月	全国多个城市出现街头抗议和骚乱	总统下台，举行全国大选	外来投资减少，能源进口上升 30%
阿尔及利亚	2010 年 12 月	民众大规模游行示威	解除紧急状态，修改宪法，政治改革	动荡期间石油出口强劲增长
利比亚	2011 年 2 月	在西方支持下，反对派武力推翻政府	击毙卡扎菲，建立新政权	石油生产能力年底逐步恢复到 50% 左右
埃及	2011 年 1 月	民众示威、游行，并发生警民冲突	总统下台，修改宪法	基本未受影响
巴林	2011 年 2 月	民众示威，发生冲突	巴林政府，联合沙特、阿联酋军警镇压了运动	基本未受影响，产油量和炼油量稳步提升
叙利亚	2011 年 1 月	民众示威，反对派拥有武装	有改革举动，流血冲突仍在继续	石油产量大幅下降，遭到石油出口制裁
也门	2011 年 1 月	民众示威，发生流血事件，	总统下台，国内不同派别出现武装冲突	本国遭遇能源困境
科威特	2011 年 2 月	政府政变	内阁辞职，首相下台	未受影响
伊拉克	2011 年 2 月	大型示威	总理宣布将不谋求连任 2014 年	石油产量稳步回升
沙特阿拉伯	2011 年 1 月	零星示威	同意举行男性公民投票；国王将进行经济让步	未受影响

注：本表格由作者根据已掌握信息整理。

利比亚是受影响较重的国家中石油产量最大的国家，2011 年 3 月以后，因为战事不断升级，利比亚石油产量锐减。8 月，反对派攻入的黎波里，战事接近尾声，新政府政策逐步明朗，利比亚的原油供应自 9 月开始恢复，日均产量已从 2011 年 10 月份的 35 万桶增至 11 月份的 55 万桶。EIA 预计在 2012 年第 1 季度，利比亚的原油日均产量将上涨至 90 万桶，而战前该国的原油日均产量为 165 万桶。因此，利比亚国内战争并未对国际市场造成太大冲击。[3]

但是，如此剧烈的政治动荡发生在石油生产的核心地带，还是给国际原油市场造成恐慌，2011 年 1—4 月，国际原油价格持续攀高，5 月份之后持续高位震荡，国际原油市场 12 月 30 日结束 2011 年最后一个交易日的交易，以近 10% 的涨幅为一年跌宕起伏的行情画上句号。纽约油价全年均价为每桶 95.09 美元，高于 2010 年的 79.64 美元，也高于 2009 年的 62.11 美元。[4]2012 年初由于叙利亚和伊朗局势再次升级，油价在 1—2 月再次走高。12 月 8 日，为期 4 天的第 20 届世界石油大会给外界吃了一颗“定心丸”，与会各方一致认为，西亚和北非地区的政治动乱将不会中断该地区的能源供应。目前全球石油市场供应充足，油价峰值在短期内不会再创新高。[5]

2. 伊拉克等国石油稳步增产

相对于其他国家的混乱政局，刚经历战火的伊拉克给能源市场增添了信心。2011 年 5 月份伊拉克原油产量已经增加 20 万桶/日，同时在 6 月还将继续增产 20—30 万桶/日，目前，产量已提高至 270 万桶/日。伊拉克总理马利基提出：“我们的主要目标是把石油产量由现时的每日 240 万桶，在 5 年内增至每日逾 400 万桶。”[6]如这一趋势能够持续，其长期目标能够达到每日 600 万桶，那么中长期内其他国家国内政局混乱造成的风险将会被有效对冲，这对于稳定国际原油市场的大局至关重要。

2011 年 11 月 1 日，黎巴嫩内阁批准开始陆上石油开采进程。紧随其后，黎巴嫩内阁又通过一项石油开发法令，旨在成立一个石油管理委员会，负责海上油气资源开发相关工作。[7]虽然黎巴嫩的石油产量不能与伊拉克的产量相比，但对于保持世界能源市场的信心却具有十分重要的意义。

3. 沙特阿拉伯等国承诺保障主要能源消费国的石油供应

西方国家对伊朗的制裁，无疑会对中国、日本、印度和韩国的能源安全造成威胁，因为这些国家从伊朗进口的石油占到本国石油消费的较大比例，如 2011 年全球十大伊朗原油购买国（见表 2）。

表2　2011年全球10大伊朗原油购买国

购买数量排名	国家	原油进口量（桶/日）	百分比（%）
1	中国	54.3万	10
2	印度	34.1万	11
3	日本	25.1万	5.9
4	意大利	24.9万	13.3
5	韩国	23.9万	7.4
6	土耳其	21.7万	30.6
7	西班牙	14.9万	9.6
8	希腊	11.1万	22.6
9	南非	9.8万	25
10	法国	7.8万	3.7

注：经合组织成员国的统计数据是2011年第二季度的统计数据，由国际能源署提供，而中国、印度和南非的统计数据是2011年上半年的统计数据，由美国能源情报署（EIA）提供，IEA的统计数据显示，斯里兰卡2011年上半年平均每天进口伊朗原油3.9万桶，斯里兰卡完全依赖伊朗原油。

资料来源：国际能源网。

从2011年下半年开始，伊朗的主要能源出口对象已经开始寻找新的能源供给。6月6日，沙特阿拉伯将把出口印度的原油数量提高一倍。[8]2012年1月11日，印度斯坦石油公司表示，该公司从沙特进口的原油将增加一倍，此前，1月9日，日本外相玄叶光一郎告诉记者，鉴于伊朗的形势，卡塔尔同意为日本供应其所需石油。

2012年1月13日，中国国务院总理温家宝访问了沙特等国，敦促沙特对中国投资开放其庞大的油气资源，在保障能源供应方面也得到了较为积极的答复。2012年1月14日，中石化和沙特阿美石油公司达成协议，将在沙特西部的延布工业区建设一座炼油厂。在寻求新的能源供的同时，中国在2012年1—2月份从伊朗进口石油的订单数量已经大大减少。

4. 伊朗遭受制裁，但石油供应不会大幅减少

伊朗十分清楚，假如其由于战争而减少的油气输出被沙特等国新增的油气产量弥补，西方国家对伊朗动武便少了后顾之忧，其主要的油气购买

国也将不会为伊朗提供保护，因此伊朗采取各种措施阻止石油总产量的增加。2011 年 6 月 17 日，由伊朗领头的 5 个成员国在欧佩克会议中阻止了沙特阿拉伯的增产提案。2011 年底，伊朗第一副总统又发出威胁，称一旦美国对伊朗发动战争，伊朗将切断霍尔木兹海峡的油气供应。[9] 每年途经霍尔木兹海峡运输的油气数量占世界油气总产量的 20%，此举无疑比威胁单方面减少石油输出更具有威慑作用；12 月 8 日，沙特阿拉伯又表示不会立即开采新油田。

但即使伊朗遭受制裁也不会导致严重的石油短缺，据 IEA 估计，伊朗每天原油产量略高於 350 万桶，日均出口量为 250 万桶左右，沙特阿拉伯拥有 230 桶/天的剩余产能，加上伊拉克和利比亚石油产能逐步恢复，足以弥补伊朗石油禁运带来的供应短缺，而且，沙特阿拉伯已经在 2011 年 10—11 月期间将其日产量提高了 30 万桶。[10]

针对伊朗的威胁，2011 年 6 月 30 日，沙特王子、原沙特情报部门负责人特基·阿尔·法萨尔公开提出应向伊朗发起石油战争。IEA 也在 6 月份释放了 6000 万桶石油储备（约等于伊朗 25 天的石油出口量），展示了西方石油消费国不惧伊朗石油威胁的决心。2012 年 1 月，沙特与美国讨论产油国和消费国之间在稳定全球原油市场上的合作，这些都反映了国际社会在战争条件下保障全球能源供给的决心。沙特阿拉伯随即下调了其 2 月份出口亚洲的基准原油的官方售价，伊朗被迫降价保持其石油的出口竞争力，且调整幅度相同，每桶均下调 2.1 美元。[11] 此项政策可以成为判断沙特目前开始对伊朗进行打压的主要指标之一。

与此同时，由于霍尔木兹海峡形势紧张，一些海湾国家开始寻找替代通道。阿联酋已经正式宣布，将建造一条连接阿布扎比西部沙漠哈卜善油田和阿联酋东部富查伊拉港的输油管线，这可使该国出口的原油直接运往阿拉伯海和印度洋，无需再经过霍尔木兹海峡。还有消息说，沙特甚至准备建一条贯穿其国境东西部的地下管道，使石油通过西部的红海运出，而不是东部的波斯湾。[12] 这些措施一旦得到落实，伊朗封锁霍尔木兹海峡的计划将无法奏效，世界油气供应将保持稳定。

（二）大力发展能源中下游产业

西亚和北非国家的石油和天然气储量和产量都是其他国家无法比拟

的，但是这些国家的能源安全问题并不是高枕无忧，该地区国家的石化工业发育不足，很多国家的成品油严重依赖进口，例如伊拉克2008年油品供应缺口为11.4万桶/日，预计到2015年将上升至16.7万桶/日。[13]所以发展能源中下游产业成为该地区很多国家的重要目标

1. 大规模开展石油化工建设

伊朗虽然是石油大国，但由于长期受制裁影响，资金技术匮乏，炼油能力有限，其2010年30%的汽油供应依赖进口。而伊朗政府长期以来向民众提供廉价汽油，目前伊朗市场上平价汽油售价每升不到10美分，大大低于成本价，仅汽油补贴一项，伊朗政府每年的支出就高达130亿美元，令伊朗财政不堪重负。[14]2011年2月5日，伊朗对位于中部地区的伊玛目霍梅尼炼油厂进行扩建，竣工后该炼油厂将成为西亚和北非地区第一大炼油厂；9月14日，伊朗又拨款26亿美元加快建设石油中、下游项目；[15]紧接着，9月25日，伊朗又开始在格什姆岛建造国内第一个超稠原油炼油厂，伊朗的石化工业正在从规模到种类不断完备。经过对炼油业的改造，伊朗的石油化工能力大幅提高，2011年5月31日，伊朗政府向外界高调宣布伊朗不打算在本财政年度内进口汽油和柴油，此举明显是在向西方国家示威，反击西方对伊朗实施成品油禁运的计划。

在满足国内需求的前提下，伊朗的石油产品已经成为新的创收项目，开始向周边国家出口成品油，2011年5月4日，伊朗一位高级石油官员宣布，伊朗计划出口其生产汽油盈余到邻近的伊拉克、亚美尼亚、阿富汗等国家。同时，伊朗政府放宽了对石油产品进口的管制，开始在国内激活石油产品市场，2011年5月2日，伊朗议会通过法案，允许伊朗私营企业进口包括汽油在内的各类石油产品并在伊朗境内销售，成熟的市场将会进一步刺激伊朗石化工业的发展。

除伊朗外，其他主要产油国也在大力投资石化工业。2011年6月27日，科威特石油政策最高决策机构科威特最高石油委员会批准了建造具有日加工61.5万桶原油能力的祖尔炼油厂。[16]7月25日，伊拉克石油部与卡尔巴拉炼油公司签署了一项有关在伊拉克中部卡尔巴拉地区建造一个估计耗资65亿美元的新炼油厂协议，这是伊拉克战后石油工业复苏的重要一步；随后，10月10日，伊拉克在卡尔巴拉省和米桑省建设2座新的炼油

厂。10月8日，沙特阿拉伯国家石油公司阿美石油公司与全球第二大化工企业陶氏化学集团签署了价值750亿里亚尔（约200亿美元）的化工合资项目协议，规模十分可观；与此同时，10月11日，沙特阿拉伯将投资200亿里亚尔（约53亿美元）在红海地区建造一个大型炼油厂，如此之大的规模和紧密的时间安排，充分体现了这些国家发展自身石化工业的迫切心情。

2. 兴建电力设施

当前，可供直接消费的能源除成品油类和天然气之外，主要是电力。将自身拥有的巨量油气转化为电力，成为制约该地区国家经济和社会发展的重要因素。因此，大规模兴建电力设施成为西亚和北非国家2011年度能源发展的重要内容。沙特阿拉伯在发展电力事业上的力度远大于其他国家。2011年3月29日，沙特水利电力部次大臣萨利赫表示，沙特在未来的20年间电力生产能力将增加3万吉瓦时，在未来10年间将要投资802亿美元。[17]在宏伟的计划之下，2011年沙特的电力项目建设十分紧凑，10月26日，沙特电力公司CEO宣布，该公司即将签订价值达10.7亿美元的发电厂建设项目；三天之后，10月29日，沙特电力又宣布签订了46亿里亚尔（合12.3亿美元）的合同；12月8日，世界最大独立电站在沙特开始建设，该电站位于沙特东海岸，设计发电能力3927MW；新年伊始，2012年1月11日，德国西门子公司宣布获得沙特火电站项目10亿美元订单。大规模的电力投资背后隐藏着沙特在电力事业上的雄心，12月6日，沙特一位官员表示，未来20年沙特可能会向其邻国出口电力，12月27日，沙特电力公司计划在2012年1月启动其运输附属公司，此举或许是沙特电力事业实现上下游配套发展的信号。[18]

发展电力事业的坚强举措背后隐藏着沙特在电力供应方面的问题，由于国内能源富足，国家能源补贴力度大，电力供应十分廉价，沙特国内在电力消费中存在严重的浪费现象，使本已经捉襟见肘的电力供应越发吃紧，这也是西亚和北非各产油国的通病。沙特政府也意识到这一问题，单纯的电力开发不能真正解决问题，反而会助长能源浪费，开源与节流必须并举，2011年2月13日，沙特水电大臣表示，沙特将通过加大绝缘技术

(Insulation) 的使用，以使沙特用电量削减 40%。[19] 可见，沙特在电力节约领域蕴藏着巨大的市场潜力。

伊朗在发展电力事业上同沙特一样雄心勃勃，但实力却远逊于沙特。与沙特在电力投资方面一掷千金不同，2011 年 5 月 28 日，伊朗计划在“不久的将来”发行 22 亿美元能源债券，为国内电力建设筹措资金；12 月 7 日，伊朗政府决定以 16 个水电站的股权支付相关承包商的欠款，资金问题成为制约伊朗电力事业发展的瓶颈。

为克服在常规能源领域遭遇的困境，伊朗集中力量发展成本较低的核电（见表 3），2011 年伊朗的核电站建设进展顺利。2011 年 8 月 24 日，伊朗首座核电站布什尔核电站发电量已达到满负荷运转发电量的 40%。[20] 9 月 4 日，布什尔核电站加入伊朗国家电网。但伊朗并没有停止常规电力项目的发展，12 月 31 日，伊朗计划在位于波斯湾的格什姆岛动工一个电力项目，可见在 2012 年，伊朗在电力方面的建设不会停滞。

表 3　不同能源发电成本比较

发电种类	1994 年发电成本（美分/度）	2003 年发电成本（美分/度）
水力	0. 31—4. 4	0. 25—2. 7
核能	2. 5	1. 4—1. 9
煤	1. 9—2. 3	1. 8—2. 0
天然气	2. 5—11. 7	5. 2—15. 9
太阳能	16. 4—30. 5	13. 5—42. 7
风力	7. 6	4. 6

数据来源：美国加州核能学会。

在通过发展电力解决国内能源供给短缺的同时，电力已经成为伊朗经济外交中的重要筹码。2011 年 11 月 3 日，伊朗电力和能源部门负责人透露，伊朗计划在 2013 年上半年实现同俄罗斯电力输送线并网。[21] 2011 年 9 月 23 日，伊朗方面表示，已就共享本国发电厂专项技术及投资事宜与俄罗斯和土耳其达成协议。两个月后，11 月 15 日，随着本国核电站运行的成功，伊朗政府表示，愿意与周边国家分享其核能技术，并暗示可以帮助土耳其建造一座核电厂。在当前恶劣的国际形势下，伊朗此举未必会收到积极的回应，但却抓住了周边国家发展核能的急切心理。

在电力交易方面，伊朗表示，伊朗2012年3月20日之前，将开设能源交易所。交易品种将以电力为主。2011年3月20日前已向巴基斯坦和阿富汗出口70兆瓦电力，截至9月份，伊朗电力出口同比上涨23%，目前，伊朗电力网络整合了阿富汗、巴基斯坦、伊拉克、土耳其、亚美尼亚、阿塞拜疆和土库曼斯坦等7个邻国电网。[22]按照这种发展速度，伊朗有望逐步成长为西亚地区电力市场的枢纽。

除沙特和伊朗之外，该地区其他国家发展电力事业也有规模不等的行动。黎巴嫩就电站建设向全球招标，2011年2月14日，黎巴嫩能源水利部就邀请中国电力公司参与其电站建设的资格审查。9月14日，叙利亚总统巴沙尔发布2011年第355号决议，建立电力运输总局，10月26日，德国西门子公司自叙利亚能源总局获批大马士革北部电站建设招标项目。8月22日，俄罗斯能源部表示，同意接受阿富汗邀请帮助其扩建电网，并促进电网的现代化。2011年10月25日，阿联酋核能公司（Enec）已向国家核能监管机构提出申请，批准其在阿联酋首座核电站厂址上进一步开展筹备工作。[23]

在北非，埃及的电力建设相对较为活跃，但同样面对资金短缺的问题，2011年8月11日，埃及向非洲开发银行申请一笔5.5亿美元的贷款，以为苏伊士一个蒸汽发电机项目提供资金；引进外资是埃及发展电力事业的重要举措，11月25日，两家外国电力公司向尼河流州政府报价，竞购该州政府拥有的当地四家独立发电厂（IPPs）的股份。[24]相对于资金丰富的其他产油国，埃及在电力设备制造领域具备相对优势，10月，埃及最大的上市电力电缆制造商El Sewedy Electric有限公司恢复了对利比亚的出口，11月15日，黎巴嫩正准备同埃及建立一个合资公司，生产电力设备及零部件。12月3日，“2011年埃及国际电力及能源展”开幕，埃及大有成为该地区电力设备“制造厂”的趋势。北非的其他国家也在发展电力领域采取了措施，但主要集中在新能源领域，详情将在下一小节具体阐述。

（三）竞相发展清洁能源

作为石油和天然气储备最为丰富的地区，西亚和北非国家对未来能源发展的方向有清醒的认识，虽然当前各国依靠常规能源交易可以暂时获取丰厚的利润，但是，化石能源的储备是有限的，是不可再生的；更为严峻的是，新能源发展十分迅速，而该地区的石油生产国在新能源技术领域则十分落后，一旦化石能源在较大程度上被新能源取代，这些国家的能源收入将难以为继。这要求该地区国家加大在新能源领域的投入，跟上能源发展的步伐。12 月 21 日，科威特国家石油公司宣布近期将启动两个大型项目：一个是第四炼油厂项目；而另一个是清洁能源项目。[25]

1. 水能资源缺乏，水电发展受限

水电不算真正意义上的新能源，但确实是当前开发技术最为成熟的清洁能源，所谓鱼和熊掌不能得兼，西亚和北非国家拥有巨量油气资源，却是世界上水资源最缺乏的地区之一，水能资源对于大部分国家来讲只能是奢望。唯有伊朗、阿富汗和土耳其等少数国家拥有少量水能资源，但它们的开发条件却受到严格限制。目前，伊朗是该地区水能资源开发最为得力的国家。中国凭借着成熟的水电技术在该地区的水电开发中取得了一些合作项目，2011 年 3 月 17 日，中国宣布将帮助伊朗建设世界上海拔最高的大坝；5 月 22 日，中国东方电气与伊朗 FARAB 公司正式签署了 Daryan 水电项目 3 台 77.8MW 发电机及励磁系统供货合同。塔吉克斯坦也是伊朗在水电领域的重要合作伙伴。2011 年 9 月 5 日，塔吉克斯坦和伊朗共建的“桑格图德 2 号”水电站 1 号机组正式投产，同一天，伊朗总统做出一项决议，将与塔吉克斯坦再共同出资建立一座水电站。

2. 各国普遍要求发展核电

（1）伊朗核电站正式并网发电

伊朗核问题因为西方的刻意夸大和丑化，近年来一直吸引着世人的眼球，但在西亚和北非国家中，发展核能并不是伊朗的个别要求，而是各国的共识。早在 2010 年 12 月 27 日，阿联酋已经提交第一座核反应堆 1 号和 2 号机建造申请书，2011 年 3 月 10 日，阿联酋核能公司的最高层财政负责人访问韩国，与韩国进出口银行有关人士就阿联酋核电站兴建所需资金的筹措方案进行磋商。[26]约旦也在寻求发展核电，2011 年 2 月 21 日，中国大

唐国际发电公司表示，将参与约旦一处核电项目的投资和运营招标。

2011 年 2 月 13 日，沙特本·拉登集团（Saudi Bin Ladin Group）将联合法国阿海珐（Areva）公司在沙特建造一个核能反应堆，但这只是沙特宏伟核计划的冰山一角，2011 年 6 月，沙特宣布将在今后 20 年内斥资 1000 亿美元建造 16 座核电站，规模之大，即便是伊朗也难以望其项背。[27]

伊朗在核技术领域走在了该地区的最前面。2011 年 2 月 10 日，伊朗原子能组织宣布，伊朗已经掌握核聚变技术；7 月 19 日，伊朗核电厂正在安装新式的、具有“更优良质量和速度”的离心机，用以提炼浓缩铀。上述成就的取得离不开俄罗斯的支持，2011 年 4 月 26 日，俄罗斯表示，将很快履行自己让伊朗布什尔核电站投入运营的承诺。9 月 4 日，伊朗首座核电站正式并入伊朗国家电网发电，俄伊两国的核合作远不止于此，11 月 10 日，俄罗斯国家原子能公司总经理基里延科在莫斯科表示，俄罗斯正在考虑帮助伊朗布什尔核电站建设新的核电机组。[28]伊朗同时也为其在发展核能方面的合作承担了巨大的压力，面对来自西方和国际社会的质疑，2011 年 7 月 12 日，伊朗外长萨利希在国际原子能机构维也纳总部表示，伊朗同意就核计划举行“有条件谈判”；为免受打击，12 月 14 日，伊朗表示，将考虑转移其铀浓缩工厂至更安全的地方。

（2）日本和韩国与该地区核能合作紧密

相对于俄罗斯因帮助伊朗发展核电而遭到的指责，欧美则不愿意将核技术向该地区国家转移。真正在西亚和北非的核发展浪潮中受益的国家是日本和韩国。

日本与土耳其的合作最为密切，2011 年 11 月 11 日，日本与土耳其就重启核能协定缔结谈判达成一致；12 月 7 日，土耳其副总理表示，希望使用日本的技术，由日本企业建设核电站；[29]12 月 12 日，日本国会正式批准日本 MitsubIShi 重工业公司与法国阿海珐公司合作投标约旦首座核电站。韩国则拿到了沙特、阿联酋和土耳其三家大客户。2011 年 11 月 15 日，沙特与韩国签署了一项核电合作协议；11 月 28 日，一个国有阿联酋核能公司和韩国电力公司的合资项目将耗资约 300 亿美元；12 月 22 日，韩国大使表示，韩国欲承建土耳其 200 亿美元核电站项目。[30]印度尼西亚也有意在这一波核电建设中分享市场，2012 年 1 月 10 日，约旦与印尼加强核能源开发合作。相比之下，中国在核电领域的成绩平平，从现有资料来看，仅有2011年3月5日，中广铀向Kalahari Minirals公司提出收购建议，拟以7.56亿英镑的现金收购其部分股权。尽管该地区国家发展核能的愿望强烈，但不可忽略的是，除约旦外，西亚和北非的铀资源并不富裕，尤其是伊朗，廉价铀资源为零（见表4）。在资源和技术双缺乏的情况下发展核能，成本将会大大提高，因此，该地区国家在核能领域能走多远尚待观察。

表4　世界铀资源分布

国家或地区	回收成本范围		
	<40美元/千克铀	<80美元/千克铀	<130美元/千克铀
世界合计	1766400	2598000	3338300
澳大利亚	709000	714000	725000
哈萨克斯坦	235500	344200	378100
美国	NA	99000	339000
加拿大	270100	329200	329200
南非	114900	205900	284400
尼日尔	21300	44300	243100
纳米比亚	56000	145100	176400
俄罗斯	47500	172400	172400
巴西	139600	157400	157400
乌克兰	27400	126500	135000
乌兹别克斯坦	55200	55200	72400
印度	NA	NA	48900
中国	31800	44300	48800
蒙古	8000	46200	46200
约旦	44000	44000	44000
丹麦	0	0	20300
阿尔及利亚	NA	19500	19500
中非	NA	6000	12000
马拉维	NA	9600	11600
阿根廷	5100	9000	9000
土耳其	0	7300	7300
日本	0	0	6600

续表

国家或地区	回收成本范围		
	<40 美元/千克铀	<80 美元/千克铀	<130 美元/千克铀
葡萄牙	NA	4500	6000
索马里	0	0	5000
西班牙	0	2500	4900
加蓬	0	0	4800
意大利	NA	4800	4800
印度尼西亚	0	300	4600
瑞典	0	0	4000
罗马尼亚	0	0	3100
德国	0	0	3000
津巴布韦	NA	1400	1400
民主刚果	NA	1400	1400
秘鲁	NA	1400	1400
墨西哥	0	0	1300
芬兰	0	0	1100
斯洛文尼亚	0	1000	1000
越南	NA	NA	1000
希腊	1000	1000	1000
智利	NA	NA	800
捷克	0	600	600
伊朗	0	0	500

注："NA" 指无数据。

资料来源：山西煤炭销售网。

3. 太阳能资源丰富，各国加大投入

西亚和北非地区发展太阳能拥有得天独厚的优势。该地区大部分国家属于热带沙漠、热带草原气候，光照充足，热量充沛，是世界上太阳能蕴藏量最丰富的地区。良好的自然条件和太阳能的优越性，引起该地区国家发展太阳能的浓厚兴趣。同样，在太阳能技术领域处于领先地位的国家也对在该地区投资和开展贸易进行先期准备。

（1）外部技术推动当地太阳能发展

日本和德国在太阳能发电领域起步早，技术先进，在竞争中明显具有优势。2011 年 5 月 20 日，德国“晚霞太阳能”公司中标叙利亚 1 兆瓦光电发电场建设项目。6 月 29 日，日本“昭和壳牌”公司宣称，将与沙特当地的公用事业公司合作，在沙特开展太阳能业务；7 月 8 日，由日本政府援助埃及的亚历山大省西部阿拉伯塔的太阳能电站项目完成相关手续即将开始建设。中国能够承担的项目处于相对基础的地位，10 月 24 日，“南京智力”帮土耳其企业建造太阳能组件工厂。但该地区的太阳能技术也并非零起步，2011 年 4 月 17 日，伊朗德黑兰大学科技学院专家研制的“伊朗卡扎勒—2 型”太阳能汽车在该领域也属于相对先进的技术。[31]

（2）阿尔及利亚发展太阳能态度积极

处于沙漠地带的国家太阳能项目不断涌现。2011 年 7 月 14 日，阿尔及利亚首座位于哈西·哈麦尔（HASSI R'MEL）地区的利用太阳能和天然气混合能源的发电站开始启用；伴随着阿尔及利亚太阳能建设规模的不断扩大，更多的国际企业参与其中，9 月 29 日，阿尔斯通和通用电气入围建设阿尔及利亚太阳能电厂名单；10 月 13 日，阿尔及利亚表示，将与日本开展太阳能领域的研究与开发合作，引进国外先进技术的做法将在短期内大大推进该国太阳能建设的速度。

（3）海湾地区出现“太阳能竞赛”

在西亚，太阳能建设的脚步同样密集，2011 年 7 月 28 日，伊朗最大的太阳能发电站正式地落成。10 月 6 日，沙特阿拉伯首个太阳能电厂落成，并于 11 月 15 日正式开始运营；沙特还取长补短，计划利用太阳能优势弥补自身在淡水资源方面的劣势，将在未来加大在海水淡化产业中对于太阳能资源的利用。由于海水淡化能耗巨大，这意味着沙特将在太阳能领域展开大规模建设，这无疑为有能力参与的中国企业提供了巨大的潜在市场。2012 年 1 月 10 日，阿联酋 TorrESol 能源集团宣布，正在研究在阿布扎比建立 24 小时不间断太阳能电站的可行性。[32]

4. 风能开发难度大，风电开发力度弱

从风能资源的自然分布来讲，西亚和北非的风能总量很大，但在广大

的沙漠地区，地形平坦，被副热带高压所笼罩，可开采条件欠佳，仅在西亚的北部和东部山区存在较大范围的优良风力资源，因此，风能的开发远不如太阳能的开发力度大。2011 年，就目前掌握资料看，仅有两例较大规模的风电项目，分别是 1 月 14 日，叙利亚与 Gamesa 公司签署合约建 50MW 风力发电场；7 月 8 日，伊朗在南部波斯湾 Kharg 岛上修建的首座风能与太阳能混合动力发电站投入使用

5. 其他清洁能源

除去以上可规模开发的清洁能源、新能源，本文将其他形式的清洁能源统称为新能源，其内容以可再生新能源为主。新能源概念在各国政策语言中的具体内涵也有差异，本文仅以名称对应进行介绍。

开发新能源目前已经成为西亚和北非国家的共识，上文已经指出，尽管这些国家油气资源丰富，但毕竟有限，该地区各国发展新能源也是为各自未来的命运投资。2011 年 1 月 17 日，世界未来能源峰会在阿联酋首都阿布扎比开幕，这是在化石能源的心脏地带召开的新能源会议。

2011 年，西亚和北非各国纷纷出台各种政策，支持本国的清洁能源发展。1 月 3 日，阿尔及利亚能矿部长优瑟夫表示，阿尔及利亚将大力发展可再生能源建设。2 月 22 日，沙特阿拉伯宣布计划在 2011—2015 年的 5 年时间里向新能源项目投资大约 1300 亿美元。5 月 19 日在科威特水电部高层会议上，就可再生能源利用战略作了调整，并将在下次会议上给予批准和实施。6 月 29 日，埃及电力部表示，目前埃及与法国正就多个新能源开发项目进行讨论，埃及政府和企业界欢迎法国企业在埃开展新能源和可再生能源投资。[33]8 月 1 日，伊朗宣布打算利用可再生能源以满足其约 3% 的电力需求。

世界上其他大国也纷纷介入该地区的新能源开发过程。2011 年 4 月 6 日，卡塔尔和美国签署开发清洁能源谅解备忘录。8 月 18 日，欧盟表示，其提供的 1.02 亿美元的金融援助计划将帮助约旦实现可再生能源发展目标。9 月 26 日，中国银星能源公司与约旦清洁能源公司、珠海锂源新能源科技有限公司签署了合作协议。2011 年 1 月 7 日，日本贸易大臣大畠章宏展开为期 7 天的沙特/阿联酋之行，希望用技术换能源。2012 年 1 月 10 日，日本外相强调和阿联酋在清洁技术和可再生能源领域合作的重要性。

（四）里海与海洋油气资源开发进展迅速

西亚各主要产油国的陆地石油开采已经日渐饱和，水上油气资源成为各国下一阶段油气来源的重要保证。同时，由于水上油气资源的划界不明确，目前在里海、波斯湾等狭小水域，关于油气资源的争端也时有发生。

1. 伊朗海上油气开发雄心勃勃

2011 年 4 月 20 日，伊朗 MAPNA 公司与伊朗国家海洋石油公司签署了一项价值 60 亿欧元的合同。10 月 26 日，伊朗国内建造的最大的海上石油作业平台日前完成安装开始启用。10 月 11 日，伊朗的一艘研究船在里海南部大陆架开始勘查作业。伊朗海洋石油公司总经理穆哈默德·吉拉克奇安扎对记者说，伊朗国家石油公司计划通过开发诸如 Farzad 气田、Forouz 气田、Kish 气田和拉万气田那样的气田把波斯湾的天然气年产能增加 100 亿立方英尺。[34]当时伊朗波斯湾油田共有 24 口钻井在作业，未来几天还将有一口新钻井投入作业。同时，还有 14 个自升式钻井平台正在作业。[35]

2. 里海油气资源开发不断升温

从储油构造看，里海地区目前有 6 个盆地，大部分地区的油气资源尚未勘探，这里是少数尚未全面开发的世界级油气区之一，里海地区盆地构造南高北低，导致油气资源分布不均，北部哈萨克斯坦一侧石油资源丰富，南部伊朗、阿塞拜疆一侧天然气资源丰富。里海的石油储量约为 150 亿—327 亿吨，约占世界石油总储量的 18%。天然气储量约为 14 万立方米，约占世界总量的 4.3%，2009 年里海地区石油产量达到 290 万桶/日。[36]根据国际能源署预测，2025—2030 年，里海石油产量将达到 540 万桶/日。巨量的资源促使各国加快开发里海的步伐。位于里海沿岸的西亚国家有伊朗和阿塞拜疆两国。

（1）阿塞拜疆启动新一轮里海油气勘探

阿塞拜疆的油气资源主要集中在海上，2000—2009 年，阿国石油开采以年均 15.5% 的速度增长，预计 2009—2015 年石油产量仍将保持在 3% 以上，2015 年产量有望达到 5975 万吨。2010 年，阿塞拜疆天然气产量达到 270 亿立方米，2011 年，阿塞拜疆与土耳其购买天然气的谈判基本达成，阿国将进一步扩大天然气生产，据预测，2009—2015 年阿国天然气开采年平均增长将达到 6%。阿国油气增产将仰赖里海的天然气资源供应，因此，2011 年阿国加大了对里海油气资源的勘探力度。阿塞拜疆国家石油天然气公司 3 月 31 日在一份新闻稿中说，该公司日前开始在里海阿塞拜疆一侧海域钻取一口试验井。井的设计井深为 4900 米，承担试验井钻井作业的是 Bayil Limany 勘探钻井队，试验井的位置在 Alyat Deniz 油田。钻取这口井的目的是为了确定 Podkirmanskoye 地层的含油气远景构造。[37]

（2）伊朗在里海领域获得重大油气发现

伊朗虽然占据了里海巨大的水域，但其以往在里海的油气开发中成绩并不突出，2011 年底，伊朗在里海海域发现一巨型气田，储量至少有 50 万亿立方英尺（约合 1.4 万亿立方米），日产原油将达到 88 万桶。这一发现如果在进一步的勘探到中得到证实，里海的油气储量将大为提高，伊朗在里海的油气生产能力也会得到提升。据海外媒体 12 月 24 日在德黑兰的报道说，伊朗议会成员阿里·优塞夫·内贾德说，伊朗考虑投资 500 亿美元勘探里海的油气田。[38]

（3）大国围绕里海油气资源通道展开博弈

纳布科管道[39]5 个过境国——奥地利、保加利亚、匈牙利、罗马尼亚和土耳其的能源部长和负责管道建设的 NGPGH 财团在土耳其签署了项目协定。根据计划，该管道总长 3900 公里，年运输能力为 310 亿立方米，造价约为 120 亿—150 亿欧元。为了使土库曼斯坦天然气接入该管道，还将建设连接土库曼斯坦和阿塞拜疆的跨里海水下管道。[40]（见图 1）

纳布科管道是欧盟摆脱对俄罗斯天然气依赖、走向能源供给多元化的重要步骤，同时也是使该管道的供应国土库曼斯坦走向能源出口多元化的重要举措。（见图 2）由于俄罗斯长期垄断购买土库曼斯坦天然气并转手卖给欧洲，纳布科管道计划遭到了俄罗斯的激烈反对；同时，该管道与俄罗斯计划修建的“南溪”天然气管道相冲突，也成为俄罗斯抵制里海油气资源经此管道外运的重要原因，因此，俄不断游说欧洲和亚洲的供销双方，反对修建跨里海石油管道。

图1　里海地区现有石油管道

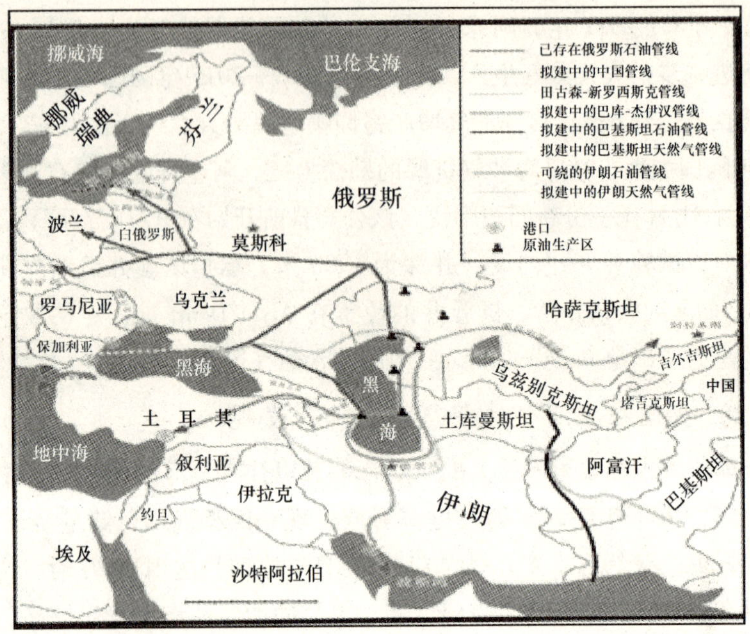

资料来源：新华网。

图2　纳布科输气管道

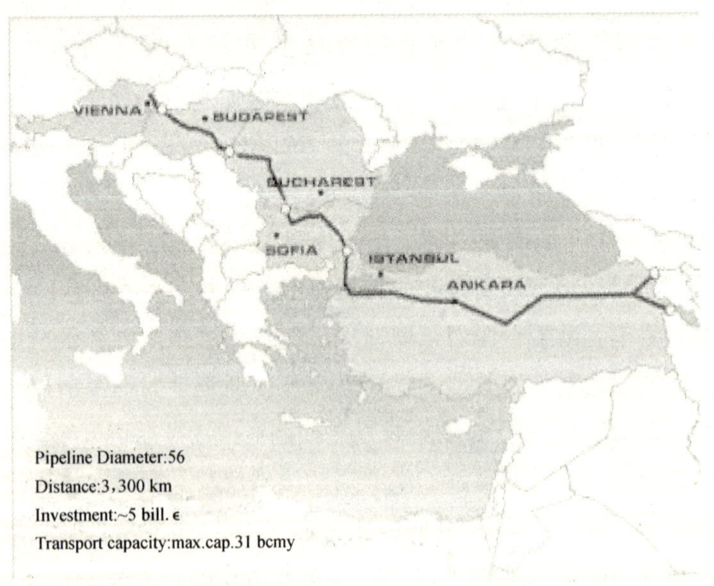

资料来源：百度百科。

（4）《里海公约》迟迟未签，资源分配存在矛盾

里海地区丰富的油气资源背后还隐藏着深刻的资源分配矛盾，因为到目前为止里海沿岸五国[41]之间的划界问题仍未得到解决。俄罗斯、哈萨克斯坦和阿塞拜疆附近的里海水域油气资源丰富，因此这三个国家坚持里海为内陆海，应依据《联合国海洋法公约》，对里海水体及海底进行划界，明确各国的主权和专属经济区范围。而伊朗、土库曼斯坦两国则因为附近水域油气资源相对较少，坚持认为里海是内陆湖泊，按国际法里海资源应当是沿岸各国的共同财产，任何国家开采里海任何资源必须征得沿岸各国同意或经共同协商后方能进行。近年来，伊朗迫于压力不得不同意对里海进行划分，但和土库曼斯坦一起要求各国按各占 20% 的份额平均划分里海。这样便形成了目前以伊、土为一方要求 5 国均分里海，和以俄、哈、阿为一方要求按中心线划分里海的局面。[42]能源纷争加上大国在该地区地缘政治的争夺，使里海划界问题更为复杂，因此里海的能源开发还将在争吵中度过，控制好资源争夺的烈度、维护该地区能源生产稳定是各方共同的责任。2011 年 2 月 18 日，伊朗副外长曾对媒体表示，各方有望在 2012 年达成《里海公约草案》，希望此举能够有助于里海未来的能源开发。

3. 波斯湾油气开采受各方关注

据美国 2000 年地质调查报告估计，世界未发现的海洋石油有 3060 亿桶，天然气液 950 亿桶，占全球未发现石油的 47%。可见，无论从资源还是从产量上分析，海洋石油都是至关重要的。实际上，自 1995 年以来，随着海洋石油生产的发展，世界石油生产的递减趋势已经发生了改变。与陆上原油生产不同的是，海洋石油生产没有经历大幅下降，这些年来一直稳步发展，实际上，陆上原油生产在近 20 多年基本保持在一个平台上，海洋石油已经成为世界石油生产增长的主要来源。[43]2005 年波斯湾/西亚和北非地区坐上世界海洋石油生产的头把交椅，从油气资源分布来看，波斯湾油气资源开发已经成为海湾国家保持油气资源供应的重要来源。

科威特首先表达了在这方面的诉求，2011 年 9 月 30 日，科威特石油公司（KOC）副总经理哈立德·苏迈蒂在接受媒体记者采访时说，科威特

应该勘探本国海上的非伴生天然气。

伊朗是波斯湾油气开采的积极行动者，2011 年 9 月 16 日，波斯湾地区最大的石油钻井平台开钻。此时其钻井数目已经比 2009 年增长了 2 倍。在伊朗 2011 年的油气田招标中，波斯湾海上油气田项目也占到了巨大比重。[44]但是，卡塔尔在波斯湾南帕斯气田开采的天然气量 3 倍于伊朗，而且这一差距每天都在扩大。为了弥补这一损失，伊朗国家石油公司已经向南帕斯气田追加更多的投资。海上油气资源的开采同样也引发了一些矛盾，2011 年 12 月 23 日，伊朗议会高级官员指控阿拉伯国家共谋开采伊朗共享油气田规定容量以外的石油和天然气，但事件很快平息，并没有造成激烈冲突。

二、2011 年西亚和北非地区国际能源合作情况

（一）加快区域能源合作

虽然区域外大国对于参与西亚和北非的能源项目抱有浓厚的兴趣，但是该地区内各国之间进行的能源合作依旧是十分紧密，是域外大国无法替代的。地区各国之间围绕能源展开的合作，弥补了单个国家的缺陷，对于增强本地区在国际能源市场的主导性起到很大作用。由于西亚和北非各国拥有比较优势的行业主要集中在油气资源领域，因此，该地区内部的合作也主要局限在石油和天然气的上下游生产环节，合作项目规模总体相对较小，但种类繁多。从全局来看，区域内部和合作并没有一个核心领域或核心管理机构，不会对西亚和北非未来的能源形势产生决定性影响。

1. 土耳其计划加大在该地区天然气投资

在土耳其的能源结构中，天然气占到了 60%，2010 年土耳其的天然气消费量为 400 亿立方米，其中近 300 亿立方米由俄罗斯提供，这种依赖关系使土耳其在与俄罗斯的谈判中处于劣势地位。随着 2011 年天然气价格不断上涨，土耳其向俄罗斯提出降价 20% 的要求，但未得到俄方同意，事情

在2011年10月1日走向了终结，土耳其国家石油管道公司正式通知俄罗斯天然气工业公司，为期25年（1986—2011年）的西线天然气采购合同到期后不再续签。[45]土耳其将重心转移到了其西亚邻国身上。

在与邻国的合作中，土耳其首先选择了筹划多年的纳布科管道。该管道是欧洲进口天然气“南方走廊”的方案之一，该管道是欧洲国家绕过俄罗斯从西亚进口天然气计划的一部分，运输能力为每年260亿—310亿立方米。其天然气供应方预计为阿塞拜疆、伊拉克和土库曼斯坦。2011年10月25日，土耳其和阿塞拜疆达成50亿美元的石油投资计划，规定从2017年起，土耳其将每年从阿塞拜疆获得60亿立方米天然气以自用，并经土耳其境内向欧洲运输100亿立方米天然气。届时，阿塞拜疆的沙赫杰尼兹气田二期工程将建成投产。

其次，2011年12月29日，伊朗石油部和土耳其签署了2012年石油供应延期合同。2011年，伊朗日均向土耳其出口原油15万桶。根据新签署的石油供应延期合同，2012年，伊朗对土耳其日均出口原油达到20万桶。[46]

2011年3月14日，土耳其国家石油公司和卡塔尔天然气公司在卡塔尔首都多哈签署了一项有关在卡塔尔进行天然气勘探和生产的谅解备忘录，根据这项协议，双方将举行联合会议来评估几个问题，其中包括从卡塔尔向土耳其装运液化天然气、在土耳其建造一个液化天然气再气化厂以及由土耳其国家石油公司和卡塔尔天然气公司组建一个在卡塔尔勘探和生产天然气的合资公司。此外，双方在联合会议期间还将讨论共同在第三国进行投资的可能性。土耳其能源部长塔纳尔·伊尔迪兹此前曾说，土耳其计划签署一项旨在从卡塔尔进口大约40亿立方米液化天然气的协议。[47]

2. 伊朗依靠天然气巩固与周边国家关系

海湾地区国家以石油和天然气资源丰富著称，但油气资源在地域分布上略有差异，位于波斯外北部和西部的伊拉克、科威特、沙特和阿联酋以石油资源为主；波斯湾东侧，伊朗由于国土较大，石油资源总量超过西侧的科威特和阿联酋，但储油条件较差，天然气储藏量却高于其他国家（见表5）。2011年，伊朗在里海伊朗一侧发现超大天然气田，并宣称本国天然气储量居世界第一位，[48]在过去的2011年中，伊朗围绕天然气这一主题与本地区国家和邻国进行了大量的合作。

表5　西亚和北非国家天然气储藏量（万亿立方米）

国家	1990年末	2000年末	2009年末	2010年末		
				可采储量	占总量%	储采比/年
巴林	0.1	0.2	0.2	0.2	0.1	16.7
伊朗	17.0	26.0	29.6	29.6	15.8	·
伊拉克	3.1	3.1	3.2	3.2	1.7	·
科威特	1.5	1.6	1.8	1.8	1.0	·
阿曼	0.3	0.9	0.7	0.7	0.4	25.5
卡塔尔	4.6	14.4	25.3	25.3	13.5	·
沙特阿拉伯	5.2	6.3	7.9	8.0	4.3	95.5
叙利亚	5.2	6.3	7.9	8.0	4.3	95.5
阿联酋	5.6	6.0	6.1	6.0	6.0	3.2
也门	0.2	0.5	0.5	0.5	0.3	78.3
其他西亚国家	——	0.1	0.1	0.2	0.1	62.1
西亚合计	38.0	59.1	75.7	75.8	40.5	·
阿尔及利亚	3.3	4.5	4.5	4.5	2.4	56.0
埃及	0.4	1.4	2.2	2.2	1.2	36.0
利比亚	1.2	1.3	1.5	1.5	0.8	98.0
尼日利亚	2.8	4.1	5.3	5.3	2.8	·
其他非洲国家	0.8	1.1	1.2	1.2	0.6	65.7
非洲合计	8.6	12.5	14.7	14.7	7.9	70.5

注：表格由作者根据已掌握信息整理。

此类合作项目在本地区内的合作项目中占到了50%左右，均与伊朗天然气有关，合作方涉及几乎所有的西亚和北非国家（见表6），而且都以从伊朗获取天然气为主，可见，伊朗在本地区天然气供应当中扮演着中心分配者的角色，虽然不能确定这种角色能对其他国家产生多大实质影响。

表 6　2011 年伊朗与邻国开展的天然气合作项目

合作国家	合作时间	合作内容
伊拉克	2011 年 5 月 22 日	和伊朗签署了一项有关进口天然气用于发电的初步协议
亚美尼亚	2011 年 5 月 31 日	与伊朗就加强石油、天然气和电力合作签署一份谅解备忘录，双方希望借此拓展两国在商业、工业和能源上的联系
土库曼斯坦	2011 年 10 月 20 日	将和伊朗开始串换油气
卡塔尔	2011 年 1 月 2 日	寻求从伊朗的南帕尔斯气田（Souch Pars 气田）进口天然气
阿曼	2011 年 7 月 9 日	和伊朗签署了一项有关伊朗向阿曼供应天然气的初步合同
阿塞拜疆	2011 年 1 月 12 日	将与伊朗签署长期天然气供应协议
叙利亚 伊拉克	2011 年 7 月 28 日	达成 100 亿美元的协议，即允许伊朗 South Pars 气田的天然气经黎巴嫩和地中海输送到欧洲； 9 月 13 日，叙利亚与伊朗在德黑兰就建设伊朗—叙利亚—伊拉克三国间石油管道和向叙利亚出口天然气事宜进行了正式会谈
沙特阿拉伯	2012 年 1 月 5 日	签署了一项旨在开发 Farzad A 气田的协议
亚美尼亚	2012 年 1 月 12 日	伊朗将建立一条管道以运输天然气到亚美尼亚

注：表格由作者根据已掌握信息整理。

除天然气外，由于伊朗长期面对美国封锁，主张自力更生，其能源技术相对于本地区其他国家也略占优势，在电力方面，2011 年 2 月 22 日，伊朗为伊拉克建造的装机容量 324MW 的 Al Sadr 电站一期项目投入运行；石油方面，8 月 2 日，黎巴嫩表示，将与伊朗展开深入的合作；10 月 26 日，塔吉克斯坦与伊朗商讨加强能源方面的合作。[49]

3. 该地区国家之间直接投资油气开采项目所占比重低

2011 年度，该地区各国之间的重大合作项目有一个共同的特点，即以油气资源交易为主，劳务合作也以石化、电力、勘探等工程建设为主，没有一国向另一国直接投资开采油气田的案例，尤其是在主要的产油国之间（见表 7）。[50]这与区域内各国纷纷吸引域外国家前来投资形成鲜明对比。

表7　2011年度西亚北非地区国家之间能源合作项目

合作时间	合作国家	合作内容	合作方式
6月6日	科威特和埃及	科威特能源公司日前在埃及的西沙漠地区获得了两个新的石油发现	油气资源勘探
6月16日	阿联酋和伊拉克	阿联酋Dodsal集团获得伊拉克一条全长79公里输油管道的建造合同	输油管道建设
8月23日	埃及与约旦	埃及与伊拉克达成建设新炼油厂的协议	石油化工
9月6日	埃及与约旦	埃及与约旦签署新的天然气协议，协议中对天然气价格重新做了调整	油气贸易
参考本文所涉及的其他区域内合作项目			

注：表格由作者根据已掌握信息整理。

（二）独立对外投资项目较少

1. 非生产性投资规模巨大

西亚和北非的石油生产国依靠油气出口均获得了大量的财富，但由于各种原因，这些资金并未有效地用于投资再生产。伊朗人口较多，军费开支较大，国家财政开支消耗了大量的油气收入，导致投资资金短缺；北非强权人物统治时期，石油收入的很大一部分成为当权者的私人财富被转移；沙特、科威特、卡塔尔和阿联酋的石油收入大多数被消费或重新流回到欧美的金融市场。

以最为典型的海湾合作委员会（海合会）国家为例，这些国家的石油收入约85%以上流向海外，只有不到15%留在本地。得益于石油收入增长带动，海合会国家的国内生产总值总和也将由2010年的1.07万亿美元增长至2011年的1.38万亿美元，超过2008年创下的1.13万亿美元历史最高纪录。这些国家2011年的平均经济增速预计为6.7%，其中石油部门为10.8%、非石油部门为4.2%、私营企业为3.7%、公共部门为5.3%。2010年，海合会国家的外汇总资产为1.51万亿美元，2011年将增加到1.7万亿美元，到

2012年，将达到1.87万亿美元。[51]这些富余资产以回流方式变成美国的银行存款以及股票、国债等证券资产，填补了美国的贸易与财政赤字，从而支撑着美国的经济发展，对自己国家的实体经济贡献十分有限。

华盛顿国际金融学院发布的报告指出，2000—2006年，海湾国家输出资金5400亿美元。2007年海湾国家的海外资产约为1.8万亿美元，预计2008年年底海湾国家的海外资产将突破2万亿美元大关。在这些海外资产中，全球最大主权基金阿布扎比投资局、科威特投资局、Mubadala Development Co.、Dubai World的投资机构Istithmar World Capital、卡塔尔投资局、沙特阿拉伯的Invest ment Corp. 以及Saudi Arabian Monetary Agency截至2007年年底的资产总额为1.25万亿美元。相比之下，截至2005年底，海湾六国在华投资合同额10.4亿美元，实际投资7.1亿美元。主要分布在轻工、石材、建材、房地产等行业。[52]其非生产性投资色彩十分明显。

2. 转变投资方向，2011年对外直接投资项目增多

金融危机与世界经济低迷迫使海湾国家转变投资方向。

首先，对国内基础设施的投资将保持高速增长。海湾合作委员会计划未来5年在石化领域投入503亿美元，使该领域的总投资到2016年达到1160亿美元。投资将集中在生产和出口领域的基础设施方面。

其次，西亚和北非国家均增加了与中国在实体经济方面的合作，包括在中国合资建设炼油厂、投资机械设备领域。粗略估计，西亚和北非国家2011年在中国的投资达到数百亿美元，这将占到2011年度其石油收入的15%左右。（详细信息请参考下文）。此外，西亚和北非国家也加强了在南部非洲的投资，项目同样主要集中在实体经济领域。

三、2011年西亚和北非地区的国际能源动向

（一）美国加强对西亚和北非石油的控制影响

2011年5月2日，美军在巴基斯坦击毙了本·拉登，在西亚和北非的

博弈中取得了里程碑式的胜利。有学者提出，2011年的“阿拉伯革命”是对美国在西亚和北非地位的严重冲击，但事实证明，美国通过复杂的外交手段化解了这一次突如其来的危机，甚至将被动转化为主动，在该地区进一步巩固了自身的地位。

根据EIA的数据，2010年最后一周，美国石油产品实现净出口47.9万桶/日，为2001年11月份以来首次。此后在2011年3月第二周和2011年6月第二周，美国再次实现石油产品净出口分别为26.4万桶/日和1.6万桶/日。美国石油对外依存度在2006年达到顶峰后开始下降，EIA的报告指出，美国对海外石油依赖减缓的趋势可能延续到今后10年。在截至2011年8月份的12个月内，美国石油净进口量占需求的比例已降至46%。同样，天然气净进口量占美国天然气需求的比例，也从1973年的4%攀升至2007年的逾16%，目前回落至9%以下。[53]（见图3）

图3　美国进口原油及石油产品总量1981—2011年（千桶）

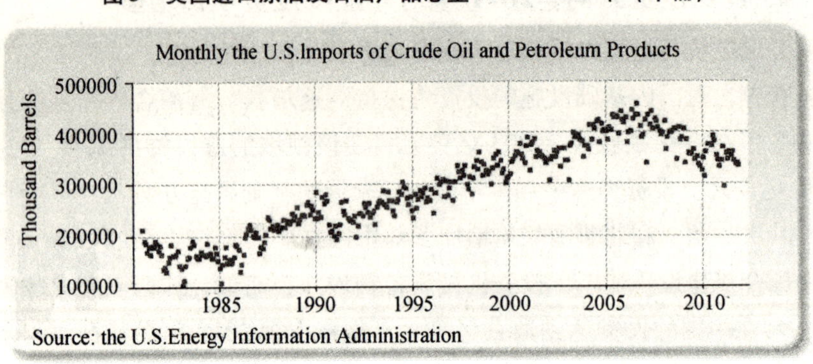

资料来源：美国能源信息中心。

美国国内油气资源供需之间的变化说明，美国未来对西亚和北非地区油气资源的依赖将会进一步降低，甚至可以实现能源自给。在这一前提下，美国控制西亚和北非的真实动机就不再主要是针对油气资源，而是实现其独霸世界的政治抱负。现在美国经济不再受西亚和北非资源的钳制，控制西亚和北非的石油就成为美国钳制“其他大多数国家”的手段。

1. 油气资源投资和技术引进

为构建和强化这些国家对美国的依赖关系，美国针对西亚和北非产油国国内资金吸收能力低，急于为巨额石油美元寻找投资出路的特点，大量吸引石油美元流向美国。除接受石油美元存入美国银行、在美国购置不动产、购买产权和投资于证券交易外，还允许海湾国家大量购买美国债券。美国采取这种做法，在实现石油美元回流的同时，也使西亚和北非产油国资产的回报率与美国经济的兴衰紧紧联系在一起，形成一损俱损、一荣俱荣的关系；针对西亚和北非石油输出国急于实现经济多样化，迫切需要从国外引进先进工业技术和需要外国公司提供市场的特点，美国政府支持美国资本对这些国家的工业化建设大举投资，使西亚和北非产油国对美国技术和市场的依赖程度不断加深；针对西亚和北非地区矛盾错综复杂、不稳定因素多的特点，美国向西亚和北非产油国提供政治和军事保护，以至不惜发动战争，加深这些国家对美国的安全依赖。[54]

2. 与盟友合作

欧洲积极推动从该地区进口油气，克服对俄罗斯的依赖；亚洲中、印、日、韩都长期从该地区进口石油，控制了石油供应就卡住了这些国家的脖子。同时，又可以在地缘上和能源上对俄罗斯实施双重打击。因此，美国在中东地区的政治军事行为是为了控制能源，而非获得能源；控制能源的目的在于控制世界。

（二）欧洲——能源安全与投资收益双重目的

在2011年的行动当中，欧洲充当了美国最紧密的伙伴。首先，欧洲在对利比亚的空袭中充当了急先锋，帮助利比亚反对派反败为胜，摧毁卡扎菲政权；在对叙利亚政府的倒台运动中，欧洲国家也在联合国极力配合美国逼迫叙利亚总统移交权力；在对伊朗的制裁中，欧盟国家更是一致行动，对伊朗实施石油制裁。与美国不同的是，欧洲主要国家谋求在西亚和北非的主导地位更多是基于短期利益的考量，而非战略意图。欧洲积极谋求在西亚和北非优势地位的目的主要包括两个方面：第一，降低对俄罗斯的能源依赖；第二，为欧洲传统产业投资开拓市场。

1. 降低对俄罗斯的能源依赖

国际能源署预测从2011—2035年，全球天然气消费将增加50%，位列石油之后，占能源消费构成的1/4。欧盟已探明天然气储量为2.4万亿立方米，60%依赖进口，2010年，欧洲从俄罗斯进口天然气达1130亿立方米，占其进口总量的33%，部分东欧国家的这一比例甚至会达到50%以上。（见表8）按照目前的能源需求增长速度，2030年欧洲进口天然气将达其用气总量的一半，能源自给与能源安全问题令欧洲愈发不安。[55] 在当前的国际事务中，能源问题已经被严重政治化，天然气供应问题已经成为俄罗斯向欧洲施加压力的重要筹码，这种做法迫使欧洲国家寻求新的天然气来源。

表8 欧洲部分对俄罗斯天然气依赖度较高的国家（2007年）

国家	进口俄罗斯天然气数量（亿立方米）	占本国天然气消费比例（%）
德国	345	42
土耳其	234	67
意大利	220	28
英国	152	16
法国	101	24
匈牙利	75	60以上
捷克	72	80以上
波兰	——	50以上
斯洛伐克	——	100
保加利亚	——	100

注：表格由作者根据已掌握信息整理。

从实际距离来讲，西亚和北非的油气资源到达欧洲市场与俄罗斯的距离大致相当，但西亚和北非通往欧洲的油气管线输送能力较低，没有充分发挥其供应潜力。20世纪90年代之后，伴随着里海油气资源的大规模开发，以及对天然气需求的快速增长，欧洲与西亚和北非国家都意识到新管线建设的重要性。（参见本文第一部分）2011 年 4 月，连接阿尔及利亚到西班牙的 Medgaz 输气管道投入运营，Medgaz 输气管道全长 1050 公里，其中 550 公里在阿尔及利亚境内。项目投资近 10 亿欧元，由阿尔及利亚、西班牙、法国共同投资，Medgaz 输气管道从阿尔及利亚的 Beni-Safy 一直通到西班牙的 Almeria，输气能力将达到 114 亿立方米。该输气管道开通后，阿尔及利亚每年将向西班牙提供 80 亿立方米的天然气。连接里海气田的纳布科管道设计年输气能力为 300 亿立方米，二者相加输气量已接近俄罗斯的“北溪”天然气管道输气量。[56]为了确保西亚和北非地区油气供应的稳定，避免该地区成为第二个俄罗斯，欧洲国家十分重视对该地区国家的控制，因此欧洲国家在加大对该地区能源投资的同时，也加大了对该地区政治的干预力度。2011 年，正逢阿拉伯国家内部出现动荡，这种干预也就更为明显。

2. 保障欧洲对西亚和北非地区的投资

由于欧洲国家在西亚和北非的投资已经十分稳定，因此从 2011 年新发生的事件中很难完全读出欧洲国家的运动轨迹，如 2011 年 3 月 9 日，英国和约旦能源和矿业公司（JEM）麾下的子公司卡拉克国际石油公司签署了一项特许权协议；4 月 1 日，英国石油服务集团在伊拉克获得一项价值 2.4 亿美元的合同；8 月 7 日，伊拉克石油部与意大利的一油田服务集团针对伊拉克一个为国内市场每天生产 20 万桶汽油和柴油的炼油厂签署了一项初步协定，这都是小规模的交易。

但是，从利比亚战争前后欧洲企业的身影中，我们可以体会出欧洲在该地区投资的巨大存量。战争之前，在利比亚投资的国际公司有意大利埃尼、挪威国家石油、奥地利石油天然气（OMV）、美国西方、康菲、赫斯、马拉松、埃克森美孚、壳牌、英国石油等；2009 年利比亚石油出口目的国按占利比亚出口比重排名分别为：意大利（32%）、德国（14%）、法国（10%）、中国（10%）、西班牙（9%）、美国（5%）、巴西（3%），欧洲国家获得了利比亚近 70% 的石油。[57]在西亚和北非的其他国家中，欧洲资本所占的比重也都相当大。在设备领域，欧洲石油设备公司 70% 的业务集中在中东。只有将中东不友好的政权剔除，欧洲在西亚和北非的资产才能安全，欧洲的能源供应才能安全。

利比亚战争尚未结束，埃尼等5家国际石油公司已重返利比亚，并将再次开始作业；2011年10月18日，德国巴斯夫恢复在利比亚油田的石油生产；2012年1月18日，意大利埃尼石油公司宣布，计划2012年向突尼斯投资6亿美元，利比亚新政府也表示欢迎欧美等国资，战争给这些企业带来的不是创伤，而是新一轮的扩张先机。

但直到2012年2月16日，中国商务部仍表示大部分中国企业重返利比亚的时间尚未确定。

当然，能源问题不是单纯的政治问题，在政治诉求之外，各国还是要考虑本国的经济利益，例如，2011年4月12日，“壳牌”将按计划向“中国石油”提供卡塔尔LNG，双方的贸易并不因为彼此在该领域的竞争而减少；同理，欧洲在部分国家的优越地位也并不总是被对方接受，2011年7月13日，伊拉克石油部长延迟了与“皇家壳牌”和“三菱”120亿美元的交易，这种政治与经济的双重考量、短期利益与长期利益的双重考量，是西亚和北非能源生态的真实写照，我国只有综合运用政治和经济的双重手段，才能在该地区立足，否则只会处在被动地位。

（三）日、韩——以技术换能源

日本和韩国在西亚和北非的行动是最为特殊的。

首先，日本和韩国的能源供给高度依赖该地区，而且还面临中国和印度两个能源消费大国的竞争，因此日本和韩国从交易双方的地位来讲，是“有求”于西亚和北非产油国。2011年，日本在核能领域遭到重创，能源保障问题尤为紧迫。同时，在制造业中处于上游的日本和韩国，将需要大规模建设的西亚和北非地区视为本国劳务和社会的重要市场，对该地区形成双重依赖，这使日本和韩国在处理与西亚和北非国家的关系时格外谨慎。

其次，日本和韩国距离该地区十分遥远，既没有欧洲和俄罗斯便捷的地利，也不具备美国远程投放军事力量的能力，无法在该地区进行有效的政治和军事行动，所以，日韩两国维持与该地区合作的可选手段十分有限，强制力无法实施，必须保证自身对该地区国家的特定吸引力，以保障双方的合作及保证自身的能源安全。巧合的是，土耳其近年来一直试图建造核电厂，但西方没有一个国家愿意为其建造。这种情况也发生在该地区的阿拉伯国家当中。[58]日韩便通过技术换能源，即立足于两国目前在核电技术、新能源技术领域的优势地位，以合作、援助等方式为西亚和北非国家提供此类项目，发展双方在能源领域的合作，换取对方在常规能源领域的稳定贸易。

日韩的脆弱地位，决定了日韩在能源外交上奉行居中政策，广泛地与该地区各个国家发展友好关系，而不能轻易追随美国与特定国家交恶。在制裁伊朗问题上，东京不太可能完全禁止从伊朗进口石油，日本大约9%的石油进口来自伊朗，即使要停止与伊朗的合作，也需要一个过渡期，并得到沙特等国保障供应的承诺，削减的进口规模将在与美国协商的基础上决定。[59]2011 年韩国进口的原油总量为 8724 万桶，其中来自伊朗原油的比重高达 8.32%（726 万桶）。由于韩国从伊朗进口的原油为重质油，而且其价格相对低廉，因此，炼油企业寻求其他的原油来源来替代伊朗原油并非易事。[60]因此日本和韩国对伊朗一直持一种暧昧的态度，希望能够在制裁伊朗的行动中获得豁免，继续从伊朗获取油气。

正是由于日韩的特殊态度，在 2011 年北非地区投资普遍减少的情况下，日韩还是积极与该地区国家合作，合作项目主要集中在核能和新能源领域。

（四）俄罗斯——隐藏于能源中的政治

俄罗斯是目前世界石油、天然气的生产和输出大国，在国际能源市场上与西亚和北非国家构成竞争关系，从经济利益考量，西亚和北非的动荡会推高国际油价，俄罗斯可以从中受益，但是，面对 2011 年西亚和北非的动荡，俄罗斯极力阻止这种趋势的蔓延，反对对叙利亚和伊朗采取进一步的强制措施。从全局战略考虑，俄罗斯的这种担忧是必要的。首先，油气资源是俄罗斯制约欧洲的重要砝码，一个稳定的、受到西方严密控制的西亚和北非将有助于欧洲获得更充足的油气供应，这种情况下，俄罗斯将有被进一步边缘化的危险；其次，从地缘政治角度讲，西亚和北非地区和东欧一样，历来是外部势力进攻俄国腹地的跳板，假如伊拉克、叙利亚和伊朗等反西方势力梯次消失，西方便可从西面和南面对俄罗斯实行包围，俄罗斯的大国地位将受到严重削弱，而失去大国的张力是俄罗斯无法接受的。基于政治考量，俄罗斯必须保证在西亚北非的力量存在。

1. 争取近期发生政权更替的国家

要保证已经发生政权更替的国家不完全倒向西方，将战略缓冲地带向外部推移。伊拉克是实现此目标的关键，2011 年 5 月 10 日，俄罗斯外交部长谢尔盖·拉夫罗夫表示，俄罗斯政府将努力增加在伊拉克的投资，尤其是增加在伊拉克的石油和能源部门的投资；[61] 10 月 26 日，俄罗斯最大的私营石油公司鲁克石油公司在伊拉克的西古尔纳—2 油田开始钻井作业；同时，俄罗斯开始帮助阿富汗建设国家电网，对冲美国向中亚地区的渗透。9 月 16 日，俄罗斯天然气公司与意大利埃尼集团签署了协议，俄天然气公司将收购位于利比亚的 Elephant 油田项目，一旦俄罗斯进入利比亚的时间推迟，尤其是等利比亚新政府稳固以后，再次进入的难度将加大，利比亚新政府在年底的表达证实了俄罗斯的这一担忧。

2. 力保伊朗和叙利亚

要确保伊朗这一反美堡垒与伊朗—叙利亚联盟的存在。2011 年下半年，当其他国家为规避风险而对伊朗持观望态度时，俄罗斯却加大了与伊朗的合作。2011 年 11 月 15 日，伊朗石油部长 Rostam Qassemi 与俄罗斯石油部长共同探讨进一步扩大双方在能源领域合作关系的途径；12 月 17 日，伊朗国家石油公司（NIOC）和俄罗斯鞑靼石油公司（Tatneft）签署了协议。伊朗正在寻求利用鞑靼斯坦共和国在重油开采方面的经验来开发伊朗国内的 Zagheh 重质油田。[62]

3. 改善与温和派国家的关系

发展与西亚和北非地区温和派国家的关系。由于欧美在西亚和北非经营多年，波斯湾西岸的石油富国多与欧美在能源贸易、能源金融和高层交流方面有深刻的联系，俄罗斯不可能使这些石油富国完全改变现有立场，只能全力争取使这些国家保持对俄罗斯相对友善的态度，这种关系的改善必然要通过进一步深化经济关系来拉动。2011 年 4 月 12 日，俄罗斯能源巨头俄罗斯天然气工业股份公司打算在卡塔尔首都多哈设立一个代表处，这是俄罗斯积极发展同此类国家关系的成果。

（五）其他国家的动向

除上述主要的国家和地区之外，还有部分国家与西亚和北非在能源领域有着较为密切的关系，但此类国家在该地区发挥的作用较为有限。

1. 印度

在能源领域，印度无论是从技术力量还是资金力量都无法与其他大国相抗衡，在该地区发挥的影响力十分有限：

首先，印度在能源方面的资金有限。由于印度拖欠伊朗的石油款，2011 年 8 月 1 日，伊朗决定开始削减向印度的原油出口，几经波折，9 月 26 日，伊朗方收回印度拖欠石油款 50 亿美元。

其次，印度与该地区国家的合作以贸易为主，少有直接投资。2011 年 1 月 30 日，印度驻卡塔尔大使在这里说，除了从卡塔尔已进口 750 万吨液化天然气（LNG）以外，印度时下正在寻求从卡塔尔再进口 1500 万吨 LNG；2012 年 1 月 6 日，印度政府商业和工业部长表示印度非常渴望参加沙特阿拉伯的石油和天然气项目，由此可见，印度距离向该地区进行大规模的能源投资尚有一段距离。

第三，在对伊朗进行制裁的问题上，印度态度模糊。印度是伊朗原油的第二大进口国，仅次于中国。印度从伊朗进口原油日均 40 万桶，年进口额约 120 亿美元。印度的大型能源企业部分表示将寻求新的原油来源，部分表示将继续进口伊朗原油，根据企业态度的矛盾性，可以大体推测出印度政府目前很难就伊朗问题做出最终的取舍。

2. 中小国家参与该地区能源项目

2011 年，许多中小国家的身影出现在西亚和北非的能源舞台上，这些国家总体影响力有限，国家数量在不断增多，且大多数有着局部优势，今后有可能在该地区形成一股新的力量。这些国家大致可以分为两类，一类是因内部经济发展导致资源短缺型的国家，如越南；一类是因外部能源保障存在风险，在该地区寻求新的能源来源。

首先，部分中小国家经济发展迅速，需要从该地区获取能源。越南是此类国家的代表，2011 年 8 月 31 日，越南国油签署阿尔及利亚石油工程合同。

其次，部分中小国家在该地区寻求新的能源供给国家，降低本国风险。2011 年 9 月 4 日，塔吉克斯坦拟进口伊朗油气产品以减少对俄罗斯的依赖。

四、中国与西亚、北非地区各国的能源合作

2011 年，中国与西亚和北非国家总体上保持了发展的态势，但是其中也出现了诸多问题，中国遭受了损失；从微观角度来看，并未出现十分突出的合作项目，年中又因叙利亚局势和伊朗问题、以及利比亚新政府的不友好态度，为 2012 年中国在该地区的能源开发埋下了隐忧。

（一）2011 年中国与西亚、北非国家的合作成果

1. 油气开发取得积极效果

（1）拿下多项油气勘探开采项目，并有新突破

首先，在伊朗获得更多油气开采项目。2011 年，中国依旧和伊朗维持了正常的能源往来。尽管 2010 年出现了中国企业因投资期限延误而受到伊朗政府处罚的情况，2011 年 10 月 14 日，中国海洋石油总公司在海湾地区总额为 160 亿美元的天然气田开发协议被叫停；并因为双方在石油价格上的分歧导致两国在 2012 年年初的石油贸易下降了 50%，但两国之间的合作还是取得了许多成果（见表 9）。目前中国企业在伊朗的投资已经达到

500亿美元。[63]2011年底，在西方针对叙利亚和伊朗进行制裁的问题上，中国采取了实事求是的立场，不参与对伊朗制裁，并反对其他国家对叙利亚内政的干涉，两国之间政治立场存在共识，有助于双方合作。尽管如此，伊朗政府依然表示不会给中国企业更多的优惠，这说明两国之间的经贸往来是正常的双边投资和贸易关系。

表9　2011年中国在伊朗获得的油气田项目

时间	项目名称	投资伙伴
1月14日	开发伊朗北Azadegan油田	伊朗
7月5日	开发南帕尔斯气田11区块下游项目	法国
11月18日	开发南帕尔斯气田27—28区	伊朗、印度
11月19日	开发伊朗Yadavaran和Jafir油田	白俄罗斯

注：表格由作者根据已掌握信息整理。

其次，初次在阿富汗获得石油项目。2011年12月28日，阿富汗与中国石油天然气集团公司签署了一项重要的石油协议，这也是阿富汗战争爆发以来，中国能源企业首次获得阿富汗的能源项目。在此项目上，中国方面尽管在经济上并没有丰厚的利润空间，但其象征意义极大，可以为中国企业在阿富汗的投资创造更好的氛围

第三，伊拉克项目连中两元。2009年6月30日，伊拉克政府油气田国有化后40年来的第一次招标会在巴格达举行，英国石油公司将与中石油合作中标，将开发位于伊拉克南部的鲁迈拉油田；[64]10月16日，伊拉克内阁批准了英国石油公司和中国石油天然气集团公司共同开发鲁迈拉油田的合约。11月3日，中国石油天然气集团公司和英国石油公司与伊拉克正式达成开发鲁迈拉油田的合同。随后，12月11日，在伊拉克政府第二轮油气田招标中，中石油与马来西亚Petronas石油公司及法国Total石油公司合作赢得伊拉克哈法亚油田（Halfaya oil field）的开发权。两个项目的获得，意味着中国企业在伊拉克拥有与西方企业的平等地位，伊拉克战争以来形成的不良政治氛围将逐步化解，中国在伊拉克的投资环境正在进一步改善。

（2）油气供应保持稳定

2011 年初中国与伊朗续签供应合同，中国石油化工集团公司和珠海振戎公司与伊朗续签了 2009 年度中国从伊朗进口原油的合同，进口数量每日约 40 万桶。阿联酋、卡塔尔将扩大对中国的油气供应，2011 年 7 月 15 日，中石油集团发布新闻称，从 2014 年起，阿联酋的阿布扎比国家石油公司将增加对中石油的原油供应。沙特石油供应顺利到位，2009 年 2 月 28 日，沙特阿拉伯 Aramoc 石油公司首次将原油直接运往福建炼油石化有限公司，3 月 27 日，中国福建炼油厂为投产将从沙特购入 400 万桶原油。2011 年中国获取了更多的天然气来源，1 月 16 日，卡塔尔同意扩大对华液化天然气出口；10 月 4 日，卡塔尔第一船液化天然气启运中国。里海地区的油气也开始输往中国，10 月 24 日，土库曼为了减少在天然气出口方面对俄罗斯的依赖，决定从 12 月正式启动土库曼—中国、土库曼—伊朗两条新的输气管线。

（3）合作层次不断提高

第一，建立多个正式合作机构。2011 年，中国与西亚和北非国家之间的合作关系进一步加强，3 月 7 日，中国海洋石油总公司多哈代表处正式挂牌；3 月 9 日，伊朗国家石油公司北京办事处正式挂牌。中国与科威特的合作上升到更高的层次，[65] 4 月 25 日，科威特与中国组建联合石油天然气委员会，此举将对中科能源关系发挥推动作用。尽管叙利亚政局动荡，两国之间的合作关系依旧取得积极进展，8 月 19 日，中国石油化工集团国际石油勘探开发有限公司叙利亚公司揭牌暨资助叙利亚哈塞克省基础设施项目的仪式在大马士革举行。

第二，炼油项目合作紧锣密鼓。石化工业是中国的优势产业，也是西亚和北非国家投资最看好的行业，两国在石化产业合作方面具备天然优势，2011 年的合作成果充分证明了这一点。尤其重要的是，石化项目的投资多以合作项目进行，项目选址也注意到中外平衡，避免了一边倒的局面，充分体现了中国与西亚和北非国家之间的合作不是以控制对方为目的，而是一种互利共赢的经贸关系。（见表 10）

表 10 2011 年中国与西亚、北非国家石化工业合作项目

时间	合作国家	合作内容	项目所在国
3 月 20 日	沙特	合作建造一个日加工 20 万桶能力的炼油厂	中国
4 月 13 日	叙利亚	叙、中合资炼油厂项目	叙利亚
5 月 11 日	科威特	建立一家石化、炼化综合项目	中国
5 月 25 日	美国，沙特	炼油乙烯一体化项目	福建
7 月 8 日	伊朗	总规模超过 428 亿美元的几个大型石油项目	伊朗
7 月 12 日	沙特	乙烯、聚乙烯、聚丙烯综合项目	中国
7 月 28 日	沙特	日加工量为 40 万桶的炼油厂	沙特
7 月 23 日	伊朗	压缩天然气加气站	伊朗
7 月 21 日	伊朗	阿巴丹炼厂 3 期项目	伊朗
7 月 30 日	伊朗	大型石化联合体	伊朗
8 月 6 日	卡塔尔、荷兰	117 亿美元炼化一体化项目	中国
8 月 14 日	科威特	90 亿美元的科威特—中国石油联合体	中国
8 月 16 日	意大利	西南部 Bidboland 炼油厂建设项目提供资金	伊朗
8 月 21 日	科威特	90 亿美元炼油和石化厂	中国
12 月 16 日	沙特	联合收购北美油气服务公司部分股份	不详

注：表格由作者根据已掌握信息整理。

（4）油气资源开发进展顺利

2011 年除新项目招标外，中国企业在西亚、北非已经获得的项目工程进展顺利，1 月 3 日，中国中石油公司开始开发伊拉克艾哈代布油田。6 月 21 日，中石油艾哈代布油田一期年 300 万吨产能的建设项目提前投产成功。7 月 23 日，中国石油天然气集团公司已开始在伊拉克中部的 al-Ahdab 油田生产原油。12 月 30 日，中国石油天然气集团公司（中国石油）宣布，帮助开发的伊拉克 al-Ahdab 油田已获第一船 65 万桶原油。2011 年下半年，中石油宣布将启动开发阿扎代干油田的第一阶段作业，有望钻取 185 口新井。

（5）工程设备领域合作加强

西亚和北非国家的油气工程设备主要由欧美企业供应，该地区也是欧美工程设备企业的主要市场。中国依托在该领域的优势正逐步扩大在该地区的市场份额。2009 年 3 月 11 日，伊朗阿尔乃德理石油公司与西宁石油机械厂达成了 5.7 亿人民币的投资合作意向。4 月 6 日，科威特石油公司与中石化公司签订了石油、炼厂设备供货合同，总金额3.5亿美元。9月24日，阿布扎比钻探公司与宝鸡石油机械有限责任公司签订了8亿迪拉姆（约合2.18亿美元）的合同，宝鸡石油机械有限责任公司向阿布扎比钻探公司提供陆上油气钻井设备。9月2日，伊朗筹建LNG海上运输船队，希望中国和韩国公司能提供6艘LNG运输船。从合作规模来看，中国企业在西亚和北非市场潜力很大。

2. 清洁能源领域发展相对乏力

2011年，虽然中国在传统油气、电力领域取得了一些成就，但在新能源领域却没有太多建树。相比于日本和韩国，中国没有建设成规模的项目，更没有能够帮助该地区国家发展它们急切盼望的核能。这种在投资结构上的缺陷暂时可以被投资规模优势所掩盖，但将来会为中国与该地区的合作设置障碍。中国与日本和韩国一样，资金充裕但能源匮乏，能源匮乏的现实无法改变，但资金优势却完全可以被替代，中国只有通过提升自身的新能源技术，在国内开辟更多的能源来源，在国外用新技术换取更多的能源和资源，才能够从根本上改善我国的能源困境，一味地进行资本扩张模式是难以为继的。

3. 电力项目成绩平淡

面对西亚和北非大规模电力建设的广阔市场，中国电力行业没有将自身的优势充分展现出来，2011年在该地区成规模的项目屈指可数，7月11日，山东电力建设第三工程公司（山电三建）在沙特首都利雅得签署拉比格1200MW燃油发电站（IPP）EPC总包合同；9月6日，中国拟投资2.8亿欧元承揽罗莱斯坦省Rodbar电站大坝项目；11月29日，山东电力建设第三工程公司与新加坡公司签署的阿曼萨拉拉海水淡化与电力项目正式生效。

（二）合作中遭遇的挫折

1. 伊拉克工会阻止中石油开发鲁迈拉油田

由于认为外国公司开发本国资源违反伊拉克法律并将导致大批本国

工人失业，伊拉克南方石油公司工会反对英国（BP）和中石油合作开发鲁迈拉油田，并威胁将进行静坐和罢工。此次事件虽然被伊拉克政府平息了，项目审批如期通过，但给中国企业发出警示，未来此类事件仍会伴随中国在海外的投资进程而不时出现。

2. 利比亚新政府或将限制中国未来投资

2011 年 8 月 23 日，利比亚反对派控制的石油公司发言人表示，中国、俄罗斯和印度等曾对利比亚反对派采取敌对立场的国家，今后在从利比亚获得新的石油合同方面将会有麻烦。[66]尽管 25 日利比亚临时政府表示将履行卡扎菲时代授出的所有石油合同，其中包括与中国的石油合作项目，并于 2012 年 1 月 5 日重申了这一态度，但其在新项目招标中仍旧给予中资企业不平等待遇。2011 年 11 月 17 日，利比亚宣布新一轮油田勘探招标。12 月 16 日，十大欧美油企获得利比亚石油优先竞标权。中资企业未来在利比亚的投资是否真正受到“欢迎”有待观察。

3. 美国干预中伊正常贸易

伊朗是中国在该地区重要的能源合作伙伴，中国同伊朗保持着正常、公开、透明的能源和经贸合作关系。2011 年 1—6 月，中国从伊朗进口原油高达 1347 万吨，同比增加 49%，约占同期中国进口原油总量的 10%；截至 2011 年 10 月份，伊朗已经超越安哥拉成为继沙特之后中国的第二大石油供应国。10 月 24 日，美国出于其与伊朗之间的矛盾，对中国和日本施压，要求中日缩小与伊朗的贸易关系，尤其是减少从伊朗的原油进口；并于 2012 年 1 月再次做出此类要求。在遭到中国方面的拒绝后，美国国务院于 2012 年 1 月 13 日宣布，制裁 3 家与伊朗进行能源业务的外国公司，其中包括属大型中国国企的珠海振戎公司。[67]

4. 中资企业在叙利亚生产受影响

自 2011 年 3 月叙利亚爆发大规模反政府游行抗议活动以来，由于巴沙尔政权拒绝向反对派交权，欧盟委员会自 9 月 2 日开始实施对叙利亚石油禁运的制裁协议，由于储存原油的油库已满，叙利亚不得不将原油产量从制裁前的每天38万桶降至不足24万桶，原本用于出口的15万桶原油份额产量全部被削减，受叙全国石油压产的影响，中国石油天然气集团公司（中石油）在叙利亚的主要项目格贝贝油田从9月8日起先后分三次压产20%、40%和72%。

附　录

卡塔尔所处的西亚和北非地区是当前世界政治的核心地区之一，该地区包括西亚20国、北非6国，共26国，从国家数目看，这一地区的政治格局十分破碎，但26国中有18国是阿拉伯国家[68]，22国是伊斯兰国家[69]，这些国家在民族和宗教方面有着紧密的联系，且长期保持着共同的政治文化传统，因此是一个不可分割的整体，鉴于此，本报告将其2011年的能源发展形势做统一论述。作为世界地缘政治的核心地带，这一地区自二战以来就战乱不息，阿以之间爆发过5次战争，其他大规模战争还有两伊战争、海湾战争和伊拉克战争，小规模冲突从未间断，延续至今。

为了反抗西方对伊斯兰世界的压迫，以该地区的主要产油国为主体，组成了可以影响世界能源大势的石油输出国组织，并于1973年联合向西方世界发起“石油战争”，石油价格猛增，致使美国的工业生产下降了14%，日本的工业生产下降了20%以上，所有的工业化国家的经济增长都明显放慢。西亚和北非国家目前仍然保持着对世界石油资源的有效影响地位。截至2011年，石油输出国12个国家的石油储量已经占到世界原油总储量的81.33%，除委内瑞拉、尼日利亚、安哥拉和厄瓜多尔4个域外国家之外，该地区8个主要产油国的已探明储量占到世界石油总储量的52%。

注　释

[1] 刘宝莱：《中东伊斯兰国家转型中的“美国因素”》，载《阿拉伯世界研究》，2011年11月第6期。

[2] “阿拉伯之春”系指发轫于2010年年底的“茉莉花革命”，其袭卷大中东地区

（北非和西亚）众多阿拉伯国家，并点燃许多欧洲、美洲、亚洲国家的一系列反政府社会运动。“阿拉伯之春”的主要诉求，多关乎经济和民主，活动方式多采取示威游行和网络串连，对许多国家的政治和经济影响巨大，迄2012年春尚未完全结束。

[3]《欧盟临阵变卦，对伊朗石油禁运或推迟6个月》，载国际能源网，2012年1月14日，参见 http：//www. in-en. com/article/html/energy_ 08420842921257953. html。

[4]《2011年国际油价上涨，未来挑战和动力并存》，载国际日报网，2012年1月1日，参见 http：//www. chinesetoday. com/zh/article/573019。

[5]《中东石油尚安好，伊朗不惧制裁欧盟害人害己》，载国际在线，2011年2月9日，参见 http：//gb. cri. cn/27824/2011/12/09/5190s3469229. htm。

[6]《伊拉克石油卷土重来》，载网易新闻中心网站，2009年7月5日，参见 http：//news. 163. com/09/0705/08/5DEO092H0001121M. html。

[7]《黎巴嫩通过石油开发法令》，载商务部网站，2012年1月9日，参见 http：//www. mofcom. gov. cn/aarticle/i/jyjl/k/201201/20120107920037. html。

[8]《沙特将把出口印度的原油数量增加一倍》，载中国石油与化工网，2011年6月7日，参见 http：//www. chemall. com. cn/newscenter/NewsArticleg. asp？ArticleID=232823。

[9]《石油出口若遭制裁伊朗将关闭霍尔木兹海峡》，载深圳新闻网，2011年12月29日，参见 http：//www. sznews. com/rollnews/2011－12/29/content_ 3020934824. htm。

[10]《欧盟提议对伊朗实施石油禁运》，载中国石油网，2012年1月12日，参见 http：//www. in-en. com/article/html/energy_ 13161316411256247. html。

[11]《伊朗削减2月份供应亚洲原油官方售价》，载国际石油网，2012年1月12日，参见 http：//oil. in-en. com/html/oil－10471047651256045. html。

[12]《伊朗局势迫使各国加快寻原油进口替代方案》，载国际能源网，2012年1月1日，参见 http：//oil. in-en. com/html/oil－09240924321254055. html。

[13] 尚艳丽、尹冬青：《伊拉克石油工业现状与发展趋势》，载《国际石油经济》，2010年5期。

[14]《伊朗汽油进口不降反升》，载中国广播网，2010年8月13日，参见 http：//www. cnr. cn/allnews/201008/t20100813_ 506887916. html。

[15]《伊朗大力发展石油中下游项目》，载中国钢铁信息库，2011年9月19日，参见 http：//news. gtxh. com/news/20110919/gangguanxingqing_ 52980201. html。

[16]《科威特新建国内最大炼油厂项目获批》，载中国石油油品信息网，2011年6月30日。

[17]《沙特电力在未来十年需要投资802亿美元》，载福建国际投资促进网，2011年3

月 31 日，参见 http：//www. fjfdi. com/ShowArticle. aspx？aID = 3741。

[18]《沙特电力将于明年启动其输配电附属公司》，载国际能源网，2011 年年 12 月 29 日，参见 http：//www. in-en. com/finance/html/energy_ 16061606411242632. html。

[19]《沙特将通过绝缘措施节约电力》，载中国电力新闻网，2011 年年月 15 日，参见 http：//www. cpnn. com. cn/hqdl/201102/t20110214_ 345073. htm。

[20]《伊朗首座核电站发电量已达满负荷运转发电量的 40%》，载中国网，2011 年 8 月 25 日，参见 http：//www. china. com. cn/international/txt/2011 – 08/25/content_ 23277359. htm。

[21]《伊朗计划明年实现和俄罗斯电力输送线并网》，载国际能源网，2012 年，1 月 12 日，参见 http：//power. in-en. com/html/power – 09070907111255595. html。

[22]《伊朗电力出口量同比上涨 23%》，载国际电力网，2010 年 12 月 11 日，参见 http：//www. cpite. cn/2010/1211/1272. html。

[23]《阿联酋核能公司积极备建该国首座核电站》，载中国电力企业联合会，2011 年 10 月 25 日，参见 http：//www. cec. org. cn/guojidianli/2011 – 10 – 25/72593. html。

[24]《外国企业竞购尼日利亚河流州四家独立发电厂》，载国际电力网，2011 年 11 月 25 日，参见 http：//power. in-en. com/html/power – 09180918901205270. html。

[25]《科威特即将启动新能源和新炼油厂项目》，载国际能源网，2011 年 12 月 22 日，参见 http：//www. in-en. com/article/html/energy_ 09230923381234640. html。

[26]《阿联酋代表团将访韩 重点商讨核电站项目》，载中国核能行业协会，2011 年 3 月 2 日，参见 http：//www. china-nea. cn/html/2011 – 03/17622. html。

[27]《沙特计划 20 年内耗资 1000 多亿美元建 16 座核电站》，载中国新闻网，2011 年 6 月 2 日，参见 http：//www. chinanews. com/gj/2011/06 – 02/3084615. shtml。

[28]《俄罗斯称愿帮助伊朗建设更多核电机组》，载人民网，2011 年 11 月 10 日，参见 http：//www. people. com. cn/h/2011/1110/c25408 – 359132447. html。

[29]《土耳其表示希望与日本合作开展核电站计划》，载中国新闻网，2011 年 12 月 6 日，参见 http：//www. chinanews. com/gj/2011/12 – 06/3512772. shtml。

[30]《韩国欲承建土耳其 200 亿美元核电站项目》，载中国经济网，2011 年 12 月 25 日，参见 http：//intl. ce. cn/sjjj/qy/201112/25/t20111225_ 22947227. shtml。

[31]《伊朗德黑兰大学自主研发太阳能汽车》，载英大网，2011 年 4 月 19 日，参见 http：//www. indaa. com. cn/xny2011/tyn/201104/t20110419_ 628311. html。

[32]《阿联酋拟建第一座 24 小时不间断太阳能电站》，载国际电力网，2012 年 1 月 10 日，参见 http：//power. in-en. com/html/power – 09400940281252737. html。

[33]《埃及将在新能源开发和利用领域加强与法国的合作》，载国际能源网，2011 年 6 月 29 日，参见 http：//www. in-en. com/article/html/energy_ 09090909771058559.

html。

[34]《伊朗签署 60 亿美元天然气开发协议》，载中国管道商务网，2011 年 10 月 30 日，参见 http：//www. chinapipe. net/national/2011/14121. html。

[35]《伊朗波斯湾油田共有 24 口钻井在作业》，载国际石油网，2011 年 12 月 22 日，参见 http：//oil. in-en. com/html/oil－08110811801233859. html。

[36]《里海地区石油与天然气的开发状况》，参见 http：//kz. mofcom. gov. cn/accessory/201105/1306322427907. pdf。

[37]《阿塞拜疆国油开始在里海钻试验井》，载道达尔公司网站，2011 年 4 月 1 日，参见 http：//newscenter. chemall. com. cn/newsarticleg. asp？ ArticleID＝227356。

[38]《伊朗投资 500 亿美元勘探里海油气田》，载百川资讯望，2011 年 12 月 26 日，参见 http：//www. baiinfo. com/article/default/146/7592981. html。

[39] 纳布科输气管道项目由欧盟投资，全长 3300 公里，修建这条管道的目的是将里海地区的天然气经土耳其、保加利亚、罗马尼亚和匈牙利 4 国先输送至奥地利，然后再输往欧盟其他国家。这条管道预计将于 2014 年投入运营，建设所需资金达 109 亿美元，年输送天然气能力为 310 亿立方米。

[40]《里海天然气博弈升级》，载新浪网，2011 年 9 月 5 日，参见 http：//finance. sina. com. cn/roll/20110905/121510433696. shtml。

[41] 这五国分别是俄罗斯、伊朗、阿塞拜疆、哈萨克斯坦和土库曼斯坦。

[42]《里海划界难在何处》，载新华网，2007 年 10 月 17 日，参见 http：//news. xinhuanet. com/newscenter/2007－10/17/content_ 6898325. htm。

[43]《波斯湾天然气发展史》，载天涯问答，2009 年 9 月 28 日，参见 http：//wenda. tianya. cn/wenda/thread？ tid＝321912e65a0959b3。

[44]《南帕斯气田开发伊朗落后于卡塔尔》，载商务部网站，2012 年 1 月 5 日，参见 http：//ir. mofcom. gov. cn/aarticle/jmxw/201201/20120107915625. html。

[45]《土耳其：欧洲的能源接口》，载和讯网，2012 年 1 月 4 日，参见 http：//news. hexun. com/2012－01－04/136941035. html。

[46]《伊朗土耳其签署石油供应延期合同》，载商务部网站，2011 年 12 月 30 日，参见 http：//www. mofcom. gov. cn/aarticle/i/jyjl/j/201112/20111207908876. html。

[47]《土耳其将勘探卡塔尔天然气》，载中国能源网，2011 年 3 月 16 日，参见 http：//www. china5e. com/show. php？ contentid＝163952。

[48] 这一说法随后遭到俄罗斯的反驳，根据 IEA 官方网站公布的信息，仍将伊朗的天然气储量列为第二位。

[49]《伊朗与塔吉克斯坦商讨加强能源合作》，载中国煤炭网，2011 年 10 月 27 日，参见 http：//www. ccoalnews. com/101773/103222/169952. html。

[50] 土耳其有少量直接投资，但土耳其并不在主要的石油生产国之列。

[51]《海湾国家石油收入今年预计3050亿美元》，载财经网，2011年11月6日，参见http：//www.jinmajia.com/article/hqsm/201111/20111100015464.shtml。

[52]《海湾阿拉伯国家的对华投资力度和范围在不断增加》，载中国穆斯林青年网，2010年7月8日，参见http：//www.muslem.net.cn/bbs/article-1950-1.html。

[53]《美能源自给率提高牵动世界格局》，载商业资讯网，2011年12月12日，参见http：//big5.made-in-china.com/info/article-2423854.html。

[54]《美国：两种战略迎接"后石油时代"》，载新浪网，2006年8月14日，参见http：//news.sina.com.cn/w/2006-08-14/09119742447s.shtml。

[55]《欧洲日益依赖俄罗斯天然气》，载商务部网站，2011年10月28日，参见http：//www.mofcom.gov.cn/aarticle/i/jshz/zn/201110/20111007803516.html。

[56] 北溪管道一期输气量275亿立方米，二期在建，建成后输气量将达到550亿立方米。

[57]《跨国油企纷纷撤离，利比亚经济再遭打击》，载人民网，2011年3月22日，参见http：//energy.people.com.cn/GB/14206918.html。

[58]《伊朗表示愿意帮助土耳其建造核电厂》，载国际电力网，2011年9月5日，参见http：//power.in-en.com/html/power-14431443301195289.html。

[59]《日本正与业界协商削减伊朗原油进口》，载国际石油网，参见http：//oil.in-en.com/html/oil-10291029621256022.html。

[60]《韩国或因美压力被迫禁运伊朗原油，引韩炼油行业担忧》，载国际石油网，2012年1月11日，参见http：//oil.in-en.com/html/oil-14401440591254726.html。

[61]《俄政府计划增加伊拉克石油和能源部门投资》，载俄罗斯新闻网，2011年5月14日，参见http：//www.cceec.com.cn/html/Oil/OilMarket/OverseasData/2011/0514/44961.html。

[62]《伊朗寻求重质原油开发技术》，载国际石油化工网，2011年12月22日，参见http：//www.cippe.net/news/html/201112/62932.html。

[63]《伊朗不打算给中国企业更多优惠》，载中国驻伊朗商务参赞处，参见http：//ir.mofcom.gov.cn/index.shtml。

[64]《中石油和英国石油联合中标伊拉克油田项目》，载新浪网，2009年6月30日，参见http：//news.sina.com.cn/c/2009-06-30/211618125721.shtml。

[65]《伊朗国家石油公司北京办事处正式挂牌》，载驻伊朗使馆经济商务参赞处，2009年3月10日，参见http：//ir.mofcom.gov.cn/aarticle/jmxw/200903/20090306090849.html。

[66]《利比亚反对派称中俄将难获石油新合同》，载国际石油网，2011年8月26日，

参见 http：//oil. in-en. com/html/oil－10511051331119274. html。

[67]《美国要求中方制裁伊朗遭拒后制裁中国油企》，载腾讯网，2012 年 1 月 14 日，参见 http：//news. qq. com/a/20120114/000114. htm。

[68] 阿富汗、伊朗、土耳其、以色列、塞浦路斯、格鲁吉亚、亚美尼亚和阿塞拜疆等 8 国为非阿拉伯国家。

[69] 以色列、塞浦路斯、格鲁吉亚和亚美尼亚既不是阿拉伯国家，也不是伊斯兰国家。阿拉伯国家是以阿拉伯民族为主体组成的国家；伊斯兰国家指以伊斯兰教为治国指导原则的国家。

俄罗斯中亚：俄罗斯

一、2011 年俄罗斯政治经济及能源战略概况

普京在 2012 年俄罗斯总统大选中胜出。俄罗斯在未来 6 年甚至更长时间里，其社会经济政策将保持连续性，社会形势也将保持基本稳定，这将是其经济加速崛起的有利条件。虽然 2011 年全球经济持续走低，但俄罗斯经济逆势走强。俄罗斯国内生产总值预计年增长 4.6%，这将填平其 2009 年经济下跌 8% 造成的缺口。财政预算扭亏为盈，2011 年 10 月联邦预算盈余 1.4 万亿卢布，预计全年盈余约占 GDP 的 3.5%，俄罗斯的预算状况可以说是 2011 年所有主要经济体中最好的。通胀率有效降低，2011 年 1—10 月消费物价指数增长 5.2%。考虑到 10 月份增长了 0.5% 以及新年效应，预计全年约为 6.5%，这将是俄罗斯近 20 年来的最低通胀率。[1] 通过行政调控、控制货币供给和调节外汇占款等措施，保持了相当的财政储备与国际储备。在此背景下，俄罗斯不仅积累了经济持续增长的潜力，而且由于实现了预算盈余和低通胀率，必将为 2012 年及以后时期实行积极的财政和货币政策如降税和降息，预留出了一定的空间。此外，失业率由之前的 9% 下降到约 6%，与危机前基本持平。2011 年 12 月 16 日，俄罗斯正式获准成为世贸组织新成员，在发达经济体普遍面临危机甚至衰退的时候，俄罗斯得以获得世贸成员国的平等身份，可以看出其在资源禀赋上的绝对优

势。俄罗斯利用加入世贸的机会，积极并购欧洲的高科技资产，选择性吸引外国投资，引导外资更多投向基础设施、加工业和高科技领域，进一步加速了实现经济一体化的进程。

作为世界性能源生产与供给大国、全球最大的天然气出口国、石油输出国组织（OPEC）以外最大的原油输出国，能源已经逐步发展为俄罗斯增强综合国力和民族凝聚力、提升国际地位与影响力的重要筹码。2008 年金融危机后，国际原油价格曾跌至 30 美元/桶。但随着第二波危机的发生和发展，原油价格却一路走高，2011 年均价在约 100 美元/桶的水平。现代的生产和生活方式中不仅不能缺少原油，而且已经形成了对高油价的消化能力；欧美国家应对危机的量化和非量化宽松货币政策、以及其他财政刺激措施等，都会推高国际原油价格。在危机条件下，西方国家和大国际资本暂时难以聚起足够的做空俄罗斯经济的意愿和能力。国际原油价格年均上涨 1 美元，俄罗斯一年就可多收入 20 亿美元，只要世界经济不发生系统性崩溃，俄罗斯就会坐收危机红利。对俄罗斯而言，能源利益已经与其国家的政治利益与经济利益相互交织，密不可分，俄罗斯常常要在三者之间寻求恰当的平衡，并且根据形势的变化适时调整之，最终实现国家利益的最大化。

二、2011 年俄罗斯能源政策的新调整与新合作

（一）俄罗斯大力发展传统能源产业

俄罗斯传统能源资源非常丰富，是世界第二大石油输出国和最大的天然气输出国。2011 年俄罗斯非常注重传统能源工业的进一步发展，采取了一系列紧凑有效的能源政策。可以毫不夸张的说，能源是俄罗斯经济发展的基础，也是俄罗斯重振其大国地位和增强国际影响力的重要筹码。

1. 国际油价上涨，俄罗斯石油出口收入攀升

2011 年中东和北非产油国局势动荡，促使全球原油价格不断飙升，因

此产油量比沙特阿拉伯还要高的俄罗斯当然从中捞得不少油钱。沙特的石油储量和生产能力虽然都比俄罗斯高，不过，俄罗斯不是OPEC成员，因此不受该组织的产量限制，所生产的石油也比沙特多，如果加上天然气，俄罗斯是全球最大的能源出口国。相对于中东和北非国家，俄罗斯的局势被视为较为稳定。法国主要石油公司道达尔（Total）就基于这一原因，同意购买俄罗斯天然气生产商Novatek 12%的股权，并且投资俄罗斯在北极的一项液化天然气工程。道达尔总裁马尔热里说："几个生产石油和天然气的国家发生动荡，给投资者发出了一个信息，要他们到俄罗斯来……俄罗斯为他们提供了一个更为安全的投资环境。"

2. 提高石油产品出口税，防止国内油荒

鉴于国际市场上的油价持续上涨，俄罗斯能源部长谢尔盖·什马特科指出俄罗斯政府会提高石油产品出口税，使用这种办法来防止石油公司出口更多的石油产品，由此造成俄罗斯国内市场石油产品供应短缺。普京总理签署公布决议，俄罗斯2011年5月份的石油出口税提高7%，从之前的每吨423.7美元提高到453.7美元，这是俄罗斯过去两年半以来的最高石油出口税。据俄罗斯财政部官员亚历山大·萨科维奇所说，俄罗斯5月份轻质石油产品的出口税将从目前的每吨283.9美元提高到304美元，而重质石油产品的出口税将从目前的每吨197.9美元提高到211.8美元。

当俄罗斯国内部分地区油品供应开始出现紧张后，"俄罗斯天然气工业石油公司"与"俄罗斯石油公司"为充分满足缺油地区在5月节日期间的需求，将采取限制出口措施。俄能源部特别指出，某些媒体所报道的"俄罗斯停止出口石油产品"的消息不准确，"这些措施将只限于汽油出口领域"。俄能源部副部长库德里亚绍夫向普京汇报说，俄国内成品油市场的柴油和煤油不存在油荒问题，只是高辛烷值汽油出现紧缺。其主要原因是这种汽油的出口量提升到了67%。目前俄国内不同地区的成品油销售收益与出口相比每吨要低2000—3000卢布，因此俄油企更愿意把成品油"内销转出口"。而且，俄部分石油加工企业目前尚未完全满足"欧Ⅲ"技术标准。此外，部分石油生产加工企业惜售，以待国内油价上涨牟利，导致供求矛盾加剧。

从2011年5月份开始，俄提高石油产品的出口关税，以平衡国内外油

品市场，同时将加强对油品交易市场的监管打击力度。“政府绝不容忍出现国内任何地方、任何人遭受油荒的情况”。俄国家杜马能源委员会主席利巴托夫表示，杜马将支持能源部提出的5月份暂停油品出口的决定。他说：“国家应当做出这样的决定，不管国际油价如何，它都不应以任何形式冲击国内油品市场。”

3. 精制石油产品战略储备，部分项目免征开采税

为了应对今后的燃料短缺以及高价格，俄罗斯将建精制石油产品战略储备，与西方国家的由国际能源署（IEA）管理的战略储备平行。俄罗斯的石油公司将向这个精制石油产品战略储备投放200万吨的燃料用于今后的市场干预。同时，俄罗斯政府决定对黑海和鄂霍次海克海大陆架、亚马尔和小型油田的石油开采免征资源开采税。国有的俄罗斯石油公司和天然气工业公司将会首先享受这些优惠政策。俄总统德米特里·梅德韦杰夫签署了修改税法典的联邦法律。根据法令，对于黑海和鄂霍次克海大陆架累计开采量分别在2000万吨和3000万吨的油田、亚马尔—涅涅茨自治区境内的油田，以及最初可采储量低于500万吨的油田，将免征自然资源开采税。

目前在黑海和鄂霍次克海作业的俄罗斯公司只有俄罗斯石油公司和天然气工业公司。“萨哈林1号”和2号项目有外国公司参与，按照产品分成协议实施，因此不享受这一优惠。而其他项目尚未开始商业开采。俄罗斯石油公司和英国石油公司合作开发“萨哈林5号”，2010年年底他们放弃了“萨哈林4号”项目的许可证，俄罗斯石油公司还拥有“萨哈林3号”维宁区块的许可证。“萨哈林3号”其他三个区块属于天然气工业公司。“萨哈林6号”项目属于Urals Energy。

BKS公司专家安德烈·波利修克估计，按照目前的石油价格和资源开采税税率，黑海和鄂霍次克海的参与者们分别能够节省大约32.4亿美元和48.6亿美元。如果政府调整资源开采税税率，则能够节省36.3亿美元和54.5亿美元。[2] Troika Dialog公司专家瓦列里·涅斯捷罗夫表示，免税将使公司更加积极地开发大陆架，但石油行业的主要问题只能在税收制度改革后才能解决。

4. 提高煤炭产能，推动煤炭深度加工

俄罗斯在政府会议上审议了《俄罗斯2030年以前煤炭工业长期发展规划》。该规划由俄能源部制订，是《俄罗斯2030年以前能源战略》的细化，旨在提高煤炭产能，为创新型的经济发展提供支撑。规划将分为三期实施，2011—2015年为第一期，2016—2020年为第二期，2021—2030年为第三期。根据规划，到2030年，俄煤炭年产量将达到4.3亿吨。

俄罗斯有22个煤炭盆地和129个独立煤矿床，储量仅次于美国，产量排名世界第五。俄罗斯的煤炭贸易量占全世界12%以上，出口量排在澳大利亚和印度尼西亚后，位列世界第三。俄罗斯荣誉经济学家、采矿科学院院士克拉杨斯基在2011年度国际煤炭峰会上表示，俄罗斯煤炭工业目前主要将重点放在出口上，这并不能保证其煤炭工业的持续发展。他们应该并且能够解决国内的煤炭利用问题，解决方案就是遵循国际煤炭行业的发展逻辑——深度加工。

由于采矿、燃煤油气厂及使用煤炭产生的排放物是工业区内的主要污染源，在俄罗斯有些人直接拒绝清洁煤炭技术并主张抵制所有煤炭项目。俄罗斯的热煤从21世纪伊始，就从主要能源转变为最不受欢迎的燃料。当然，潜在的基础是俄罗斯有丰富的油气资源，今后其北部和南部天然气管道的试运转和东欧页岩气矿藏的开发，使煤炭在能源消费中的比重有继续下降的可能。俄罗斯煤炭工业需要进入一个全新的、以创新为基础的发展阶段。如果煤炭不进行深度加工，就无法解决煤炭开采企业现代化和煤炭资源利用技术落后之间存在的矛盾。深度加工最主要的目的是促进煤炭在其产地消费量的最大化并适度创造附加值。

目前，俄罗斯已在库兹巴斯一个煤田实施第一个主要项目。预计到2015年，将在一个露天煤矿的基础上建立一家创新型煤炭技术联合体，对500吨热煤进行深度加工，生产一种叫半焦炭的高标准能源。这也恰与《俄罗斯2030年以前煤炭产业长期发展规划》中提到的要成立一系列同类型的联合体相呼应。

（二）俄罗斯新能源的建设与开发

1. 建设全球第一座海上浮动核电站

日本福岛核电站泄漏事故给国际核能产业敲响了警钟，很多国家开始反思核电站存在的巨大风险。然而，俄罗斯却不畏阻力，继续发展全球第一座海上浮动核电站。2011 年 4 月，俄联邦原子能机构表示，将在建设浮动核电站领域开展同其他国家的合作。

这座名为“罗蒙诺索夫院士号”的浮动核电站完全是由俄罗斯设计和制造的。2001 年，为了解决北方白海沿岸地区居民的用电问题，俄罗斯推出建设浮动核电站的方案。核电站的使用年限为 40 年，每 12 年维护一次。造船厂厂长弗米契夫说，这种海上反应堆是用冷战时期的潜舰与核子破冰船技术制造的，“所有可能发生的紧急状况都已测试过。安全测试早在苏联时代就已开始”。根据计划，俄罗斯将至少制造 8 座这种反应堆。

完成了机械试水后，俄罗斯又开始了商业“试水”。俄罗斯有关机构表示，印度尼西亚和马来西亚等亚太国家都对浮动核电站充满兴趣。俄罗斯在推销浮动核电站时主要突出了它的两大特点：一是机动性强。“浮动核电站”犹如一个巨大的、游动的蓄电池。按照设计规划，当地面需要电力时，浮动核电站可以停靠在码头上，与陆上的高压电网连接，实现电力传输；二是造价低。浮动核电站的造价约 1.2 亿—1.8 亿美元，仅为在陆地建设核电站费用的 1/10。投入运营后，每年可以节省 20 万吨煤和 10 万吨取暖燃油。此外，淡化海水是浮动核电站的一大卖点，出口型的核电站将集发电、供暖和淡化海水等功能于一身。按照设计，核电站每天可以淡化 20 万—40 万立方米海水。[3] 对淡水紧张的国家来说，这是个不小的诱惑。所以说，浮动核电站的推广和应用蕴藏着极其丰厚的经济利益。如果投入商业化运营，凭借着对技术的垄断，俄罗斯将坐收源源不断的红利。

当然，俄罗斯瞄着的是一本万利，国际环保组织担心的却是浮动核电站可能给地球带来的毁灭性灾难。最强的反对声音来自于“绿色和平组织”。该组织称，漂浮在水面上的核电站是超级危险的核污染源。一旦核电站与轮船相撞或承载核反应堆的驳船发生事故，其后果都将是全球性的，全球生态系统将遭到灾难性的打击。因此，“绿色和平组织”将浮动核电站称为“漂浮的切尔诺贝利”。有专家表示，一旦发生核泄漏，全球水域都将受到核辐射的影响，鱼类和海洋动物的洄游将进一步扩大污染，直至抵达我们星球的每一片水域。

更令人担心的是，孤零零漂浮在水面的核设施极易成为恐怖分子的袭击目标。若要保证其安全，需要配备防空和防水下破坏的安保设施。但并不是所有的潜在买家都愿意支付配套安全设施高昂的成本，况且一旦发生核泄漏事故，使用者将成为全体地球人的众矢之的。俄罗斯还计划在近10年内建设20座浮动核电站，部署在靠近北冰洋的地区和远东地区，以解决电力供应问题。有舆论认为，先在国内市场证明浮动核电站的可靠性是俄罗斯商家赢得全球市场的第一步，但这样的商海试水一旦失败，需要埋单的却是全人类。

2. 俄罗斯的太阳能潜力开发

俄罗斯是世界上最大的的国家，并且是石油和天然气的最大供应国之一，目前还没有看到开发太阳能技术的市场需求。太阳能光伏咨询公司首席执行官 Tomasz Slusarz 于 2011 年 11 月 7 日表示，观察了过去 8 年内全球市场上的政策和市场形势，并以此对俄罗斯目前的情况进行了比较，使之有信心认为，到 2020 年俄罗斯累计设置的太阳能装机容量可以达到 1GW 以上，甚至达 2GW。之所以会做出这样的论断，主要有以下几个方面的考量：

首先是俄罗斯日益增长的能源需求。2009 年，俄罗斯能源机构预测，到 2020 年将有 51.7GW 的产台能力退役，需要有超过 150GW 的新增能力，以满足至 2020 年消费的增长。并注意到来自俄罗斯政策决策者和私营部门对使用可再生能源技术增加的预测，这将帮助满足日益增长的需求。俄罗斯的能源战略业已定位，到 2020 年设置产生可再生电力（包括小水电高达 25MW）的比例将达 4.5%，这意味着需要新增设置能力 22GW。[4] 从理论上说，全部可再生能源能力的建设将来自小水电、风能、生物质能或地热来源。然而，分析认为，更有价格竞争力的太阳能光伏发电可以成为新增设置能力 22GW 很重要的来源。太阳能光伏发电日益具有竞争力的价格将可与俄罗斯迅速上扬的电力价格相吻合。

其次是生产能力的巨额投资。俄罗斯的太阳能产业和国有基金 RUSNANO 在新的生产设施中已投入数十亿美元，如 Hevel 太阳能公司（薄膜光伏）和 Nitol 集团（大型多晶硅和硅烷制造）。在竞争日益激烈的全球太阳能市场中，它们已意识到，迫切需要建立一个可持续发展的国内市场，以帮助俄罗斯在工业增长和出口市场上拥有竞争能力。多晶硅生产将设在斯塔夫罗波尔（Stavropol）地区，单晶硅生产将设在卡巴尔达—巴尔卡尔（Kabardino-Balkaria）。光伏电池和太阳能电池模块的最终生产地将分别设在 Karachay-Cherkessia 和 Dagestan。

再次，俄罗斯是个阳光明媚的国家。在题为“俄罗斯能源战略中可再生能源的作用”报告中称，太阳能的技术潜力估计为 1.870TWh，每年的经济潜力约 101GWh。俄罗斯南部地区，尤其是北高加索地区，太阳能的潜力最大。克拉斯诺达尔（Krasnodar）地区和西伯利亚大部分地区的日照水平可与法国南部和意大利中部相比拟，而 Zabaikalsky 地区比西班牙有更多的太阳能。

（三）俄罗斯能源国际合作

1. 天然气出口份额不断扩展

俄罗斯国家杜马副主席、俄罗斯天然气协会主席瓦列里—亚泽夫表示，在未来 20 年内，俄罗斯仍将是世界主要天然气出产国。2010 年俄罗斯天然气开采量上涨了 11.6 个百分点，达到了 6500 亿立方米。天然气出口量达到了大约 1850 亿立方米。亚泽夫表示，一直到 2030 年，俄罗斯都有能力每年向国内和国际市场提供 1 万亿立方米的天然气，其中 4550 亿立方米用于出口。目前俄罗斯拥有天然气管道总长度约为 16 万公里，到 2030 年前，还将有超过 2.5 万公里的新管道建成。[5]欧洲市场是俄罗斯的主要市场，俄罗斯正准备增加对欧洲的天然气供应以弥补日本液化天然气（LNG）需求提高及德国核反应堆关闭期间的供应不足，俄罗斯总理普京提出对欧洲的天然气日供应提高多达 6000 万立方米。同时，由于亚太市场的发展也很快，俄罗斯对亚太地区的天然气出口将占到出其口总量的 20%。

国际能源署发布的 2011 年度《世界能源展望》（World Energy Outlook

2011）表明，到2035年，俄罗斯的天然气开采量将增加35%，达到8600亿立方米，亚马尔半岛将成为天然气供应的新支柱。报告认为，俄罗斯仍将是全球最大的天然气开采国和主要出口国，中国、卡塔尔、美国和澳大利亚位居俄罗斯之后。根据预测，俄罗斯对亚洲国家的能源出口份额将会增加，而对欧洲的出口份额将会减少。这样，如果说2010年对欧盟的能源出口收入占俄罗斯能源出口总收入的61%的话，到2035年将减少至48%，而对中国的出口比例将从2%增加到20%。俄罗斯矿物燃料（石油、天然气和煤炭）出口年收入到2035年将比2010年（2550亿美元）增长65%，达到4200亿美元。[6]由于拥有大量的能源资源，俄罗斯未来数十年仍将继续成为世界能源体系的基石，但是，正如国际能源署所说，该国能源行业将来面临的问题可能也会像其资源总量一样多。

2. 投资国外清洁技术

俄罗斯雄心勃勃地发展高技术行业以使其经济来源多样化。俄罗斯计划建立一个2亿欧元的清洁技术基金，主要目的在于帮助重油生产区域促进能源效率，同时有效地处理工业废料。该基金创始人 Jochen Wermuth 表示："我们将投资世界最棒的清洁技术公司，并帮助其引进俄罗斯市场，最后，将其投入俄罗斯生产。"

建立清洁技术基金的目标为2亿欧元（2.84亿美元），其中俄罗斯资助1亿欧元（1.42亿美元），目前还没找到其余的0.9亿欧元的基金。这个基金主要针对拥有废料—能源技术，生物柴油和纳米技术的公司，这些技术主要用于提高大规模废料区域的油采收率水平。

3. 和吉尔吉斯斯坦加强能源合作

吉尔吉斯斯坦政府新闻办公室发布新闻公报称，吉尔吉斯斯坦总理阿坦巴耶夫在吉首都比什凯克会见了到访的俄罗斯天然气工业石油公司首席执行官阿列克谢·米勒，双方同意扩大能源合作，从而保障吉尔吉斯斯坦的能源安全。俄罗斯天然气工业石油公司这样的大公司能在吉尔吉斯斯坦开拓市场，毫无疑问将加强吉尔吉斯斯坦的能源安全。阿坦巴耶夫说，吉尔吉斯斯坦政府与俄罗斯天然气工业石油公司签署的能源协议，将在很大程度上缓解吉尔吉斯斯坦的能源依赖问题，在可预见的将来，吉尔吉斯斯坦有望实现石油和天然气自给自足。

俄罗斯天然气工业石油公司计划投资30亿卢布（约合1亿美元）在吉尔吉斯斯坦勘探石油和天然气资源。该公司专家称吉尔吉斯斯坦已经探明的油气储量足以满足吉尔吉斯斯坦的国内需求。米勒还表示，俄罗斯天然气工业石油公司准备在比什凯克开设几个办事处，以便落实与吉方的合作事宜。

三、俄罗斯与中国的能源合作

1．中俄原油管道的建设与接输

2011年4月，中国石油管道建设项目经理部与管道公司就中俄原油管道漠大线工程运行管理权成功实现了交接。至此，中俄原油管道已经宣布全面建成投产，正式投入工业生产运行。截至4月18日，中俄原油管道安全平稳满输108天，接输俄罗斯原油已高达500万吨，为年设计输量的1/3。中俄原油管道起自俄罗斯远东管道斯科沃罗季诺分输站，止于中国大庆林源末站储备库，全长近1000公里，设计年输量1500万吨。[7]中俄原油管道中国境内段漠大线工程2009年5月18日开工建设，2011年1月1日建成投产。截至4月16日，管道已平稳运行106天。中俄原油管道工程的如期建成投产，是实施中俄关于修建中俄原油管道、开展长期原油贸易、贷款等一揽子合作项目协议的重要内容，标志着中俄能源全面长期合作迈出了实质性步伐，成为连接中国与俄罗斯两国人民友好合作的桥梁；改变了我国自俄进口原油单纯依靠铁路运输的局面，提高了运输量，有效降低了运输成本。

2．煤炭的进口与开发

俄罗斯2010年向中国出口1100万—1200万吨煤炭，2011年供应量有所上升。俄罗斯煤炭主要通过远东的港口以海运方式向中国出口。中国东北地区铁路运输网负担过重，以及俄境内交通基础设施的不足是目前制约俄罗斯进一步增加对华出口煤炭的主要因素。为解决该问题，俄罗斯与中国政府已经成立了联合工作小组，将研究开采俄罗斯煤炭并向中国运输的项目。

2011 年 5 月中国永晖集团控股有限公司同意向俄罗斯伊特拉石油天然气公司支付 9000 万美元收购塞浦路斯 Divalane 有限公司 60% 的股份，该公司拥有俄罗斯 Apsatskoe 煤矿项目的开采权。永晖集团的资本总额约 20 亿美元，是中国最大的焦煤销售商之一。这是中国首次在俄罗斯购买煤田。Apsatskoe 是一个相当大的煤田，煤田储量约为 6.75 亿吨，于 20 世纪 40 年代被发现，位于俄罗斯的赤塔附近，距离贝阿铁路 30 公里。该项目的投资金额估计为 233 亿卢布（约 8.5 亿美元），将于 2017 年开始动工，年开采量达 500 万吨，并生产 300 万吨优质主焦煤和 70 万吨动力。[8]

2011 年 11 月俄罗斯煤炭货运列车成功通过黑龙江省绥芬河口岸，这是近年来黑龙江省该口岸首次自俄罗斯进口煤炭资源，标志着中俄两国通过绥芬河口岸能源合作的成功。黑龙江省该口岸首批进口的俄罗斯煤炭资源为 3000 吨。2012 年该口岸煤炭进口总量将达到 100 万吨。

3. 对华电力输送的加强

随着俄中电力合作的逐步深入，俄方计划在两国边境地区建设发电厂，以减少电力输送损耗，降低输送成本。根据相关规划，俄计划到 2020 年使俄方每年向中方的电力出口达到 600 亿千瓦时。2020 年，在预期俄罗斯每年向中国出口的 600 亿千瓦时电力中，西伯利亚地区电力企业将输送 500 亿千瓦时、远东地区将输送 100 亿千瓦时，其中俄罗斯能源占据 80%。[9] 如果按照 2010 年全年中国 41923 亿千瓦时的总用电量计算，俄罗斯出口至中国的 60 太瓦时的电量相当于 2010 年用电量的 1.43%。

2011 年 2 月，俄罗斯能源与长江电力的全资子公司——中国长电国际（香港）有限公司宣布双方组建的合资企业正式成立，以开发位于俄罗斯西伯利亚地区的水力及火力发电项目。合资企业名为 YES Energo Ltd，俄罗斯能源和长电国际各持有 50% 股权。合资企业成立的第一阶段，YES Energo 将探讨在东西伯利亚的 2 个水电项目和 1 个火电项目，总装机容量超过 300 万千瓦。鉴于该地区的电力需求预期持续增长，YES Energo 旨在创造达至10吉瓦的额外容量，以应付区内需求，并生产更多的电力，实现从西伯利亚输电到中国。双方准备开发的并不止上述3个项目，2010年10月11日，俄罗斯能源刚刚与长江电力签订框架合作协议，开发俄罗斯的水力发电项目。根据协议，双方将研究6个初步项目。长江电力将在成功完成该些项目的详细可行性分析后，以按项目融资的性质，寻求从中资银行及出口信贷机构安排融资。

4. 新能源领域合作的先机

自从2011年开始，俄罗斯正式实施《俄罗斯联邦关于节约能源和提高能源利用效率法》。新法案规定所有国产和进口的家用电器，在其技术文件、货签上都应标识能效等级。新法案共涉及家电、灯具等12类耗能产品，并规定到2014年全面淘汰白炽灯。新“能效法”为我国节能电器对俄出口提供了难得的机遇。为此，检验检疫部门建议相关出口企业做好以下三步工作：

一是发挥成本优势，积极扩大出口。俄罗斯照明市场目前仍以白炽灯为主，节能灯产量小、价格高。据统计，目前俄罗斯年产白炽灯7亿—8亿只，单价在0.4美元左右；年产节能灯仅500万只，单价高达5—10美元。而我国出口节能灯平均单价在1.2美元左右，价格优势非常明显。我国相关企业应抓住法规调整的机遇，利用产品价格优势积极开拓俄罗斯市场。

二是树立品牌意识，打响自主品牌。目前，我国对俄出口节能灯多为代工或贴牌生产，缺乏自主品牌，仍处于靠成本优势竞争的低层次上。随着原材料价格、劳动力成本和人民币汇率的上涨，企业的利润空间将不断压缩，并且随时面临国外反倾销诉讼的风险。因此，建议出口企业加快自主品牌的建设，掌握节能灯核心技术，优化产品性能，提高定价自主权，走“以质取胜”和“品牌占领”的可持续发展之路。

三是加大研发力度，积极发展LED灯等新型节能环保产品。稀土是荧光灯和LED灯的关键材料。随着稀土价格的上涨，势必造成荧光灯和LED灯的成本上升。与荧光灯相比，LED灯具有体积小、无污染、无辐射、能效高、寿命长的优点，而且使用的荧光粉仅为荧光灯的1/10，有利于节约资源和保护环境。所以，建议企业加大研发力度，不断提升LED灯的能效，降低产品成本，尽快形成规模化生产，争取在新型节能环保产品的开发生产上占得先机。

参考文献：

1. 柳天恩，王朝凤：《俄罗斯能源政策研究》，载《黑龙江对外经贸》，2011 年第 2 期。

2. 陈迪：《俄罗斯远东地区能源发展态势》，载《商业经济》，2011 年第 8 期。

3. 陈小沁：《解析〈2030 年前俄罗斯能源战略〉》，载《国际石油经济》，2010 年第 10 期。

4. 方婷婷：《俄罗斯与亚太地区的能源合作以及中国的应对》，载《世界经济与政治论坛》，2010 年第 4 期。

5. 于春苓：《论俄罗斯的石油经济》，载《世界历史》，2011 年第 5 期。

6. 陶海东：《基于俄罗斯能源经济下的“能源陷阱”分析》，载《东北亚论坛》，2011 年第 6 期。

7. 胡梅兴：《美国加紧在中亚的战略布局》，载《国际资料信息》，2011 年第 10 期。

8. 杨雷：《中亚局势的现状与前景》，载《现代国际关系》，2010 年第 3 期。

9. 杨国丰，卢雪梅：《俄罗斯于天然气出口过境国的争端和启示》，载《中外能源》，2011 年第 8 期。

10. 殷红，于彬：《“后金融危机时代俄罗斯东欧经济政治发展新态势”学术研讨会综述》，载《辽宁大学学报》，2011 年第 3 期。

11. 什・胡萨伊诺夫：《乌兹别克斯坦保障能源安全的特点》，载《俄罗斯中亚东欧市场》，2011 年第 11 期。

12. 岳小文：《中亚出口天然气管道建设规划即对中国引进天然气资源的影响》，载《石油规划设计》，2010 年第 3 期。

13. 王秀强：《刘铁男中亚能源外交拓展西北油气战略通道》，载《财富管理》，2011 年第 9 期。

注　释

[1]《2011 年俄罗斯经济：乱世中走强》，载新华网，2012 年 2 月 5 日，参见 http://news. xinhuanet. com/fortune/2011 - 12/22/c_ 122465565. htm。

[2]《俄罗斯部分石油项目将面曾开采税》，载国际石油网，2011 年 7 月 23 日，参见

http：//oil. in-en. com/html/oil－09190919351083485. html。

[3]《俄罗斯要建海上浮动核电站》，载国际电力网，2011 年 5 月 31 日，参见 http：//power. in-en. com/html/power－17441744161031159. html。

[4]《俄罗斯的太阳能潜力》，载国际新能源网，2011 年 10 月 11 日，参见 http：//newenergy. in-en. com/html/newenergy－14481448751159067. html。

[5]《未来 20 年内俄罗斯仍将是主要天然气出口国》，载国际燃气网，2011 年 1 月 29 日，参见 http：//gas. in-en. com/html/gas－0832083295920141. html。

[6]《国际能源署：俄罗斯将继续提高天然气出口份额》，载国际燃气网，2011 年 11 月 1 日，参见 http：//gas. in-en. com/html/gas－08390839101189741. html。

[7]《中俄原油管道已接输俄罗斯原油 500 万吨》，载国际石油网，2011 年 4 月 20 日，参见 http：//oil. in-en. com/html/oil－2147214737990067. html。

[8]《中国首次购买俄罗斯煤田》，载国际煤炭网，2011 年 5 月 5 日，参见 http：//coal. in-en. com/html/coal－13581358421004790. html。

[9]《俄罗斯能源 2020 年计划向中国输电 480 亿千瓦时》，载国际能源网，2011 年 2 月 28 日，参见 http：//www. in-en. com/article/html/energy_ 0746074688942599. html。

俄罗斯中亚：中亚

中亚地区在度过了2010年吉尔吉斯斯坦的国内局势动荡之后，总体上保持了平稳发展的态势，经济继续发展，各国普遍保持相对较高的GDP增长率，哈萨克斯坦国内生产总值比2010年增长7.5%，人均GDP达1.13万美元。[1]吉尔吉斯斯坦GDP约合59.19亿美元，较2010年增长5.7%。[2]乌兹别克斯坦GDP增长了8.3%。[3]在世界经济危机仍在持续并且前景不明的情况下，中亚各国经济依然保持了稳定增长。中亚各国国内局势总体平稳，顺利举行了总统选举，2011年4月，纳扎尔巴耶夫再次当选为哈萨克斯坦共和国总统，得票率达95.55%。11月，时任总理的阿坦巴耶夫当选为吉尔吉斯斯坦总统，最终得票率为62.52%。12月15日，土库曼斯坦民主党等5个团体召开联席代表会议，推荐现任总统别尔德穆哈梅多夫为2012年土总统大选候选人。2012年2月12日，别尔德穆哈梅多夫以97%的得票率获得连任。久握权柄的领导人继续执政，有利于保持政策的连续性。出于对稳定政局的考虑，中亚国家的领导人也注意改善民生，将经济发展的成果普惠于民众之中，借以提高执政的合法性。2011年前11个月，吉尔吉斯斯坦将平均工资提高了29.5%。2010年12月1日和2011年12月1日，乌兹别克斯坦政府先后将国家工作人员的工资、退休金、社会补助金及津贴平均上调了10%。本来占据欧亚地缘政治中枢位置的中亚地区在2011年的全球变局中保持了相对的稳定。在中亚地区，中俄美欧等几大势力保持了相对平衡的博弈态势。中亚各国在能源领域的合作情况在某种程度上可以折射出这一政治力量均势的特点。

一、2011 年中亚国家能源领域政策的调整与变化

随着世界进入后危机时代，国际局势的走向极其不明朗，复杂性因素空前增多。这一特点也反映在能源和能源国际合作上。各主要能源产品在国际能源市场上的权重趋势的变化，建构了中亚国家在能源国际合作中的政策抉择：一方面，中亚国家抓住以中国为代表的新兴市场经济国家快速发展所提供的历史机遇，大力推动传统能源的开发，提高本国在国际能源市场上的地位，扩大本国的影响力，并竭力向传统能源的上游和下游进军，努力形成较为完整的能源产业链条，进而带动本国经济发展，在传统能源内部，中亚各国也普遍重视天然气这一能源品种的开发和利用；另一方面，中亚各国也注意大力开发水电、太阳能、风电等清洁能源，力图在未来的能源国际合作中占据有利的位置。同时，受低碳经济和应对气候变化问题跃升为国际政治的顶级议程之一的影响，中亚国家也以前所未有的姿态增加了对节能环保领域合作的政策投入度。

（一）出台一批新的法律法规调节能源领域

2011 年度，中亚国家又出台了一批新的法律法规，对能源领域多有涉及。其中，部分法律法规可能具有长期的影响力，勾画了其他国家与中亚各国合作的外部环境，需要外国合作企业提前加以研判和应对。

2011 年 1 月份，哈萨克斯坦政府出台了《关于给予地下资源利用权利的新规定》。根据新规定，开展以下业务时可获得地下资源的利用权：国家对地下资源的地质研究、勘探活动、开采作业、联合勘探与开采、建设和使用与勘探或开采无关的地下设施。新规定明确了油气勘探、开采、联合勘探开采的授权主管机关是哈萨克斯坦石油与天然气部；除一般矿产和

原油以外的矿产勘探、开采和联合勘探开采的授权主管机关为哈萨克斯坦工业与新技术部。新规定还指出，采用竞标方式确定中标者时，除要考虑项目投标金额外，还要考虑投标者对发展当地社会经济和基础设施的贡献。[4]2011 年 3 月份，哈通过了《哈萨克斯坦石油与天然气部 2011—2015 年战略规划》，计划到 2015 年底将哈原油加工能力提高到 1750 万吨，将石油出口量提高到 8400 万吨。[5]2012 年 1 月初，哈颁布了《天然气及天然气供应法》，该法案旨在保障哈萨克的能源与生态安全，提高天然气在国家能源燃料中的比例，加大对石油开采伴生气的有效利用，并在优先保证国内用户的基础上为更大范围用户供应天然气。同时，哈继续实施《2010—2014 年加速工业创新发展国家纲要》，2010 年哈共投产了 152 个“工业化路线图”项目，耗资 8000 亿坚戈（约合 54 亿美元），2011 年共投资 9700 亿坚戈（约合 65.54 亿美元），实施了 288 个工业和创新项目，包括“马伊纳克”水电站、“热特肯—霍尔果斯”铁路线、“乌津—哈土边境”铁路线、“西班牙快速列车”客车车厢生产厂等。2011 年 4 月份，哈开始实施“生产力—2020 纲要”，该纲要是哈国家商业发展路线图方案的补充部分，主要目的是吸引投资和恢复后危机时期的企业活力，政府对该纲要拨款 199 亿坚戈（约合 1.35 亿美元）。实施工业创新发展国家纲要有助于哈经济摆脱对资源出口的依赖，优化哈国内的经济结构，避免国际能源市场波动给哈经济带来的震荡。2011 年 12 月，塔吉克斯坦通过了新版《租让法》，规定的自然资源、空域、水资源及地下矿藏等可以租让给除国家机关外的本国人及外国法人及自然人，该法的实施有助于更有效地使用国家财产、增加就业机会和增加国家收入。2011 年 3 月，土库曼斯坦决定，将不再邀请外国石油公司投资本国的陆上气田的勘探和生产，外国能源公司今后将被限制在里海土库曼斯坦一侧海域的海上区块和陆上气田的服务合同。2010 年 12 月下旬，乌兹别克斯坦总统签署决议，批准了“2011—2015 年加快发展交通和电信领域基础设施建设纲要”，该纲要确定了未来 5 年乌交通运输和电信领域基础设施建设的 11 个优先发展方向，其中提到建立新的运输走廊，建设和改造电网，引进现代化的节能和节约资源工艺，持续降低交通运输基础设施项目建设和运营的生产消耗及成本。乌还先后发布了《关于完善国家采购系统和扩大小型企业参与国家采购规模》、自产商品认定新规则、《关于完善认证程序和质量管理体系的补充措施》、

《深化本地化生产纲要》、《关于消除官僚主义和进一步提高企业经营自由度》、《关于对出口业务逐步实行“一窗式”服务措施》、《竞争法》等法令，大力推动国内产业的发展，扶植民族经济和私营经济，优化国内竞争环境，努力推动加工业出口创汇。

中亚国家通过制定法律法规和出台相关政策法令，推动形成能源领域的法律体系，调节能源领域的生产经营活动。中亚国家融能源于经济发展规划纲要之中，融能源于创新产业发展规范之中，形成了以能源为重要组成部分的较为平衡合理的经济发展观。这些规范性文件形成了能源国际合作的约束性条件，对未来的合作方有较为明确的导向性要求。区别于以往偏重于灵活政策的合作路径，中亚国家越来越倾向于兼顾政策和制度，更多地依靠制度的力量规范能源发展和能源合作，在能源国际合作中谋求更多地利益分配，并力图使这种分配模式以制度的形式固定下来。值得注意的是，中亚国家对能源的期待越来越高，并不局限于单纯的能源开采，而是力图通过政策诱导鼓励本国产业部门的发展和经济成长。同时，中亚国家也注意到改善本国的经济发展环境的重要性。

（二）推动能源产业链向上下游延伸

在能源产业领域，中亚国家也努力推动能源产业链条向上下游延伸，一方面，继续致力于能源勘探开发，将潜在的资源变成财富；另一方面，向能源产业链的下游进军，大力发展石化工业，推动能源产业优化升级，满足本国对能源制成品的需求，降低国际能源市场价格波动对本国经济的冲击度。

中亚富油气国哈萨克斯坦、土库曼斯坦和乌兹别克斯坦继续加大对国内油气资源的勘探开发力度，以提高本国的能源产量，为能源出口和能源产业发展奠定更为坚实的基础。它们主要采取吸收贷款、参加国际合作共同开发、制定长期发展规划等方式推动油气领域的勘探开发。2011 年 7 月 15 日，哈萨克斯坦国家石油天然气公司（哈油气）与株式会社东京三菱银行、荷兰商业银行、法国 NATIXIS 和苏格兰皇家银行签署了 10 亿美元的银团贷款协议，期限为 5 年。2011 年 8 月，加拿大克能石油股份公司（Tethys Petroleum）宣布在哈萨克斯坦北乌斯秋尔特盆地阿库尔卡区块上的多里斯油田 AKD05 号探井达到日出油 2088 桶的水平，并将继续完成相关基础设施建设，提高油井的产油量。在 2011 年，土继续加大勘探开发该气田的力度，土主管部门预测，南约洛坦气田开发第一阶段，天然气的年产能将达到 300 亿立方米。2011 年 10 月，英国著名的独立审计公司 Gaffney, Cline & Associates（GCA）透露，南约洛坦气田是世界上第二大气田，估计拥有 13.1 万亿—21.2 万亿立方米的天然气储量。2011 年 9 月，土库曼斯坦宣布，在该国北戈图尔德佩地区的里海沿岸新发现了一处由 3 个储油岩层构成的油田，原油日产量预计达 730 吨。2011 年 11 月，土库曼斯坦主管能源工业的政府副总理 Baymurad Hojamuhamedov 表示，由于勘探作业，土库曼斯坦的油气估计储量在过去不到 6 年的时间里增加了 55% 以上。2011 年 2 月 7 日，乌兹别克斯坦政府宣布，在 2011—2015 年期间将吸引投资 8.5 亿美元，加工油页岩项目。2011—2020 年，乌兹别克石油天然气国家控股公司（乌油气）计划投资 2.35 亿美元用以提高油田产量。乌油气将与外国公司合作实施 100 多个深钻项目，采用先进技术提高难采油田的采出量。

中亚的贫油气国吉尔吉斯斯坦和塔吉克斯坦也高度重视本国资源的勘探开发，积极参与国际合作，希望借助外力开发本国的资源，保障本国能源安全。2011 年 9 月，俄罗斯天然气工业石油公司首席执行官阿列克谢·米勒访问了吉尔吉斯斯坦，与吉总理阿坦巴耶夫会谈，双方同意扩大能源合作，米勒表示俄罗斯天然气工业石油公司计划投资 30 亿卢布（约合 1 亿美元）在吉尔吉斯斯坦勘探石油和天然气资源。2011 年 7 月，塔吉克斯坦地质总局局长阿齐姆·伊布罗希姆表示，塔吉克斯坦的油气资源储藏数据过于陈旧，塔必须吸引外国资金来从事这项工作。

从国别来看，中亚国家普遍都在进行能源再加工项目的建设，有较为明确的能源发展规划和部署，但限于巨大的投资额度，目前取得的成果仍然有限，项目实施的效果需要在较长的时间段内才能得以体现。2011 年 3 月份，哈萨克斯坦石油与天然气部称，将研究建设阿特劳州天然气化工综合体二期项目，该项目工程造价评估为 40 亿美元，其中约有 25 亿美元将向银行贷款，工程拟于 2015 年竣工。2011 年 10 月份，哈萨克斯坦国家石油与天然气公司表示，将组织哈国内生产企业自己制造石油天然气工业设备，为保证国内企业的订购量，哈油气公司还计划将从本土企业的长期采购合同额由149.15亿坚戈（约合1.01亿美元）提高到540亿坚戈（约合3.67亿美元）。2011年7月，土库曼斯坦建在Kyyanly的一个大型天然气精炼厂正式投产，这个精炼厂将精炼产自土库曼斯坦里海大陆架的天然气。土库曼斯坦政府还计划到2015年把本国的原油年精炼能力提高到1500万吨，2020年为2000万吨，2025年为2200万吨，2030年为3000万吨。为完成上述业已批准的计划，土计划建造3个新的炼油厂并对现有的炼油厂实施现代化改造。2011年1月，乌兹别克斯坦表示，将在卡什卡达里亚州建设中亚唯一的天然气加工厂，其规模居世界第三位，该项目由乌兹别克斯坦石油天然气公司、马来西亚石油公司及韩国Sasol Synfuels Ltd公司共同组建的合资企业实施，总投资预计将达25亿美元，该厂建成后每年将加工天然气35亿立方米、年产柴油67万吨、航空煤油28万吨、粗汽油36万吨及液化气6.3万吨，预计2014年建成投产。2011年9月，乌兹别克斯坦油气国家控股公司实施的穆巴雷克天然气加工厂第18号脱硫装置投入使用，该项目每年可净化天然气60亿立方米。2011年4月初，沙特阿拉伯“三角洲石油”公司与马来西亚国家石油公司签订协议成立财团，共同实施乌苏尔汉河州拜松投资区块油气田勘探开发产品分成协议，该项目投资金额为15亿美元。乌还计划在2012年斥资1.15亿美元改造费尔干纳石油加工厂，使年油馏分加工量达到50万吨，石油沉渣年加工能力达到5000吨，每升静态水石油产品含量不超过1毫克。2012年1月，阿塞拜疆国家石油公司代表团访问吉尔吉斯斯坦，与吉方商谈油气领域合作，阿方公司表示将在吉投资建设年产能200万吨的炼油厂。

从长远来看，能源产业链条的延伸将使中亚国家形成更为完善合理的能源生产体系，优化本国的产业结构，提升本国的经济水平。考虑到能源的政治属性和战略价值，能源产业链上下游的延伸将帮助中亚国家摆脱在一些领域受制于人的困境，赋予中亚各国更加充足的国家自主性。需要注意的是，相比于上游的勘探开发，中亚各国在下游的加工制造更需要借助于外力，更需要国际合作的支持。当然，为更多地吸引外资参与，吸引外国公司提供的技术、设备和管理经验等生产要素，中亚各国会更多地发挥政策杠杆的诱导作用，出台相应的利好政策，这就为外国企业在中亚参与能源国际合作提供了新的平台。由于全方位能源产业链条的打造涉及到更多的产业和部门，实际上无形中拓展了外国参与者的范围，能源合作将不仅局限于油气领域的企业，还可能包含钢铁、化学、材料等工业领域和部门，从事这类生产的企业可以借助深化能源合作的契机拓展在中亚地区的市场存在。沿着能源企业的合作足迹，发挥能源合作的传导作用和示范效应，一个以能源合作为主体和载体，全方位、多层次、宽领域的合作局面已经逐渐呈现，这是中亚能源合作的潜在机遇。鉴于下游能源领域合作所拥有的耗时长、投资大的特点，单一的能源企业已经很难有充足的财力承受高昂的合作成本，能源企业与银行的密切协作，组成国际性财团，由多国企业组建跨国性的开发集团作为合作的方式和主体模式，就越发显示出其价值所在。可见，从长远来看，中亚国家推动能源产业链条的前后延伸，对能源合作的政策环境、合作的主体、合作的模式和合作的方式都有深刻的影响，需要根据其推进的速度和实施的效果对其影响进行评估。

（三）灵活运用关税手段调节能源外贸

能源出口是中亚富油气国外贸活动的重要领域，根据国际形势的变化和国内市场的需要，调节出口关税，对中亚各国积累外汇资金、稳定本国市场具有重要作用，也是掌控本国能源支配权的具体体现。

为应对后危机时代油价低迷的困境，积累外汇收入，为本国工业项目建设筹措资金，继 2010 年 8 月恢复对原油及石油产品出口征税之后，2011 年哈萨克斯坦延续了原油出口税政策。[6] 2011 年 1 月 1 日起，哈将原油出口税从 20 美元/吨提升至 40 美元/吨。8 月份，哈将轻质油出口税从 98.13 美元/吨调高到 114.05 美元/吨，重质油出口税从 65.42 美元/吨调高至 76.03 美元/吨。9 月底，哈将轻质油出口税率调整为 143.54 美元/吨，重质油出口税为 95.69 美元/吨。针对哈国内成品油不足以满足季节性需要的问题，为防止国内石油产品市场的价格上涨，哈萨克斯坦政府在 2010 年 5 月出台禁止部分石油产品出口的禁令后，又多次延长禁令的有效期。2011 年 12 月，乌兹别克斯坦通过了《关于根据 2011 年税收和预算政策基本方向对若干法律进行修改和补充的法律》，决定自 2011 年 1 月 1 日起，乌海关进出口关税税率由“按乌内阁确定的程序规定”改为“由乌总统决议规定”，并取消乌预算单位利用预算拨款进口自用产品所享受的海关关税优惠。

利用关税手段，对能源外贸进行调整，可以降低国际能源价格变动对国内市场的冲击度，规避市场风险，为本国的能源发展创造良好的环境。同时，也有助于国家从能源外贸中提取资金，改善国计民生。

（四）调整相关能源机构和人事任免

中亚国家注意根据形势变化灵活调整相关能源机构，从而更好地对能源领域进行管理，把握本国能源的主导权，掌控能源国际合作的大局。由于能源领域与经贸领域有着密切的关系，国家对经贸领域有关政府机构的调整必然会对能源合作有着直接的影响。2011 年适逢中亚国家的换届之年，新当选的领导人在能源领域进行了相应的人事调整，这种调整幅度在年内保持了较高的频度，无形中会影响未来的能源政策变化和能源合作的主攻方向。

2011 年 4 月，哈总统纳扎尔巴耶夫要求哈在“萨姆鲁克—卡泽纳”基金框架内组建国家地质勘探公司，恢复地质勘探作业，壮大哈萨克斯坦矿产资源储备实力，公司内部将成立石油矿藏勘探部。纳扎尔巴耶夫总统责成工业与新技术部、“萨姆鲁克—卡泽纳”基金提交相关方案。8 月 10 日，纳扎尔巴耶夫签署总统令，将原属哈外交部、财政部、农业部、自然垄断调节署、保护竞争署的部分职能划分给哈“经济发展与贸易部”，赋予其更多的职权。[7][8]2011 年 11 月，纳扎尔巴耶夫要求哈政府与“萨姆鲁克—卡泽纳”基金共同在哈萨克斯坦国家铁路公司的基础上组建具有国际水平的物流运输公司，将铁路、公路、空运和河运资源集中到一起。2011 年 9 月，土组建了国家开发银行，10 月 15 日，土总统颁布总统令，任命别根奇·比亚希莫维奇·乔帕诺夫为行长。国家开发银行将作为利用稳定基金进行投资的国家金融代表，承担对企业、私人企业提供优惠贷款的职能。

2011 年 4 月，纳扎尔巴耶夫再次当选为哈萨克斯坦总统后，组织了新一届政府，任命了 5 位新任部长。其中，正式任命凯拉特·克利姆别托夫（Kairat Kelimbetov）为经济发展与贸易部部长。4 月 16 日，纳扎尔巴耶夫签署总统令，成立经济一体化部，原经济发展与贸易部部长扎·艾特扎诺娃被任命为部长。成立经济一体化部有助于哈更好地应对与俄罗斯、白俄罗斯建立了关税同盟的现实，推进“统一经济空间”的形成。2012 年 1 月，哈再次对政府人事进行较大规模的调整，任免了 10 位部长，其中，将克里姆别托夫提升为副总理，经济发展和贸易部部长一职由巴甫洛达尔州州长萨金塔耶夫·巴·阿接任，任命伊谢克舍夫·阿·阿为工业和新技术部部长。2012 年 1 月，哈前第一副总理，“萨姆鲁克—卡泽纳”基金总裁舒克耶夫成为哈萨克斯坦国家油气公司和哈萨克斯坦原子能工业公司的董事会成员。2012 年 1 月，吉尔吉斯斯坦新任总理巴巴诺夫任命原经济调节部部长塔什巴耶夫为地质和矿产资源署署长。2012 年 1 月，沙里夫·拉希姆佐达被任命为塔吉克斯坦经济发展与贸易部部长，他原任的国家银行行长一职由前塔驻美大使史利诺夫接任，塔经贸部原任部长哈姆拉利耶夫转任塔总统经济顾问。2012 年 1 月 13 日，乌再次颁发总统令，任命原副总理兼外交部长加尼耶夫为外经贸部长。

一般来说，中亚国家对相关国家机构进行调整，主要在于能更好地对能源和经贸活动进行管理，理顺政府与市场的关系。从组建的机构来看，中亚国家普遍都在加强国家对资源领域的控制，通过扶植和壮大国有经济成分，代表和维护本国在能源领域的利益。在未来的合作中，代表国家利益的大型国有企业将更多地跃升为合作的主角，而外国企业也需要更频繁地与力图掌握能源合作大局的政府机构密切联系，在国家和政府层面加强协调，推动本国企业走出去开展合作，为本国企业创造更好的发展环境和合作机遇，必然成为其他国家面临的现实问题。中亚国家在能源、经贸等领域进行的人事任免，是努力适应国际经济形势和经济格局变化，以及地区能源、经贸合作新趋势的结果，更多的具有国际视野、丰富经贸管理操作经验的官员承担了重要责任，必然会对未来的政策选择和导向产生影响，还将潜移默化地影响到未来的合作理念和合作思想，从而建构起长远的合作格局。

（五）贫油国努力实现能源独立

中亚地区的贫油气国塔吉克斯坦和吉尔吉斯斯坦仍然面临着能源供给不足、受制于人的现实困境，因此仍然将实现能源独立、努力提高本国能源的自给度作为重要战略目标。塔吉两国是中亚贫弱的内陆小国，财力、物力有限，又位于山区，地质地貌复杂，油气资源勘探开发的难度大，但塔吉两国位于中亚跨国河流的上游，河流落差大，水能资源丰富，可以通过水电站建设满足能源需求。鉴于中亚的河流多是内流河，水源来自高山冰川，河流流量随季节变化大，发电量的波动幅度也大，因此在枯水季节，不得不采取限时供电措施。2011 年 9 月，塔国家能源公司表示，塔暂时仍无力解决国内在秋冬季的用电紧张问题，占全国人口 3/4 的农村居民仍会在传统的 10—11 月份经历限电之苦。为摆脱自然的制约，不再“靠天发电”，塔吉两国在电力建设上保持了积极进取的态势，一方面，继续加大小水电站建设；另一方面，大力推动大型水电站建设。塔吉两国还希望通过完善国内的电网结构，解决国内部分地区能源供应不足的问题，并推动建设跨境输电线路，通过出口电力获取经济利益。中亚属于内陆地区，水资源对中亚地区极为重要，上游国家建设大型水电站必将截流有限的水资源，近年中亚地区各国围绕着水资源的争夺进入了一个新的阶段，乌兹别克斯坦和塔吉克斯坦的冲突有所升温。

塔吉克斯坦在电站建设上表现极为突出。自独立以来，塔已建成中小型水电站 260 座，架设了多条高压输变电线，已建成国家统一电网。2011 年 9 月，塔总统拉赫蒙在庆祝国家独立 20 周年的讲话中说，塔应依托丰富的水利资源，集中精力发展中小型水电站。在大力发展中小型水电站之外，塔也高度重视推动大型的罗贡水电站建设，塔对罗贡水电站[9]建设态度坚决。2011 年 11 月，塔总统拉赫蒙表示，除建设罗贡水电站外，塔在能源需求快速增长条件下，别无他法。拉赫蒙说，中亚水电资源为 5540 亿千瓦时，其中大部分在塔，据世行估算，未来 15 年，中亚地区电力需求将达到 2060 亿千瓦时。2011 年 12 月 5 日，拉赫蒙总统专门召开会议研究罗贡水电站工程进展情况，了解罗贡水电站恢复和续建工作进程、国家投入资金使用、与项目技术经济认证和环境社会鉴定专家合作等问题。塔吉克斯坦能源工业部称，2011 年 1 月，塔财政部、国家储蓄银行及证券交易所签署协议，允许居民购买的罗贡水电站股票在二级市场流通。2011 年 5 月，塔罗贡水电站公司在首都杜尚别召开第一次股东大会。塔积极吸引世界银行等国际组织提供帮助，2011 年 2 月，塔能源工业部透露，瑞士 POYRY ENERGY Ltd 公司将承担罗贡水电站的环境和社会鉴定工作，根据塔政府与世界银行签署的备忘录，如果鉴定和论证的结果是肯定的，世行将帮助吸引资金建造罗贡水电站。在塔的推动下，世行除出资组织了技术经济合理性论证和生态社会影响评估两个专家组外，还邀请哈萨克斯坦、土库曼斯坦、吉尔吉斯斯坦、塔吉克斯坦、乌兹别克斯坦和阿富汗等国的民间组织代表参加了于2011年5月19日在哈萨克斯坦首都阿斯塔那举行的首次见面会，针对建造罗贡水库和罗贡水电站方案鉴定工作信息进行研讨。同时，塔还利用各种场合推动其他国家支持罗贡电站和塔水电站建设。2011年5月，塔驻欧盟大使索利耶夫在布鲁塞尔会见欧洲投资银行行长菲利普·马斯塔德时表示，塔将在公开透明、兼顾周边国家利益的前提下，建设包括罗贡水电站在内的水电项目。塔希望欧洲投资银行对其水电项目进行投资。2011年2月14日，在德国召开了“中亚的水与水电政策”国际会议，德国雷根斯堡科学中心国际法部主任弗里德里希·克里斯蒂安·施罗德教授表示塔发展水电符合地区所有国家与其南部邻国的利益，在不久的将来它可能成为安全的、独一无二的能源。3月初，巴基斯坦私有化部部长萨伊德·卡马拉在拜会塔总统拉赫蒙时表示，巴方愿在罗贡水电站建设上提供技术咨询。塔还在欧洲议会进行院外活动，争取欧洲支持建造罗贡水电站，2011年9月，塔政府、联合国欧洲经济委员会（IN-ECE）与联合国亚洲太平洋地区经济社会委员会（UNESCAP）联合举办了第二届国际能源效率论坛，以清洁能源和应对气候变化为名，塔借机推销本国的水电项目，希望更多的外国投资者参与。

除建设电站外，塔还密切与南部邻国阿富汗、巴基斯坦的合作，建立跨境输电线路，推动电力出口。2010年10月底，塔能源工业部宣布，塔至阿富汗的220千瓦输电线路“桑格图德1号”塔方段已铺设完毕，塔阿220千瓦输电线路塔方段自塔“桑格图德1号”水电站至塔阿边境全长116公里，阿方段自塔阿边境至阿富汗北部巴格兰省省会，全长162公里（包括两座变电站）。该线路建成后，塔将向阿每年出口电力300兆瓦。2011年7月，塔阿两国电力公司结束相关谈判并达成协议，连接塔阿两国电力系统的220千伏输变电线路投入使用。2011年9月5日，塔总统拉赫蒙与伊朗总统内贾德共同主持仪式，庆祝“桑格图德2号”水电站[10]一期投入使用，该水电站一期装机容量为11万千瓦，年发电量约5亿千瓦时。“桑格图德2号”水电站计划于2011年底全部交付使用，总装机容量达22万千瓦，年发电量提高至10亿千瓦时。2011年8月，吉尔吉斯斯坦电站公司介绍，拟通过开发“卡姆巴拉金2号”电站、“苏萨梅尔—科科梅林”梯级电站和“卡姆巴拉金1号”电站等提高本国电力出口能力，并计划于2019年将电力出口能力提高至160亿千瓦时/年。

围绕着罗贡水电站的建设，乌兹别克斯坦与塔吉克斯坦的矛盾有所升温，但仍然处于可控状态，塔乌之间的矛盾从一个侧面为我们提供了认识中亚国家之间矛盾的窗口。塔将建设罗贡电站作为维护能源安全、保障国家自主权的重要筹码。乌则视罗贡电站为截流水源、影响乌经济社会稳定的威胁。塔是一个内陆山国，需要借助乌的铁路系统开展过境运输，乌也是塔唯一的天然气进口国。为了对塔进行有效遏阻，乌主要采取提高过境运输费和提高天然气出口价格的方式对塔施加压力。2011年，两国上演了一出精彩的博弈话剧。

2011年1月，塔国企“塔铁路”的负责人称，由于2010年乌针对塔货运车厢的禁运滞留，造成超过2000万美元的损失。2011年7月1日，乌方宣布，将对自乌塔边境进入并过境乌领土的公路运输车辆提高15%的附加税。这是乌在一年半内第四次对塔提高过境费用。塔进口乌气的价格不断攀升，2011年第一季度，进口价格为每千立方米227.85美元，第二季度为249.19美元，第三季度达到284.33美元。而2011年1月，乌对吉的出口气价则从2010年的每千立方米242美元降到每千立方米223美元。除通过提高过境运输价格和供气价格、针对塔推动水电开发问题国际化、争取外部势力支持外，乌也展开了灵活的斗争，以吸引国际社会的关注。2011年7月，乌一个从事生态运动的组织准备向国际法庭起诉塔吉克斯坦铝业公司，要求该公司因多年排放污染物质给乌相邻地区环境和居民健康造成的损害给予赔偿。9月6日，乌环保组织及部分下院议员将一封致联合国大会、并附有75万人签名、针对塔铝业公司污染环境的索赔信递交塔什干联合国开发计划署代表处。塔乌之间的纠纷从一个方面展示了中亚富油气国和贫油气国的矛盾，随着罗贡电站建设的推进，双方的矛盾还可能进一步升温甚至激化。两国的矛盾提醒国际合作者，要从长远角度和大局观念看问题，在合作时需要充分考虑到中亚国家内部的矛盾，避免与一国的合作可能给其他国家带来的不利影响。

二、中亚国家2011年国际能源合作开展情况

（一）普遍重视新能源与节能环保领域的合作

中亚国家普遍重视在新能源与节能环保领域开展国际合作，通过合作既能推动原子能、风能等新能源的开发，也在节能环保领域频频出招，顺应绿色经济与应对气候变化的世界潮流。

1. 中亚国家通过立法赋予新能源更宽裕的发展空间，树立节能环保的理念

2010年哈萨克斯坦出台了“哈萨克斯坦—2020”国家战略规划，要求2020年前哈可再生能源发电量不低于3%。2012年1月初，哈萨克斯坦通过了《节约能源与提高能源利用效率法》，该法旨在确立节约能源方面的法律基础，调节相关社会关系，建立国家公共设施，以保障国民经济实现向低能耗、高效率发展方式的转变。该法提出建立一个国家节能名单，每年能耗在1.5千吨标准燃料以上的企业将被纳入该名单。这些企业必须进行能源审计，根据其结果制定企业年度节能计划并严格执行。2011年10月31日，乌兹别克斯坦政府批准了自2011—2015年的国家环境监测规划。该规划旨在对乌自然环境污染状况进行定期评估和预测，乌政府将从国家财政拨款298.73亿苏姆（1690万美元）用于该规划的实施。在规划框架内，将实施地表水和地下水监测项目，建立自然环境监测指标数据库，发布国家自然环境和自然资源利用状况报告等。

2. 通过国际合作拓展和深入新能源领域的合作

在风能和太阳能领域，中亚国家加大了投资和合作的力度。2011年2月9日，联合国开发计划署与哈萨克斯坦电力企业协会签署了关于发展哈可再生能源领域的合作备忘录。哈政府、联合国开发计划署和全球生态基

金将共同完成“哈萨克斯坦—发展风能市场倡议”项目，开发计划署将会把所有的风能项目成果转交给哈方，计划在2011年具体制定风能项目的经济技术论证，2012年起进入投资阶段。暂定先期开发40兆瓦，投资核算约为2000—3000美元/千瓦时，总计大约需要8000万—1.2亿美元。2011年5月，哈萨克工业和新技术部副部长杜伊先拜·图尔加诺夫在中亚及独联体区域可再生能源开发代表大会上强调，哈政府把可再生能源开发列入首要任务，2009—2010年哈可再生能源开发增长了6.3%，约为4.03亿千瓦时，占全国电力总量的0.5%，在2014年前拟将可再生能源年发电量提升到10亿度，占比达到1%。2011年10月，哈萨姆鲁克电力公司向媒体透露，计划在阿拉木图州的舍列克走廊和阿克莫拉州的耶列伊缅套市近郊分别建造一座60兆瓦和51兆瓦的风力发电站，在阿拉木图州的卡普恰盖市建造一座两兆瓦的太阳能发电站。2011年12月，哈江布尔州政府表示，1500千瓦的科尔泰风电站一期已投入使用。2011年11月，塔吉克斯坦财政部副部长会见亚洲开发银行代表时，双方讨论了亚行向塔赠款600万美元在塔发展替代能源、通过利用太阳能解决塔冬季农村电力问题。

3. 在核能领域，中亚国家继续加大铀矿资源的开采力度

吸取2011年3月日本地震后福岛核电站发生事故的经验教训，以更加审慎的态度对待核电开发。面临着福岛事故后国际铀价的下跌带来的冲击，中亚国家也开始寻求改变，从单纯地开采铀矿转向进行核燃料棒的生产。继续推进国际合作，提高产品的附加值。2011年10月，哈萨克斯坦国家原子能公司副总裁希尔盖·雅什重申了未来10年内在哈萨克斯坦建造核电站的提案，并表示哈明确核电在全国能源平衡中的作用和地位，选取核电站厂址将从安全角度筛选最先进的核电技术。2010年哈萨克斯坦铀产量为1.7803万吨，比2009年增长30%以上，其中哈萨克原子能工业公司自采铀9000吨，销售额同比增长30%，哈原工还计划在2011—2015年落实金额超过3410亿坚戈（23亿美元）的投资项目。2011年哈铀开采量达1.945万吨，比上年增长9%，占全世界铀开采量的大约33%，哈原工及其子公司和附属公司共开采1.1079吨铀，并根据合同向客户提供了1.0399吨铀。2011年2月7日，日本伊藤忠商社与乌兹别克纳沃伊矿山冶金联合体签订了长达10年的金属铀采购合同，每年自乌购买500—1000吨

金属铀。2011 年 11 月初，法国工业和能源部与哈萨克斯坦政府签署了一项协议，允许法国阿海珐公司向哈原工开放一座核燃料厂。这笔交易旨在协助哈萨克斯坦这个全球最大的铀生产国，建设一座致力于面向亚洲市场的核燃料生产厂。根据双方协议，这家工厂将包括为在哈萨克斯坦的 UL-BA 冶金厂建设一条全新的生产线，该厂 51% 的股份由哈原工持有，阿海珐持有其余 49% 的股份。

4. 新能源与节能环保领域的合作是中亚能源合作的一新领域

中亚国家日益在该领域投入更多的资源。由于新能源和节能环保领域相比于其他能源领域有更复杂的技术要求，中亚国家在合作中需要更多地借助外部力量，它们除了在经济合作的轨道上争取其他国家的参与外，也在节能环保、发展援助的轨道上争取包括联合国在内的多种国际组织合作，维持双轨并存的局面是中亚国家实现自我利益的理性选择。哈萨克斯坦和乌兹别克斯坦的油气资源和铀能资源都比较丰富，它们希望通过开展国际合作同时也成为在油气和原子能领域的主要输出国，以降低过度依赖单一产品出口带来的脆弱性，更好地实现本国的长远国家利益。总体上来说，中亚国家在新能源和节能环保领域的进展还很有限，还多停留在资源开采的较低端层次，开展国际合作的时间不长，尚处于起步阶段，其对能源合作的影响力还需要观察和评估。

（二）优化能源管线，继续推进能源出口多元化战略

中亚富油气国继续奉行能源出口多元化战略，进一步优化能源管线走向，降低对单一出口通道的依赖。在能源管线的支撑下，中亚的能源出口呈现出“北上南下，东连西引”的态势，“北上”是指继续通过中亚—中心等管道继续向俄罗斯输出能源，“南下”是指加强与伊朗、阿富汗、巴基斯坦等中亚地区南向国家的合作，“东连”是指继续建设通往中国的能源管线，密切与中国的联系，“西引”是指考虑建设跨里海的能源管道，绕过俄罗斯向欧洲输出能源。哈萨克斯坦和土库曼斯坦两国在这方面表现尤为突出。此外，中亚国家也注意完善本国的管网结构。

2011 年 7 月，哈萨克斯坦能源公司与美国最大的石油公司埃克森美孚

公司和俄罗斯第二大石油公司鲁克石油公司开始对里海管道国际财团（CPC）的石油管道实施扩建作业。扩建作业将在2015年前完成，所需费用将达40亿美元。扩建后管道的石油年输送能力将从目前的2700万吨提高到6700万吨。管道所出口的石油将来自哈的田吉兹油田，该油田估计拥有60—90亿桶可采石油储量。这条管道的扩建作业将增加哈萨克斯坦的石油出口能力。2010年底，哈萨克斯坦开始建设“别伊涅乌—希姆肯特”（即“别伊涅乌—鲍佐伊—萨克绍利斯基—萨姆索诺夫卡”）天然气管线，该管线长1500公里，造价约36亿美元，横跨曼吉斯套、阿克纠宾、克兹洛奥尔达和南哈萨克斯坦四州，可将哈西部地区天然气产区的气输送到哈南部缺气的克孜勒奥尔达州、南哈州、江布尔州、阿拉木图州和阿拉木图市，从而保障南部居民用气，并且将出口部分天然气到中国。2010年6月，土库曼斯坦开始建设“东—西”天然气管道和沿线地上辅助设施。该管道从土东部地区的“达乌列达巴特—杰里亚雷克”输气管道的“沙特雷克”加压站至西部地区的“别列克—1”加压站，长度约800—1000公里，设计输气能力为300亿方/年，投资额约10—20亿美元，该项目计划于2010年6月开工，计划在2015年6月竣工通气。该管线建成后，土能将其东部的气田和西部里海地区的气田连在一起，更方便地在东西两个出口方向上调配资源，从而拓展土能源外交的影响力。2011年土还与阿富汗、印度和巴基斯坦四国签署了TAPI（“土库曼斯坦—阿富汗—巴基斯坦—印度”）天然气管道项目的协议，根据协议，土每年将为三国提供300亿立方米天然气。2011年11月底，“土库曼斯坦—伊朗桑格巴斯特”输气管道二号线建成启用，管道全长120公里，日输气量达4500万立方米，伊土两国总统参加了管道启动仪式。

除建设原油和天然气输出管道外，中亚国家还注意通过加强铁路、公路等交通设施建设，为其能源外运创造更多的载体，营造良好的运输环境。2011年3月，哈萨克斯坦总统纳扎尔巴耶夫表示，在2014年前，哈财政拟拨款2.8万亿坚戈（约合190亿美元）用于改善本国交通基础设施。在铁路建设方面，2011年10月，通向哈土（库曼斯坦）边境的“乌津—哈土边境”铁路[11]完工。“乌津—哈土边境”铁路建成后将使哈打通南下海湾地区的通道，形成第二条南北陆上通道，缩短南北运输距离600公里，提高哈中转运输和出口潜力。该线将主要用于向中东、欧洲地区运送原油、成品油、金属材料和小麦。通车后前几年的货运量可达每年300万—500万吨，未来前景运力为每年1000万—1700万吨。2011年12月16日哈“独立纪念日”前，连接中哈铁路干线的第二条跨境铁路“热特肯—霍尔果斯”铁路如期完工，该铁路全长293.2公里，总造价约10亿美元，年货运量在2012年将达到550万吨，2015年达到1050万吨，2020年达到2500万吨。在公路建设方面，哈萨克斯坦也继续推进“中国西部—欧洲西部”公路（“双西”公路）建设，该公路于2010年初动工，哈国境内段需翻修改造公路2452公里，总造价8252亿坚戈（约合60多亿美元），将于2012年底全线竣工。2011年7月13日，乌兹别克斯坦总统卡里莫夫批准了关于建设连接中亚国家和波斯湾港口的国际交通走廊协议。该协议于2011年4月在土库曼斯坦由伊朗、阿曼、卡塔尔、土库曼斯坦、乌兹别克斯坦五国外交部长签署。该交通走廊建设计划自乌兹别克斯坦起，经土库曼斯坦，延伸至伊朗、阿曼和卡塔尔，将中亚国家与伊朗在波斯湾和阿曼湾的港口相连。

优化能源管线是中亚国家落实能源出口多元化战略的重要举措，它将为中亚富油气国提供更多的出口市场，使其摆脱过度依靠单一的俄罗斯管线外运能源的依附性局面。面对着更多的出口选择，中亚国家可以从容不迫地待价而售，在不同市场之间合理调配出口能源，从而更有效地维护和保障本国的经济利益。环顾中亚国家的出口市场，北部的俄罗斯能源资源极其丰富，是典型的能源出口国；东方的中国是巨大的能源需求市场；南部的阿富汗、巴基斯坦和印度也存在巨大的能源需求空间；伊朗也希望更多地进口中亚能源，扩大本国在能源市场上的发言权；西方的欧洲是典型的能源进口市场。一般说来，能源出口国因其本身就大量出口能源，在进口中亚能源时不仅考虑到能源的经济利益，往往还裹挟着政治诉求，中亚国家与其开展能源合作受到的冲击因素较多，中亚国家在合作中也居于相对弱势的地位，制约了其议价权。而能源进口国在进口中亚能源时则更强调合作的互惠互利性，更多地从经济利益的角度看待合作，期待与中亚国家开展长期合作，这类合作抗风险的能力相对较强。实施能源出口多元化战略，建设更多的能源外运管线，中亚国家可以分析和比较与两种不同类型的国家进行合作的优劣，从而塑造长期的合作心理预期，影响合作的战略选择。此外，从长期来看，中亚地区能源出口管线的多样化和多元化，将持续冲击俄罗斯对中亚能源外运通道的掌控位置和垄断局面，并对俄的能源外交有某种微妙的影响，压缩了俄能源武器的运作空间，赋予了俄的能源合作伙伴在与俄合作时更多的选择余地。

三、2011 年中国与中亚国家能源合作情况

2011 年中国与中亚国家的合作进入了一个新的历史阶段，双方的总体经贸合作迈上了新台阶。据中国海关统计，哈是中国在独联体地区的第二大贸易伙伴，中国是哈出口第一大贸易伙伴。2011 年，中国与哈萨克斯坦贸易额为 249.52 亿美元，同比增长 22%；其中中方出口 95.66 亿美元、进口 153.86 亿美元，分别同比增长 2.6% 和 38.2%。中方逆差为 58.2 亿美元。哈萨克斯坦保持了中国在独联体地区第二大贸易伙伴的位置。能源合作是双方经贸合作中的重要组成部分，能源贸易的拓展推动了双方贸易额的不断攀升。在能源合作方面，双方已经进一步深化了在管线建设、油气勘探开发、电站电网改造与建设、核能、新能源等领域的合作。

2011 年中国与中亚能源合作的主要特点是：稳步推进，呈现出新的格局。在合作动力源上，中国中央与地方政府助力合作；在参与主体上，国有企业与民营企业共同参与；在合作领域上，以油气资源勘探开发和管网建设为重点，符合中亚国家能源资源禀赋特点、涵盖多种能源领域的合作局面已经形成；在合作方式上，“石油换贷款”的方式继续深化和拓展，能源领域的股权收购、项目融资、金融力量对国家合作的支持等日益重要，为规避风险，中国企业选择组成国际性合作公司或财团进行合作的模式也受到重视。回顾 2011 年中国与中亚国家能源合作的态势，可以认为，中国与中亚国家的能源合作既存在难得的机遇，也面临着突出的挑战。中国应趋利避害，抓住机遇，将与中亚国家的合作推上一个更高的层次。同时，针对挑战提前进行谋划和部署，做好相应的应急预案，通过对能源外交的运筹，规避能源合作中存在的风险。

总体来说，目前呈现的中国与中亚能源合作的良好局面是中国多年来不断努力的结果，中国应该珍视这一难得的合作格局，同时从战略层面上

看待中国与中亚的能源合作，赋予合作更为丰富和充实的内涵。

（一）发挥制度框架的作用

国际合作的制度化和规范化是当今时代国际合作的一个显著特点，能源国际合作也不例外。中国需要借助制度的力量为合作提供支撑：一方面，借助上海合作组织的力量，推动上合组织继续深入发展，发挥成员国元首峰会、首脑峰会、经贸部长会议等高端制度安排的作用，推动酝酿中的上合组织能源俱乐部和上合组织发展银行早日成形，并推动上海合作组织成员国自由贸易区建设，为合作创造良好的制度依托；另一方面，加强双边磋商机制的建设，利用双边经社混委会、联席会议等提供的机会，在政策层面规划双边能源合作。

（二）形成统一的中亚政策框架

长期以来，中国外交坚持了“大国是关键、周边是首要、发展中国家是基础、多边是舞台”的外交方针，鉴于中亚地区的地缘位置、中亚国家的特性和这一区域对中国的重要性，中国必须处理好中亚地区的大国关系，继续坚持“与邻为善，以邻为伴”的方针，兼顾多边合作和双边协调，综合考虑对中亚各国政策的协调性问题，形成基于整体思维和务实合作的统一的中亚政策框架。这一政策框架应该包含推进日常合作的机制，也包括处理矛盾和管控危机的方案。通过形成统一的中亚政策框架，中国将把中亚作为一个包含丰富特殊性的整体区域加以对待，从而凝聚起有限的外交资源，在该区域推行能源外交，谋取长远和全局利益。

（三）建构明确的外宣口径

软实力的薄弱是中国在国际合作中利益受损的重要原因，中国需要走出去宣传和推广自己，树立良好的国际形象，建构其他国家民间对中国、中国企业和中国形象的认知心理，消弭不利因素，弘扬有利的部分。在与中亚的能源合作中，中国不应仅满足于埋头务实合作，还应该注意通过多种途径宣传和推介自己，借助于实体合作扩展中国的影响力；需要重视合理的宣传方式，构建明确的外宣口径。中国在与中亚国家的能源合作中，应该弱化能源的政治和战略属性，强调其经济属性，宣传自由主义的合作原则和互惠互利的合作特征，宣传“睦邻、安邻、富邻”的外交方针，最大限度地减少外部环境的干扰。

（四）探索卓有成效的交往途径

进一步发挥展览会、论坛、华人华侨社团等的作用，准确传达商务合作信息，提供合作的契机，推动中国与中亚国家经贸关系的健康发展。中国需要举办多种形式的展览会和论坛作为合作的纽带。自2003年中国商务部首次在哈萨克斯坦举办展览会以来，已连续举办了9届，经过多年培育和发展，“中国商品展览会”已成为中国与中亚各国开展经贸合作的重要平台、中亚国家了解中国企业和产品的重要窗口。2011年1月，塔吉克斯坦中国华人华侨联合会正式成立，为中塔合作创造了重要条件。2011年4月，土耳其与塔工商会联合举办了杜尚别第二届国际工贸展览会。中国也需要积极参与中亚国家举办的展览和论坛，主动走出去寻找合作机会。2011年5月，土库曼斯坦在位于里海沿岸的国家旅游区阿瓦扎举办了天然气行业展览和第二届国际天然气论坛，来自中国、美国、俄罗斯等国以及包括欧盟等国际组织在内的近160家单位（油气部门、企业）派出代表共计500余人参加了论坛。[12]此外，还需要充分发挥新疆地方政府和商务部驻外经济商务参赞处的作用，及时传达商务和能源合作的信息。

（五）进一步优化“石油换贷款”的合作模式

“石油换贷款”是中国与中亚国家在实践中探索出来的合作模式，具有其存在的合理性。针对中亚国家增强对本国能源掌控的策略，中亚能源国际合作在内容和形式上均有深化的趋势，中国需要及时对这一合作模式进行评估和调整。中国在与中亚的双边能源合作之外，还高度重视多边能源合作，推动中国企业与其他国家企业形成合资伙伴，打造能源利益共同体，共同参与合作，从而降低合作风险。在能源合作领域的选择上，要高度重视合作领域的拓展，形成不同领域均有合作项目的利益分布局面。在能源合作的环节上，也需要保持在分能源领域产业链条的平衡。通过多种途径，丰富“石油换贷款”合作模式的内涵和外延，有利于提升合作的水平和层次。

（六）更加重视企业的社会责任和影响力

中国企业不仅需要在国际能源合作中争取经济利益，还需要考虑社会效益和积累社会资本，从而为企业的可持续发展和开展可持续合作奠定良好的基础。需要通过在国际化管理、多元文化融合和多国籍团队建设等方面创新管理模式，倡导节能环保和健康安全生产的理念，与合作国政府、社会团体及社区建立良好关系，树立中国企业在海外负责任的品牌形象，争取合作国政府、当地社会和民众的认可。事实上，部分中国企业已经认识到这一问题，采取了相应措施也取得了良好的成效。2011 年年底，中国石油哈萨克斯坦公司 PK 项目获 2011 年度哈萨克斯坦共和国“企业社会贡献总统金奖”，这是 PK 项目继 2008 年后第二次获此殊荣，也是中国石油接管 PK 公司 6 年来获得的第 10 次政府奖励，代表着哈国政府对 PK 项目在企业劳动保护、履行社会责任、集体劳动合同和环境保护等方面做出突出贡献的高度肯定。[13]但相比于日本等其他国家，中国企业做得还不够，借鉴其他国家的有益经验，合理地选择投资小、见效快、当地政府和民众关心的社会项目，对积累企业的社会资本意义重大。在某种程度上，中国需要将经济合作和发展援助联系起来，在一个更广泛的领域内对中国与中亚国家的能源合作进行定位。

注　释

[1]《2011 年哈萨克斯坦经济社会发展情况》，载中华人民共和国驻哈萨克斯坦共和国大使馆经济商务参赞处，2012 年 1 月 29 日，参见 http：//kz. mofcom. gov. cn/aarticle/jmxw/201201/20120107941169. html。

[2]《2011 年吉尔吉斯社会经济概况》，载中华人民共和国驻哈萨克斯坦共和国大使馆经济商务参赞处，2012 年 2 月 5 日，参见 http：//kg. mofcom. gov. cn/aarticle/ztdy/

201202/20120207952456. html。

[3]《2011 年乌 GDP 增长 8. 3%》，载中华人民共和国驻乌兹别克斯坦大使馆经济商务参赞处，2012 年 1 月 4 日，参见 http：//uz. mofcom. gov. cn/aarticle/jmxw/201101/20110107348041. html。

[4]《哈萨克斯坦地下资源利用新规定》，载中华人民共和国驻哈萨克斯坦共和国大使馆经济商务参赞处，2011 年 1 月 24 日，参见 http：//kz. mofcom. gov. cn/aarticle/jmxw/201101/20110107375801. html。

[5] 根据《哈萨克斯坦石油与天然气部 2011—2015 年战略规划》：2011 年哈将开采石油与凝析油 8100 万吨，2012 年和 2013 年分别为 8300 万吨，2014 年为 8500 万吨，2015 年为 9500 万吨。哈在 2012 年和 2013 年将分别出口石油 7400 万吨，2014 年为 7000 万吨，2015 年为 8400 万吨。2011 年哈三大炼油厂将加工石油 1310 万吨，2012 年为 1330 万吨，2013 年为 1420 万吨，2014 年为 1510 万吨，2015 年为 1750 万吨，其中哈北部巴甫洛达尔石化厂 2011 年将加工石油 460 万吨，2012 年为 475 万吨，2013 年为 490 万吨，2014 年为 510 万吨，2015 年为 600 万吨；西部阿特劳炼油厂 2011 年将加工石油 420 万吨，2012 年为 425 万吨，2013 年为 490 万吨，2014 年为 550 万吨，2015 年为 550 万吨；南部希姆肯特炼油厂 2011 年和 2012 年将分别加工石油 430 万吨，2013 年为 440 万吨，2014 年为 450 万吨，2015 年为 600 万吨。资料来源：“至 2015 年哈原油加工能力将扩至 1750 万吨”，载中华人民共和国驻哈萨克斯坦共和国大使馆经济商务参赞处，2011 年 3 月 16 日，http：//kz. mofcom. gov. cn/aarticle/jmxw/201103/20110307449603. html；《至 2015 年哈萨克原油出口能力将达 8400 万吨》，载中华人民共和国驻哈萨克斯坦共和国大使馆经济商务参赞处，2011 年 3 月 16 日，http：//kz. mofcom. gov. cn/aarticle/jmxw/201103/20110307449604. html。

[6] 原油出口税政策在下列情况下不适用，即在 2009 年 1 月 1 日前与哈政府或主管机关签订有免征原油出口税条款的产品分成协议，并对通过哈政府强制性税务检查的石油企业开采的原油在出口时免征出口税；对签订有免征原油出口税条款的地下资源利用合同的石油企业开采的原油出口时免征出口税，但需支付专利税的石油企业出口原油时例外。资料来源：“哈政府出台新原油出口税”，载中华人民共和国驻哈萨克斯坦共和国大使馆经济商务参赞处，2011 年 7 月 28 日，参见 http：//kz. mofcom. gov. cn/aarticle/jmxw/201107/20110707669504. html。

[7] 根据总统令，以下部委将所列职能转交给经贸部：

外交部：协调国际经济合作；

财政部：研究和制订税收和预算政策、海关政策、国债及主权担保借贷政策；

农业部：制订并实施农业发展政策；

自然垄断调节署：制订并实施自然垄断及其市场调节政策；

保护竞争署：制订限制垄断、保护竞争的政策。

资料来源：“哈总统赋予‘经济发展与贸易部’更多职能”，载中华人民共和国驻哈萨克斯坦共和国大使馆经济商务参赞处，2011 年 8 月 15 日，参见 http://kz.mofcom.gov.cn/aarticle/jmxw/201108/20110807694805.html。

[8] 8 月 10 日，哈萨克斯坦总统纳扎尔巴耶夫签署总统令：

——将“萨姆鲁克—卡泽纳”国家福利基金会（SK 基金）下属的“哈萨克企业发展基金”的股权转让给“经济发展与贸易部”；

——将 SK 基金下属的“哈萨克发展银行”、“哈萨克投资基金”、“卡泽纳资本管理公司”、“哈出口信贷保险公司”的资产划归工业与新技术部管理；

——将原属“经济发展与贸易部”的“应急资产基金”、以及“住宅建设储蓄银行”、“哈萨克按揭贷款担保基金”和“哈萨克按揭公司”的股本和管理权移交给“住宅与市政设施建设署”。

资料来源：“SK 基金部分下属企业转交政府管理”，载中华人民共和国驻哈萨克斯坦共和国大使馆经济商务参赞处，2011 年 8 月 16 日，参见 http://kz.mofcom.gov.cn/aarticle/jmxw/201108/20110807696878.html。

[9] 罗贡水电站位于塔吉克斯坦首都杜尚别以东 110 公里，于 1976 年苏联时期开始建设，拟建坝高 335 米，水库总库容 133 亿立方米，设计安装 6 台机组，总装机容量 360 万千瓦，年发电量 130 亿千瓦时。但到 1993 年仅建坝高 40 米，苏联解体后，大坝被腐蚀，后被洪水冲毁。目前塔罗贡水电站项目就是在原基础上进行的。罗贡水电站建设，预计耗资 22 亿美元，计划于 2013 年投产 2 台机组，需投入资金 7 亿美元，但除塔国家预算划拨的 3.5 亿美元外，其他资金无法到位。河流下游的乌兹别克斯坦坚决反对塔吉克斯坦修建该水电站。世界银行等国际组织正对该水电站进行独立的技术评估。

[10] “桑格图德 2 号”水电站位于塔吉克斯坦境内的瓦赫什河上，设计装机容量为 22 万千瓦。水电站由伊朗以 BOT 方式投资兴建，合同总金额 2.2 亿美元，其中塔吉克斯坦投资 4000 万美元，伊朗投资 1.8 亿美元。电站建成后，先由伊朗使用 12.5 年用以收回成本，之后归塔方所有。该项目于 2006 年 2 月正式开工。资料来源：“塔吉克斯坦和伊朗共建水电站 1 号机组正式投产”，载国际电力网，2011 年 9 月 5 日，参见 http://power.in-en.com/html/power-1802180274l127947.html。

[11] “乌津—哈土边境”铁路全长 146 公里，起自哈萨克斯坦西部曼吉斯套州的小城乌津，是连接哈萨克斯坦、土库曼斯坦和伊朗的“乌津—戈尔甘”铁路大动脉（938 公里）的一部分，“乌—戈”铁路途经克济尔加亚—别列克特—艾特列克（土），最终抵达伊朗的戈尔甘，在土境内 722 公里、伊朗境内 70 公里。总造价约

40多亿美元。预计将于2011年底全线贯通。2007年10月16日，哈土伊三国元首在德黑兰签署了“乌—戈铁路”建设宣言。当年12月1日，三国总理又签署了实施该项目的相关协议。2009年10月1日，“乌—戈铁路”哈萨克段“乌津—哈土边境”铁路动工。资料来源：“‘乌津—哈土边境’铁路10月完工”，载中华人民共和国驻哈萨克斯坦共和国大使馆经济商务参赞处，2011年8月19日，参见http：//kz. mofcom. gov. cn/aarticle/jmxw/201108/20110807703442. html。

[12]《土举办天然气展和国际天然气论坛》，载中华人民共和国驻土库曼斯坦共和国大使馆经济商务参赞处，2011年5月30日，参见http：//tm. mofcom. gov. cn/aarticle/jmxw/201105/20110507576290. html。

[13]《中国石油哈萨克斯坦公司PK项目获哈国贡献总统金奖》，载中国石油网，2012年1月6日，参见http：//oil. in-en. com/html/oil－10021002491249723. html。

北美：美国

一、2011 年美国政治与经济综述

（一）2011 年：美国政治纷繁多变

2011 年，美国国内外的政治形势都纷繁多变。从国内来看，美国经济疲软，债台高筑以及失业率居高不下，导致美国的社会危机蔓延，群体闹事，矛盾频发。9 月 17 日，上千名示威者聚集在美国纽约曼哈顿，试图占领华尔街，随后发展成席卷全美的群众性社会运动。推动这个运动发生发展的原因很多，最直接的原因是经济前景不佳，年轻人对现实不满，活动开始后迅速赢得了民众广泛支持和媒体的注意。但是由于缺乏统一的组织和政治纲领，除了简单发泄对现实的不满外，参与者没能进一步表达出明确的政治诉求。11 月 15 日凌晨，纽约市长布隆伯格下令警方对“占领华尔街”运动的大本营曼哈顿祖科蒂公园进行清场，之后其他大城市纷纷效法。从目前来看，这场声势浩大的示威运动对美国社会产生的实质性影响还很有限，而且正面临影响力不断下降的局面。[1]

从美国的对外战略来看，2011 年美国战略调整不断。一方面，调整中东政策，继续主导地区事务。在年初“阿拉伯之春”运动发生之后，奥巴马出台了“中东新思维”，化被动为主动，由力保亲美的阿拉伯共和制政

权，转为明确支持地区变革，意在将其纳入美的轨道，使各国政权按美国的意图实现平稳过渡，建立美式民主。美国现正极力打造埃及民主样板；在推翻了卡扎菲政权、撤了也门萨利赫之后，又企图压垮叙利亚。对沙特等君主制政权，为其出招，予以力保；首次提出巴以的永久性边界应建立在1967年边界线的基础上；坚持按时从伊拉克撤军；重点高压伊朗，对伊朗实施“最严厉的制裁”。另一方面，打造美国的“太平洋世纪”，加速战略东移。随着美军逐步退出伊拉克和阿富汗两个战场，美国加快了战略重心向亚太转移的步伐。2011年11月奥巴马亚太之行，强调“美国是太平洋强国，我们来到这里就要留在这里”，意在重塑美国在太平洋的领导地位。2011年，美国在东亚更是动作不断，插手中国与东南亚国家的南海争端，联合菲律宾、印度尼西亚、马来西亚等6国举行联合军演；加强与日本、韩国、澳大利亚、菲律宾四大盟友的多边和双边关系，提升防务合作的水平；宣布将于2015年以前，把60%—70%的军力部署到亚太地区；在澳大利亚驻军等。第三，改变反恐方式，缩小打击范围。2011年5月，美国大兵击毙本·拉登。这对奥巴马来说，无疑是一大胜利。9月，美无人机在南也门又打死了“网络本·拉登”奥拉基。在此情况下，美国一改过去大吹大擂、兴师动众的做法，而是加强侦破，秘密行动，出其不意，重点打击，收到了一定的效果。[2]

（二）2011年美国经济乍暖还寒

2011年，对全球经济而言充满挑战。欧洲诸国深陷主权债务危机，新兴市场通胀压力扩大，中东北非政局持续动荡，金融市场各种不稳定性与不确定性凸显，世界经济的复苏之路在国际形势的风雨飘摇中步履维艰。美国经济也在此般不平静中度过了一波三折的一年。

2011年，美国经济迎来复苏，尽管前三季度的经济增长率仅为1.5%，但在最后一季度，出人意料地超过了3%，让担忧其陷入二次衰退的预估者们着实松了一口气。但居高不下的失业率、巨额的财政赤字、低迷的消费增长以及持续疲软的房地产市场，让2011年的美国经济充满了乍暖还寒的气息。

目前美国经济受困于两大因素——高失业率与房市低迷。不论美联储等部门如何努力，美国经济始终不见起色。次贷危机之后的第四年，美国房地产市场仍然哀鸿遍野。危机带来的房市下滑和股市暴跌，使美国消费者们要么负债累累，要么财富急剧受挫，普遍不敢随意消费。而消费增长的低迷直接导致了企业的谨慎保守，不愿扩大生产，不愿招聘新人，这又致使失业率居高不下。高失业率又导致消费者整体实际收入增长的停滞，买房成为可望不可及的梦想，使得房地产市场迟迟无法复苏。两者的恶性循环，使得美国经济在这一怪圈中苦苦挣扎。直到2011年底，仍未出现走出怪圈的迹象。

业界估计，未来一年，美国经济定会有所好转，失业率下降、住房市场缓慢复苏，但重点要看消费的增长速度。国际货币基金组织等权威机构估计，2012年美国国内生产总值增幅至多达到1.8%。而受欧洲主权债务危机等重大不确定因素影响，美国经济重新跌入衰退的可能性也无法彻底排除。[3]

（三）《未来能源安全蓝图》勾勒美国能源独立政策

1. 能源独立三大战略

2011年3月，美国政府高调发布《未来能源安全蓝图》。这份报告不仅勾勒了美国未来的国家能源政策，更明确提出了确保美国未来能源供应安全的三大战略：一是油气开发回归美国本土，着重扩大本土油气资源开发、增加传统能源供应并在清洁能源领域展开国际合作；二是推广节能减排技术，降低美国能源消费；三是激发创新精神，加快清洁能源开发，通过激励民间资本投资，使民众在能源独立和清洁能源计划中受惠得益。这份长达44页的报告，集中反映了奥巴马和民主党的能源环保理念、能源安全战略和能源独立规划。奥巴马政府认识到，清洁能源不仅能解决环境污染问题，还能增加供给，实现能源供给多元化，更是增加就业的重要举措。在华盛顿乔治敦大学的演讲中，奥巴马更是明确表示："谁能领导21世纪的清洁能源经济，谁就能领导21世纪的全球经济。我希望美国成为这个国家，我希望美国赢得未来。"[4]

事实上，美国能源独立的构想由来已久。20世纪70年代，总统尼克松就提出"到1980年实现能源独立"的战略目标。1973年和1978年的两次石油危机，进一步让美国意识到过度依赖进口原油的危险。此后，福特、卡特、老布什等多任总统均提出能源独立的具体目标。但至今40年已逝，“能源独立”之梦仍遥遥无期。遗憾的是，过去的实际情况与独立之路背道而驰：1970年美国原油日进口量仅为132万桶，但到1980年——尼克松设定的能源独立最后期限到来时，却暴增至526万桶，到90年代末增加至近900万桶，2005年为1013万桶，而到2008年这一数字达到了历史性的1131万桶。一路攀升的石油进口规模让美国能源独立政策愈显关键。

于是，奥巴马立下雄心壮志，到2025年减少1/3的石油进口（以2008年石油日进口量为基础）。美国之所以强调能源安全，是因为其紧迫性。中东北非的动荡局势、日本大地震与核泄漏事件使得美国反思其能源战略恰逢时机。2011年全美汽油价格已经逼近每加仑4美元，达到3年来的高水平。攀升的油价使得这个刚刚从衰退中复苏的“轮子上的国家”倍感压力。

2. 实现能源独立的具体战略动向

尽管近海油田的开发和页岩气技术的重大突破为美国获取本土能源增强了信心。但无疑传统能源的复兴仅仅只能作为过渡措施。只有计在长远，发展清洁替代能源、提高能效、实行多元化交通，才能从根本上解决困扰美国已久的能源问题。

（1）增加国内石油产量

2011年美国石油产量同比增长7.4%，达到587.7万桶/天，创下自1999年以来的最高水平，这已是美国石油产量连续第三年出现增长，也是自1980年代初以来最长的增长周期。[5]为提高国内石油产量，美国政府针对国内现有未充分利用的区域和资源，出台相关政策，推动油气开发。2010年美政府宣布扩大近海油田的开发计划。该政策的实施可以使美国近海海域约8.1552万亿立方米天然气和520亿桶的石油资源得到开发。墨西哥湾漏油事件发生后，美政府提高了开发审核标准，在符合安全条件的前提下，共颁发了39个浅水钻井许可证和7个深水钻井许可证。针对现有的6800万英亩已出租但始终未开发的矿区，美国政府拟推行一项名为“使用或者收回”的政策，敦促石油公司加快油气勘探开发，以此促进美国国内油气生产。其中，仅墨西哥湾地区就有近2400万英亩已出租但并未进行作业的区域，估计其拥有116亿桶的石油可采储量。

同时随着致密油的开采，美国陆上石油的产量也将大幅增加。以北部巴肯地区为例，致密油的开发将使其石油产量未来5年增加90%，到2015年达到80万桶/日，可有效弥补美国因墨西哥湾减产所造成的石油缺口。

（2）提高能源利用效率

提高能源利用效率、降低能耗是降低能源对外依赖的有效途径。

2010年4月1日，美国国家公路交通安全管理局（NHTSA）针对轻型车出台了新的企业平均燃油经济性标准，要求汽车制造商的平均燃油经济性从目前的27.3英里/加仑提高到2016年的34.1英里/加仑。新标准意味着自2012年起制造商的平均燃油经济性必须平均提高4.3%。在新标准下，2012—2016年间售出的轻型车在其使用年限内可为美国节省610亿加仑的燃油。

（3）发展替代清洁能源

通过发展替代能源，降低石油在美国能源消费结构中的比重，使石油消费和进口的绝对数量得到控制，从而减少美国对外部石油的依赖。

伴随着近年来天然气勘探开发技术的突破与升级，美国非常规天然气的产量增长迅猛，其中页岩气的发展尤为突出。目前，美国页岩气产量已达到美国天然气总产量的20%。按照当前美国国内天然气的消费量水平，美国页岩气资源储量足以支撑45年。2009年，天然气发电量约占美国电力供应总量的23%。2011年，受惠于非常规天然气资源的大规模开发，天然气在发电领域得到大量利用，并带动电价下降。这使得用燃气发电代替石油消费变得更为可行。预计未来美国电价将会继续走低，2016年将会由2009年的9.8美分/千瓦时下降到8.9美分/千瓦时。

（4）大力发展清洁能源

奥巴马总统在国情咨文中提出，到2035年实现80%的电力来自清洁能源的目标。[6]根据2009年2月通过的《经济复苏法案》，美国政府拟投资超过230亿美元支持清洁替代能源的研发与推广。在可再生能源方面，美国提出2012年太阳能、风能和地热能的总发电能力要达到2009年的2

倍。奥巴马在2011年3月30日的讲话中提出，到2016年替代型生物燃油要占到空军飞机用油的一半。据预计，到2012年，可再生能源发电占美国电力的比例将由2009年的8%提高到2012年的10%。

在非可再生能源方面，美国政府出台政策鼓励发展核能和包括天然气及清洁煤在内的低污染化石能源。目前，美国约有20%的电力供应来自核电。在奥巴马提交的2012财年预算方案中，特设了8.53亿美元的专项资金，用于研发可取代老旧火电站的小型核反应堆，支持包括小型核反应堆在内的先进核技术的研发。奥巴马在最新的能源安全演讲中提到，将谨慎研究日本核泄漏事故的教训，确保现有核设施的安全，但不会停止核工业的未来发展。在清洁煤方面，政府已投入巨额资金用以发展碳捕获和储存技术（CCS），并成立专门工作组致力于使技术在10年内实现规模化和成本收益的平衡。

围绕清洁能源所形成的产业群有可能成为美国下一轮经济繁荣的支撑点，但发展清洁能源需要大量的财政投入，2010年11月美国中期选举后，传统上代表大石油公司利益的共和党重掌众议院，作为传统化石能源的替代者，清洁能源发展可能面临更多阻力。

3. 开发多元化交通工具

美国用于交通的石油消费量占到全国石油消费总量的70%以上，丰富现有交通手段，提高可用于交通消费能源的多样性、高效性，减少石油消费总量，是美国降低对外部石油依赖的又一重要方面。

（1）发展电动汽车

奥巴马提出，到2015年要实现100万辆电动汽车的保有量。根据测算，此目标若实现，可减少美国石油消费约3.6万桶/日。另据美国莱斯大学贝克研究所研究预计，若2050年美国电动汽车使用量能够达到占其汽车总保有量的30%（美国交通统计局公布2008年美国注册汽车保有量为2.5亿辆），则到2030年美国石油消费量估计可减少100万桶/日，而到2050年可减少250万桶/日。[7] EIA《2011年度能源展望》显示，2009年美国使用石油发电的总量仅占总发电量的1%，接近99%以上的发电量来自于煤炭、天然气、可再生能源和核能。发展电动汽车，用电替代石油，可以实现能源结构的多样化，降低对石油的依赖。

为了实现总统提出的发展目标，美国联邦和地方各级政府出台了多项鼓励电动汽车发展的政策。1）加大财政投入，扩大美国电动汽车产能，并确保锂电池技术等关键技术的领先优势。重点包括：提供24亿美元贷款，率先在田纳西州、特拉华州和加利福尼亚州建立三家电动汽车工厂；加大对电动汽车关键技术研发的投入，为30家生产电池、电驱等电动汽车重要部件的工厂提供20亿美元的资助，争取到2011年和2014年电池产能分别达到5万只和50万只。2）建立电动汽车示范区。利用复苏法案基金，支持在全国20多座城市进行技术示范（包括投放1.3万辆电动车和建造2.2万余座充电站），然后在全面总结和评估示范经验的基础上制定新的推广方案。为了促进电动汽车的推广应用，美国2012财年预算拟提供高达1000万美元的补贴，并将示范推广范围扩大到30个地区。3）通过税收优惠或补贴，刺激电动汽车的终端消费。《经济复苏法案》规定，消费者每购买一辆电动车，将依据电池容量的不同给予2500—7500美元的税收优惠；对于将传统燃油汽车改装成电动汽车的消费者，每辆给予最高4000美元的补贴。最近，奥巴马总统还建议将现行最高7500美元的税收返还调整为在销售价格中直接抵扣。

美国副总统拜登发表报告预测，随着电动汽车的大规模推广，到2015年电动汽车的电池成本将由3.3万美元降至1万美元，而典型的混合电动汽车的电池价格将由1.3万美元降至4000美元。这意味着电动汽车将具有较高的价格竞争力。

（2）投资高速铁路

高速铁路的建设不仅能够带来大量的就业机会，更主要的是能够大大降低能耗，减少对石油的依赖。自奥巴马就任总统以来，政府已累计投入105亿美元发展国内高速铁路，其中包括经济复苏计划中的80亿美元专项拨款以及2010财年联邦财政预算中的25亿美元拨款。2011年总统国情咨文提出，未来25年内要实现高速铁路覆盖全美80%的人口。与此相配合，2月8日副总统拜登宣布，政府将在未来6年内投资530亿美元用以构建跨越各州的高速铁路网。

作为多元化交通的组成部分，高速铁路的人均公里能耗大大低于飞机和汽车，而且采用电力驱动，是美国降低石油依赖的重要方式之一。不过由于建造高铁需要巨额资金，同时受美国自身地广人稀的地理条件限制，美国有关人士对高铁项目的未来前景表示了相当程度的担忧。[8]

二、美国能源发展战略

（一）传统能源保障基本供给

1. 开放近海石油开采，减轻能源对外依赖

一直以来，美国政府对国内石油开发持保守态度。但随着奥巴马政府"减少对外原油依赖"政策的推进，自2011年起，美国政府对海上石油钻探活动的政策从最初的限制性许可转变为与布什政府时期类似的完全许可。2010年3月，美国政府公布了《海上油气资源开采五年计划（2012—2017年)》。根据计划，美国将开放大西洋沿岸、墨西哥湾东部及阿拉斯加部分海域多个油气田。这是美国在20多年海上石油开采禁令之后首次启动系统开发。[9]但其后灾难性的墨西哥湾漏油事件发生，使得美国政府不得不暂停海上石油的勘探开采。这项禁令在6个月之后被再次延长了5个月之久。2010年10月，美国政府宣布解除墨西哥湾深海石油开采禁令，允许符合新的更严格安全规定的公司进行深海石油开采。各大国际油企陆续回到美国沿海。[10]

直至2011年下半年，作为落实当年3月奥巴马政府规划的美国《未来能源安全蓝图》的步骤之一，经过调整的《2012—2017年外大陆架（OCS）油气租赁计划草案》再次出台。新草案新增加的15个深海开采租赁区块中，有12个区块位于墨西哥湾，剩余的3个则位于靠近北极的阿拉斯加地区。此项计划涉及的区块涵盖了美国75%尚未开发的油气资源，扩大大陆架外围地区的油气生产是美国能源战略的一个关键组成部分。[11]它将帮助美国继续减少对外国石油的依存度，在国内创造更多的就业机会，将保障美国能源安全的重心转向深水、非常规油气及新能源上，从而实现油气开发回归美国本土。

2. “页岩气革命”改变世界能源格局

页岩气是一种开采自页岩层的非常规天然气资源，主要分布在盆地内厚度较大、分布广的页岩烃源岩地层中。与常规天然气相比，大部分产气页岩分布范围广、厚度大，且普遍含气，这使得页岩气井能够长期地以稳定的速率产气，具有开采寿命长和生产周期长的优点。美国是世界上最早对页岩气资源展开研究勘探的国家。依靠成熟的开发生产技术以及完善的管网设施，目前美国的页岩气开采成本仅仅略高于常规气，是世界上唯一实现页岩气大规模商业性开采的国家。数据显示，2010 年美国页岩气产量已经超过了 1000 亿立方米。在过去的 5 年里，美国页岩气产量增长超过 20 倍，从 2006 年仅为其天然气总产量的 1%，到 2010 年增长至占美国天然气总产量的 20%。

EIA 预计美国将在 2016 年成为 LNG 的净出口国，2021 年成为总体天然气净出口国，2025 年将成为管道天然气净出口国。2035 年美国石油及其他液体燃料的自给率也将超过 60%。[12]美国的“页岩气革命”已经动摇了世界液化天然气市场格局，并且这一影响还将愈发显著，进而改变世界能源格局。得益于非常规天然气尤其是页岩气开发技术的突破，2009 年美国以 6240 亿立方米的产量首次超过俄罗斯成为世界第一天然气生产国。产量地位的更替使美国天然气消费长期依赖进口的局面发生逆转。同时，页岩气的开发利用，成为低碳经济战略发展机遇的推动力，成为世界油气地缘政治格局发生结构性调整的催化剂。[13]

（二）新能源计划“三驾马车”：太阳能、风能和生物质能

奥巴马总统在就职演讲中曾经提到：“我们将利用太阳、风和土壤来为我们的汽车和工厂提供能源。”由此可见，太阳能、风能和生物质能将组成美国新能源计划的“三驾马车”。

在新能源领域内，太阳能发电潜力最大。美国太阳能产业协会（SEIA）的一份报告显示，美国 2011 年上半年安装的太阳能光伏发电装置比上年同期高出 69%。报告称美国旨在 2011 年安装 1750 兆瓦的光伏发电装

置，达到2010年总量的2倍之多。[14]与此同时，风能和生物质能的开发步伐也在加快。但相对于欧盟国家积极的新能源政策，美国在这方面显得比较平静，由于美国本土油气资源十分丰富，2011年3月30日，美国政府发布了《能源安全未来蓝图》，把本土传统化石能源的地位再次提高，并于5月9日停止接受新建太阳能、风能或其他可再生能源设施的贷款担保申请。虽然放缓了国内对于可再生能源的支持力度，但是美国将通过国际合作的方式，来为本国的可再生能源的发展寻找动力。近年来，美国不断同各新兴国家签订可再生能源发展合作计划，如与中印等国签订了合作协议，共同发展可再生能源，美国此举是希望利用新兴国家的资源和财政收入、以及美国本身的研发实力来共同开发可再生能源。[15]

1. 光伏产业：需求旺盛，政策扶持

目前，太阳能占可再生能源市场以及电力行业的比例已经发生了很大的变化，这种变化体现在科学技术、政策法规、经营理念，以及开发商、公共事业单位和监管部门的角色转变中。美国公共事业单位已经意识到了太阳能发展的潜力，开发商在与公共事业单位合作的过程中尝到了甜头，执政当局也在公共事业单位与开发者之间的努力中看到了回报以及可再生能源目标的可实现性。[16]于是，在2011年第一季度国际市场一片冰冷的情形下，美国光伏产业仍是“风景这边独好”。其中，政策支持功不可没。

2010年12月17日，美国国会审议通过的延长减税法案由奥巴马总统签署生效。根据该法案，美国财政部“1603计划”，即“使用现金补贴替代投资税收减免”政策将延长实施一年。该计划由美国复苏与再投资法案制定，目的是为了给予商业太阳能安装30%的投资赋税优惠（ITC）。除了延长减税法案之外，美国财政部还通过直接提供贷款担保的方式，为光伏电站投资者的融资提供帮助。比如：1月20日，美国能源部长朱棣文宣布为Agua Caliente太阳能项目提供9.67亿美元的贷款担保。该项目位于亚利桑那州尤马县（Yuma County，Arizona），将建立一个29万千瓦的太阳能光伏发电站。而在整个2011年一季度，甚至持续至5月份，有关美国能源部为光伏电站提供贷款担保的消息称得上是不绝于耳。[17]

截至2011年9月16日，美国能源部已经担保了42个能源项目，吸引了逾400亿美元的私人投资，并创造了数以万计的就业机会。2011年上半

年，美国光伏装机容量达到582兆瓦，超越了2009年全年435兆瓦的总装机容量。累计太阳能发电量达3183兆瓦，足够支持63万美国家庭的平均用电需求。太阳能已成为美国能源领域增长最快的部分，而到2014年，美国有望成为世界最大的光伏市场。[18]

除联邦政府之外，美国各州的太阳能光伏产业也你追我赶，欣欣向荣。更重要的是，州政府纷纷出台优惠措施为光伏产业发展提供了政策支持。

譬如，加利福尼亚州政府颁布了政策简化项目申请程序。加州地处美国南部，四季阳光充足，太阳能系统装机量持续保持领先。2010—2015年期间，新增安装量预计可达7.5GW。这归功于该州对太阳能产业积极的政策支持以及充足的日照时间。据了解，美国主要的光伏安装市场也在加州，在美国并网发电安装量中，该州占到53%的市场份额。自2010年以来，加州维持着其在美国市场中的重要角色。2011年，加利福尼亚州所安装的光伏装机容量是美国所有州中最高的，预计到2012年，可再生能源所产生的电力可达1.2GW。[19]

新罕布什尔州则对太阳能和风能实施退税政策。在新罕布什尔州，小规模太阳能和风能家庭安装项目再次获得多达4500美元的国家安装退税。2011年到2012年6月30日，为该可再生能源住宅激励项目设置的资金为92.7964万美元。其中，大约50万美元将发放给已列入资助行列的太阳能安装家庭，剩下的42.5万美元将发放给新加入安装的家庭。

亚利桑那州则为新能源企业提供积极的激励措施。亚利桑那州是美国西南部4个州之一，面积约为29.5254平方公里。自迈入2011年以来，亚利桑那州的可再生能源市场发展突飞猛进。各企业充分利用了税务优惠政策、有利的商业环境、专业人才和比美国其他州更充沛的阳光。针对亚利桑那州可再生能源企业的激励措施包括：高达资本投资10%的可获退还所得税减免、Arizona Competes交易完成基金、针对每个高管新工作的高达9000美元的所得税减免、高达150万美元的员工培训可偿还援款、高达34%的研发税务减免、重大的营业税减免，包括将州所得税率从6.97%降至4.9%。[20]

2. 光热发电：绘制太阳能开发新蓝图

在太阳能发电领域，光伏技术一直独占鳌头。当前全世界太阳能发电市场有超过90%的份额为多晶硅光伏发电技术占据，并且有越来越多的国家开始将其纳入未来绿色能源的发展规划。相比之下，光热技术一直都遮蔽在光伏的强大身影之下。

近期美国将目光转向光热技术。继建造起采用聚光光热技术的全球最大太阳能发电厂之后，美国加州政府新近规划、批准的一系列太阳能项目，无一例外均采用了聚光光热发电技术。

所谓聚光光热发电，是指利用大规模阵列抛物或碟形镜面收集太阳热能，通过换热装置提供蒸汽，结合传统汽轮发电机的工艺，从而达到发电的目的。与光伏发电相比，光热发电避免了昂贵的硅晶光电转换工艺，大大降低了太阳能发电的成本。同时还利用了一个其他形式的太阳能转换所无法比拟的优势，即太阳能所烧热的水可以储存在巨大的容器中，光照不足时可以通过储热发电以实现供电的持续稳定，特别适合在强光照的荒漠地区进行大规模并网发电。[21]

目前，聚光光伏发电（CPV）在太阳能发电市场仅占很小的部分，大约为0.1%。这主要是因为它和传统光伏发电比较是更新的技术，并且成本更高、更复杂。要规模化发展CPV必须要降低成本。迄今为止建成的最大的CPV电厂的装机容量在1MW或者2MW。

2011年5月12日，CPV技术获得了美国能源部9060万美元的有条件担保贷款支持。政府的支持将有助于这一在科罗拉多州的阿尔摩萨的30MW工程的发展，该工程建成后将是最大的聚光光伏发电厂之一。随着更多的公司增加生产，到2015年CPV市场每年将会翻一番还多。至少有一个公司Soitec止计划在未来几年建一个200MW的CPV工厂。[22]

3. 风电：海上风电异军突起

美国风电产业经过惨淡的2010年之后，2011年风电的元气得到恢复，装机容量开始增加。2011年，新增风电装机容量达到681万千瓦，比上年新增风电装机容量增长31%，仅2011年第四季度，新增风电装机容量就达到344.4万千瓦，超过前3季度新增装机容量之和。2011年美国累计风电装机容量达到4691.9万千瓦，比2010年增加17%。目前在美国31个州以及波多黎各地区在建项目达100多个[23]。

2011年，美国风电发展的突出特点显示在对海上风电开发的关注和投入上。

3 月，美国能源部和内政部共同发布了《国家海上风电战略：创建美国海上风电产业》。这是美国历史上首个关于海上风电的机构间合作规划。该规划聚焦于解决三大问题：海上风电的相对高成本，安装、运营和并网方面的技术挑战，以及现场数据和项目审批程序经验的匮乏。为支持上述战略工作规划，美国能源部长朱棣文和内政部长萨拉查于近日宣布了一系列重大举措，包括投入 5050 万美元资助海上风电项目和确定几个位于中大西洋的高优先级风能区域。

这 5050 万美元投资将用于三个方面——技术开发、消除市场障碍以及自主进行下一代风机开发。首先，5 年内将投入 2500 万美元用于技术开发：支持创新型风机设计工具和硬件的开发，从而为美国发展具有成本竞争力和世界一流水平的海上风电产业奠定基础。具体将包括开放源计算工具在内的开发、系统优化海上风电厂概念研究以及为优化下一代海上风电系统的耦合涡轮转子和控制系统的开发。其次，3 年内投入 1800 万美元用于消除市场障碍：支持表征限制海上风电部署的关键行业部门和因素的基础研究和定向环境研究。具体将包括海上风电市场和经济分析、环境风险降低、制造业和供应链开发、输电规划和并网策略、最佳的基础结构和运营以及风力资源表征。剩余的 750 万美元将用于下一代传动系统：资助下一代风机传动系统的开发和改良，这是具有成本效益的海上风电所需的一项核心技术。

在国家海上风电战略之下，美国能源部计划到 2020 年海上风电容量将至 1000 万千瓦，到 2030 年达到 5400 万千瓦。对海上风能的有效利用，将有助于实现美国总统奥巴马提出的到 2035 年全国 80% 的电力来自可再生能源的目标。[24]

4. 生物质能：资助燃料研发，取消乙醇补贴

作为奥巴马政府“减少石油供给依赖度”全面计划的一部分，美国农业部长汤姆·维尔萨克（Tom Vilsack）和能源部长史蒂芬·楚（Steven Chu）于 2011 年 5 月 5 日宣布，提供 4700 万美元奖金促进生物质能的研究发展，以降低美国对进口石油的依赖。资助项目一方面通过开发可再生资源来促进生物质能源的创新，提高生产生物质能源的效率，有助于美国能

源经济的可持续发展；另一方面通过开发和测试新的工艺设备来促进能源作物的盈利，促进美国农民和农林的增长，同时生物燃料的产业化将为消费者提供更多可供其汽车选择的新燃料，减少本国对国外石油的依赖。[25]

但大规模的乙醇制造引发了相应的粮食供给问题——乙醇生产对玉米的巨大需求导致美国玉米储量下降至15年来的最低水平，一定程度上导致2011年谷物和食品价格的持续上涨。[26]日益走高的全球粮价使不少人开始质疑美国的乙醇补贴措施。7月，美国参议院最终以73票赞成、27票反对的结果通过了一项修正案，要求政府终止对玉米乙醇工业提供每年高达60亿美元的补贴。这一补贴由来已久。在1973年阿拉伯人对美国实施石油禁运之时，美国主要玉米种植带的政府就开始补贴玉米乙醇。几年之后，这种补贴做法由联邦政府立法推至全国。1978年《能源税收法案》（Energy Tax Act）出台，该法案为抑制石油的消费、鼓励乙醇的消费，规定每消费1加仑乙醇可享受0.40美元的免税，而每消费1加仑的汽油则要征收0.04美元的消费税。[27]此次对补贴的终止，很大程度上影响了生物质能在新能源领域的竞争力，据估计到2022年，美国恐将难以生产足够的生物燃料以达到国会制定的目标。[28]

5. 核能：令人担忧的核安全

奥巴马政府执政以来，大力发展核电成为其能源战略中的重要内容之一。在2012年度预算案中，政府寻求追加360亿美元贷款，以确保启动新的核电建设项目。据信UniStar核能电站、NRG能源、斯堪纳（Scana）及南方（Southern）等四家公司可望获得美国能源部的贷款担保，最快在2011年中开始建造反应堆，并于2015年或2016年开始运转。奥巴马旨在为美国打造一个低碳的社会，而核能必将在这一战略中扮演重要角色。

尽管是老牌核电强国，二战刚结束，美国即开始了民用核能的研究。根据1946年通过的《原子能法》，美国成立了原子能委员会，对相关研究进行监管。但百密一疏。1979年位于宾西法尼亚州的三哩岛核电站发生部分堆芯熔化的事故。此次事故使民众对核电的信心受到重创，民众更有些“谈核色变”的意味。2011年3月，日本大地震导致福岛核电站发生放射性物质外泄，尽管美国与其远隔重洋，但仍引起美国上下强烈的震动。3月17日，总统奥巴马下令对美国的所有核电站进行全面检查，并要求相关机构“深刻记取日本的教训”。

尽管朱棣文等美国政府高官信誓旦旦要加强美国的核安全，但美国核电站的隐忧仍存在。首先，在应对像地震、海啸等自然灾害方面，美国并没有很大的把握。目前，美国共有104座核反应堆用于发电，发电量约为美国所需总量的20%。在这些核反应堆中，有23座与日本此次发生事故的核反应堆技术相类似，为沸水反应堆（BWR）。其次，美国半数核电厂超期服役，其安全性令人忧心。据美国核监委（NRC）数据显示，美国境内共有104座核电站，其中半数运作已经超过30年。其余核电站也普遍运作超过20年。这种核电站超期服役的现象，引发了美国境内对于核能发电的忧心。最后，人为操作失误，也成为美国核电站安全的一大隐忧。据美国媒体披露，1979年三哩岛核电站事故发生后，美国相关部门调查发现，除设备本身的问题外，事故的发生与一些人为操作失误有很大关系。

目前看来，美国民众对核电的忧虑并没有想象中那样严重。9月22—24日，美国比斯康提研究公司（Bisconti Research）联同富凯罗普咨询公司（GFK Roper），代表美国核能研究所对1000位美国民众进行了电话调查。此电话调查显示，62%的受访者支持把核能作为美国的一种发电方式。尽管福岛核电站发生了核事故，但是67%的美国民众仍然认为美国核电站安全等级为“高”，相信美国核电站能够承受可能发生的极端自然灾害。[29]

6. 地热产业：加速发展

美国地热产业继续加快发展，2011年4月14日，地热能源协会（GEA）发布的信息表明，在未来几年内，美国得克萨斯州地热能源生产可望翻两番，地热发电将从9个州扩展到15个州。

美国排名世界地热能源生产第1位，拥有地热发电装机容量约3102MW。一些地热开发公司目前在15个州正在开发146个项目。[30]美国南卫理公会大学地热实验室的研究人员最新测绘发现，美国境内地热发电能力超过300万兆瓦，是燃煤的10倍。美国地热资源协会统计数据表明，目前美国利用地热发电的总量为2200兆瓦，相当于4个大型核电站的发电量。虽然美国地热资源储量大得惊人，但利用率不足1%，主要原因是现有的地热开发技术成本太高，平均每钻入地下1英里（1英里约合1.6公里）就需要几十个金刚石钻头，而一个钻头至少要2000美元，因此地热的发展相对较为缓慢。[31]

三、中美能源合作

2011年初，中美签署总额达450亿美元的经贸协议，其中近一半（合190亿美元）用于购买200架波音飞机，余下的能源占去很大部分。其中，美国铝业公司与中国电力投资集团公司将投资75亿美元共同开展一项铝和清洁能源项目。电力方面，美国西屋电气公司与中核包头核燃料元件股份有限公司签署3500万美元的合同，向中方提供设备制造核燃料。美国电力公司与中国华能集团公司签订协议，共同评估碳捕获技术在美国发电站的使用。另外，美国锂电池制造商Ener1与万向集团公司签订协议，合资在中国制造电力汽车使用的电池。通用电气还与中国华电集团公司达成一项为期5年价值5亿美元的燃气涡轮机合同，其中3.5亿美元将来自美国的出口。此外，参加“第二届中美清洁能源务实合作战略论坛：未来十年中美关系”的中美企业、研究机构于1月18日还共同签署了13项协议，覆盖核电、风电、太阳能、水电、智能电网、碳捕获与封存等多个领域。[32]

（一）中美油气并购：高度活跃，持续升温

近些年来，北美尤其是美国一直是全球油气业务并购高发区，且这一格局有望在今后一段时期保持相对稳定。数据显示，2008年北美的油气业务并购交易额占全球交易的比例达52.9%，2009年受埃克森美孚巨资收购XTO的影响，这一比例上升至67.4%。2010年，全球共发生油气并购交易约671起，同比增加约7%；并购金额1740亿美元，同比增长16%。其中北美油气并购超过800亿美元，占全球的45%。2011年美国油气行业共发生191起大宗并购交易（单宗交易价值超过5000万美元），总交易价值达1865亿美元，在32起特大型并购交易（每宗交易价值超过10亿美元）的带动下，美国油气并购交易的平均规模为9.77亿美元，增幅达到

38%。[33]从近5年的油气业务交易额平均水平看，北美一直是油气业务并购高发区。欧洲、拉美、亚太、苏联、非洲和中东等地区虽然也有数量不等的油气并购，但与北美地区相比还是存在较大差距。

北美地区油气并购之所以活跃，主要取决于三个因素。一是美国因素。美国是当今世界最发达的国家，也是市场经济运行最为成熟的国家，经济实力强，其发达的经济水平以及先进的市场意识为石油公司之间的油气并购交易提供了良好的经济环境。二是北美地区拥有埃克森美孚、雪佛龙、康菲等全球型跨国石油公司，并购一直是这些跨国公司成长发展壮大的重要手段。这些公司的经营策略一定程度上可以代表全球油气行业的发展趋势，例如2009年末埃克森美孚斥巨资收购XTO公司一度掀起全球非常规油气的并购浪潮。三是北美地区本身就具有丰富的油气资源，这也是其先天优势之一。

2008年金融危机使美国受到强烈冲击。出于应对金融危机以及经济发展的需要，美国出台了一系列改革措施，旨在遏制负增长，解决经济增长乏力、失业率居高不下等问题，其中金融改革是重中之重。美国在对虚拟经济进行严控的同时，加大了实体经济领域的开放力度，试图通过吸引外资为美国经济增长增添新活力的意图非常明显。同其他行业一样，美国油气工业开放力度也逐步加大。这其中最需要强调的就是2010年美国出台法令，决定开放近海油气开发权。这一政策使美国陆地近海海域石油资源得到有效开发，同时可以使阿拉斯加海域的270亿桶石油和近4万亿立方米天然气得到有效动用。这一数字将超过目前美国陆地探明的可采石油资源量，并超过尼日利亚、利比亚、俄罗斯和挪威成为世界第八大石油资源地区。近海油气开发权的开放从深层次改善美国油气行业结构布局，同时也为各国际石油公司参与美国油气并购提供了机遇。

油气并购与经济发展的大环境密切相关。经济环境稳定繁荣，油气并购的规模往往持续增长；若经济环境萧条，经济增长乏力，油气并购的步伐也会随之放缓。经济危机后，世界经济一度进入整体负增长状态。随着各国的积极应对，目前已经出现好的征兆。发达经济体的GDP增长开始走出负增长阴影。据国际货币基金组织预测，2010年和2011年美国的GDP增长率将有可能达到2.6%和2.3%，这样的增长态势有利于油气并购。基于此判断，近期美国本土将继续上演油气并购大戏。这对中国而言无疑是一大利好的消息。

当前中国三大国家石油公司都在不同程度地执行“走出去”战略，加大对海外油气资产收购力度，近两年先后开展了数笔具有重大影响的大并购。例如中国石化收购“阿达克斯”和“雷普索尔”资产，中国石油并购澳大利亚煤层气项目以及中国海油并购“泛美能源”股份等。中国石油公司的全球化战略意图是非常明显的，尤其是金融危机后世界经济形势相对低迷，国际油价相对平稳，为具有资金实力的中国石油公司提供了良好的机遇。在这样的形势下，美国经济形势以及政策的变化自然为中国的石油公司开辟了新的投资渠道。

尽管中资企业在美石油投资尚处于起步阶段，但相信有当前中美良好的贸易条件铺路，石油投资也将呈现快速增长态势。不少人士对在美投资油气心存疑虑，认为中国企业到美国投资油气的机会不多，可能性不大，尤其是几年前中国海油并购“尤尼科”受阻至今还让人心有余悸。但客观地讲，美国是一个比较开放的国家，随着环境的变化，美国能源政策出现积极变化不是没有可能。目前在美从事石油天然气生产的外资企业甚多，美国法律对外资企业参与本国油气生产并不持排斥态度，因而从理论上讲美国没有理由拒绝中资企业。2010 年美国近海石油开发权的开放在为跨国石油公司提供机遇的同时，客观上也为中国的石油公司提供了机遇。

令人振奋的是中资企业在美的油气并购几经努力终于成功。中国海油 5 年前竞购“尤尼科”失利后并未放弃进军美国油气市场的战略构想，一直在积极地寻求机会，最终取得成功。2010 年中国海油斥资 10.8 亿美元，成功收购位于美国德克萨斯州的页岩气项目。[34] 2011 年初，中国海洋石油集团公司又将以 5.7 亿美元的现金购入美国切萨皮克能源公司旗下多处美国页岩油气租赁项目 33.3% 的权益。这是中国石油公司在掌握美国天然气行业革命性技术的最新努力。也是中国国有企业首次对美国境内能源资源进行的大规模投资。[35]

与此同时，中国民营企业也逐步进入美国油气产业。汪和罗石油控股有限公司是一家以石油勘探、开采及投资为主营业务的投资集团。2010 年进军美国本土石油市场。2011 年 10 月，汪和罗石油成功收购美国 Tempo 油田，成为目前在美国收购油田面积最大的民营石油企业。Tempo 油田位于美国德克萨斯州，总体面积 66.77 平方公里，同时，拥有 3 个油气层，远景储量为1863亿桶。目前，Tempo油田正处于生产状态，有57口井稳定生产，2010年实现生产净利润686万美元。成功收购Tempo后，汪和罗石油控股有限公司将对部分口井进行技术改进，改进后油田的产量目标可增加2—3倍。此次成功收购美国Tempo油田，意味着中国民营石油企业逐步进入美国石油产业的核心地带。预计至2015年汪和罗石油还将投资60亿美元在美国本土收购5块油田。[36]

（二）中美新能源合作：前景广阔，摩擦不断

5月10日，在华盛顿结束的“第三轮中美战略与经济对话”中，中美双方就能源合作达成多项共识，包括：开展智能电网、大规模风电开发、天然气分布式能源、页岩气和航空生物燃料等方面合作；承诺分享能源监管经验和实践信息等。两国的共识意味着在未来一段时间内，风电、太阳能、智能电网等新能源将成为双方合作的前沿领域。也意味着中国相关企业将更有机会打开美国能源市场的大门。[37]

在过去一段时间内，中美虽然摩擦不断，但中国新能源企业进军美国的步伐却并未减慢。2011年1月，赛维LDK对外宣布，同意用大约3300万美元收购美国“太阳能电力”70%的股权。2月16日，“尚德电力”和匹克国际贸易（天津）有限公司联合宣布，未来3年内，双方将向联合国提供价值8000多万美元的太阳能发电系统。据悉，此次联合国采购的太阳能发电系统均为小型系统，将全部提供给联合国维和部队及各下属机构使用。此外，英利、天合光能、晶澳等光伏巨头也纷纷宣称将通过投资建厂等方式提高在美国的出货量。以“金风科技”为代表的风电企业除了向美国出售风电机之外，也计划在当地投资建设风电场。[38]作为国内新能源汽车先行者和领头羊的“比亚迪”也于年初宣布其通过新能源车型进军美国市场的计划。预计在2012年第一季度以纯电动车E6打头阵，进入美国汽车市场，其后引入首款双模SUV车S6DM，最后是电动巴士。[39]

1.“光伏双反”：启幕中美新能源鏖战

2011年8月以来，美国三家光伏企业接连倒闭（Spectra Watt、Evergreen Solar和Solyndra），惊动了美国政商两界。三家企业在破产声明中，

都将公司崩溃归咎于全球需求下降及竞争过于激烈，特别是来自中国同行的竞争。美国光伏企业被中国光伏企业打败这一事实，让一直将清洁能源技术作为重振美国经济竞争力的关键，并通过投资税收减免、贷款担保、出口补助金等一系列措施为光伏产业提供支持的奥巴马十分懊恼。

2008 年金融危机几乎摧毁了美国几十年来以透支消费、信贷扩张和房地产市场繁荣为支点的发展模式。危机后，美国经济一直在寻找新的出路。但纵观美国工业，低端制造业已大部分向国外转移，且在劳动成本等方面早已不具备比较优势，高端制造业的成本则相对较高，国际市场更是强手如林。在此情形下，通过新能源、新材料、新技术带动新一轮产业周期，吸引全球资本回流，成为美国工业的再造之道。

但恰逢中国亦把新能源产业作为整体经济转型和结构升级的引擎和关键所在。金融危机后在新兴产业振兴规划的推动下，包括光伏产业在内的新能源产业出现了爆发式增长。2010 年中国光伏产量已达 16—17GM，占据全球半壁江山。中美两国不可避免的“短兵相接”，引发了此后美国对中国的“双反事件”。

10 月 19 日，Solar World Industries Americas 等共 7 家美国太阳能电池生产企业向美国商务部和美国国际贸易委员会提起申请，要求美国政府对中国出口到美国的太阳能光伏电池进行反倾销和反补贴调查，并采取贸易限制措施。经过数月的争论，2012 年 1 月 30 日，美国商务部在对华太阳能电池（板）案中作出紧急情况裁定并决定追溯征收反补贴税，即在初步裁定反补贴税率后，向前追溯 90 天开始征税。

针对美国商务部将矛头直指中国新能源领域，作为对反击，中国商务部正式决定对美国可再生能源扶持政策及补贴措施启动贸易壁垒调查，这标志着中美之间在新能源领域的鏖战已然启幕。突然爆发的中美新能源摩擦背后，是两国“市场”与“技术”长期博弈的预演．两个不约而同确立绿色经济战略的超级大国开始互相打量与试探。中国有必要做好打持久战的准备，美国针对中国光伏产业的“双反”只是大潮的开始，等待中国的将是更加复杂和激烈的市场博弈。[40]

2. 风电出口：逐步进军美国市场

美国政府的政策利好，吸引了多家中国风电机制造企业奔赴各州建立分支机构或寻找合作伙伴，谋求分食这个正在兴起的风电市场。目前美国风电市场中通用电气一家独大，2009年装机容量的市场份额达到40%，紧随其后的非美企业包括：丹麦风电巨头“维斯塔斯”以15%的市场份额屈居第二；西门子占据12%，三菱占8%，印度公司苏司兰占7%，西班牙公司歌美飒（Gamesa）占76%。而中国企业刚刚进入门槛，正以价格和技术特点寻找市场突破点。

2010年12月，中国第二大风机制造企业金风科技中标伊利诺伊州Commonwealth Edison Company长期电价购买项目，计划在该州投资建设106.5兆瓦的风电场，安装71台1.5兆瓦的风机。在纳斯达克上市的沈阳风机制造企业Apower成为美国德克萨斯州一个600MW风电场的主要供货商。中国第一大风机制造企业华锐风电也于10月中旬的国际风能大会上高调宣布，到2015年华锐的出口额要超过30%，甚至达到50%。

尽管中国风电还不具备大规模出口到发达国家的条件，但由于中国风机具有低价的成本优势，让美国不得不未雨绸缪。2011年9月16日，美国风能协会主席Denise Bode督促美国国会通过立法来增加风机设备的国产化率，以此来阻止美国对中国风机的进口。[41]

中国风电企业需要考虑的另一个重要问题在于中国风机的海外声誉。由于“中国制造”这个标牌在海外时常会引发低质量的联想，中国风机质量能否赢得市场信任困扰着初来乍到的风电企业家们。虽然中国风机在美国市场尚无故障案例，但国内对风电设备持续运行质量的担忧由来已久。2010年，宁夏天净神州风力发电有限公司的一台东汽风机倒塌，此后，华能通辽宝龙山风场的东汽风机、辽宁凌河风电场的华锐风机、大唐山西左云风场的风机先后出现倒塌。因而，金风科技的风机质量和品牌要得到美国消费者认可仍需时日。但金风科技相信，其德国的设计质量和全球化供应链体系，以及在当地风电场良好的运行纪录，可以帮助开发商和美国金融机构逐步建立对中国风机质量的信心，使中国风机成功进入竞争激烈的美国市场。[42]

3. 智能电网：未来合作新核心

对中美两国而言，新能源领域的合作是当今乃至未来更长时间的主旋律，而新一轮能源合作的核心是电力。在5月结束的第三轮中美战略与经济对话中提及，在“中美能源合作项目”支持下，进一步促进双方在电力特别是电力管理系统和电力项目决策等领域开展合作。中美签署的合作协议中包括国家电网公司与美国电力公司就先进输变电、智能电网等6个领域开展技术及设备方面合作的协议。在国内风电、太阳能产业快速发展的同时，新能源上网难仍然是困扰国内新能源产业发展的瓶颈。以风电并网难为例，相关统计数据显示，目前全国累计风电装机达到4450万千瓦时，但累计并网风电装机3107万千瓦时，仍有26%以上的风电难以上网。未来可以期待，中美在智能电网领域的合作将在一定程度上有效缓解中国新能源上网难的问题。[43]

参考文献：

1. 阎政：《美国核法律与国家能源政策》，北京：北京大学出版社，2006年版。

2. ［美］维托·斯泰格利埃诺：《美国能源政策：历史、过程与博弈》，北京：石油工业出版社，2008年版。

3. 尹延芳：“美国新能源政策战略意图分析”，《世界贸易组织动态与研究》，2011年第1期。

4. 宋玉春：“美国能源政策难过关”，《中国石化》，2011年第1期。

5. 哲伦：“地热将改变美国的能源结构”，《资源与人居环境》，2011年第3期。

6. 夏妍妍、车长波、李富兵：“对中美能源合作前景的思考”，《中国矿业》，2011年第3期。

7. 周云亨、杨震：“美国能源独立之梦——‘能源独立之路’评介”，《国外社会科学》，2011年第4期。

8. 方小美、陈明霜：“页岩气开发将改变全球天然气市场格局——美国能源信息署（EIA）公布全球页岩气资源初评结果”，《国际石油经济》，2011年第6期。

9. 韦三水：“中美能源合作走向深化双赢模式互促而生”，《中国发展观察》，2011年第6期。

10. 黄浩、张沛：“美国新能源发展概况”，《电网技术》，2011年7月。

11. 张宪昌：“美国新能源政策的演化之路”，《新能源产业》，2011年8月。

12. 朱凯：“美国能源独立的构想与努力及其启示”，《国际石油经济》，2011年10期。

13. 史浩儒：“美国新能源发展现状及其挑战”，《广角镜》，2011年第10期。

14. 赵秀娟：“中美能源合作登高望远”，《中国石油企业》，2011年第21期。

15. 蔺晓丹：“浅谈中美能源合作对经济发展的意义”，《中国对外贸易》（英文版），2011 年第 22 期。

16. 李正信：“2011：美国经济乍暖还寒”，《经济日报》，2011 年 12 月 1 日。

17. 李果仁：“对奥巴马能源新政的多维透视”，《发展研究》，2010 年第 4 期。

18. 王北星：“美国的能源战略及其启示”，《中外能源》，2010 年第 12 期。

19. “第一财经研究院研究报告”，《能源资源系列》，2012 年第 6 期。

20. 亚太能源研究中心：“2012 会会议发言稿”，《美国能源展望：致密油的潜力》，2012 年 2 月。

注　释

[1]《2011 年影响美国政治的 10 件事》，载未来网，2012 年 1 月 1 日，参见 http：//www. k618. cn/news/ztx/201201/t20120101_ 1903395. htm。

[2]《经济增长乏力，政治动荡加剧——评 2011 年的国际形势》，载新华网，2012 年 1 月 14 日，参见 http：//news. xinhuanet. com/theory/2012 －01/14/c_ 122584897. htm。

[3] 李正信：《2011：美国经济乍暖还寒》，载《经济日报》，2011 年 12 月 1 日。

[4]《奥巴马能源战略新目标》，载宏源资讯中心，2011 年 4 月 2 日，参见 http：//www. hysec. com/hyzq/public/Infodetail. jsp？ infoId ＝4752389。

[5]《2011 年美国石油产量大幅增长 7. 4%》，载国际能源网，2012 年 3 月 1 日，参见 http：//www. in-en. com/data/html/energy_ 1847184771130 4217. html。

[6] 这些清洁能源将覆盖可再生类的风能、太阳能、地热能、生物能以及非可再生类的核能、天然气和清洁煤等。

[7]《石油独立 多管齐下》，载金融界，2012 年 3 月 7 日，参见 http：//finance. jrj. com. cn/2012/03/07143212428226 －2. shtml。

[8]《美国降低石油对外依存度的战略动向》，载国际石油网，2011 年 5 月 20 日，参见 http：//oil. in-en. com/html/oil －09440944631020496. html。

[9]《美国重新布局深海石油开发》，载国际石油网，2011 年 11 月 23 日，参见 http：//oil. in-en. com/html/oil －08220822171201866. html。

[10]《美国批准墨西哥湾深海勘探新计划》，载国际石油网，2011 年 3 月 23 日，参见 http：//oil. in-en. com/html/oil －0843084319964900. html。

[11]《美国转移海上石油开采区》，载国际能源网，2011 年 11 月 21 日，参见 http：//www. in-en. com/article/html/energy_ 08280828431199024. html。

[12] 第一财经研究院研究报告，《能源资源系列》，第 6 期，2012 年 2 月 20 日。

[13]《影响美国的页岩气革命》，载《中国青年报》，2012 年 2 月 13 日，参见 http：//

www. people. com. cn/h/2012/0213/c25408 - 2097361083. html。

[14]《美国太阳能光伏发电装置2011年上半年增长69%》，载中国电力企业联合会，2011年10月14日，参见 http：//www. cec. org. cn/guojidianli/2011 - 10 - 14/71365. html。

[15]《太阳能风能生物质能——美国新能源计划的“三驾马车”》，载国际新能源网，2011年11月4日，参见 http：//newenergy. in-en. com/html/newenergy - 1156115 6291183934. html。

[16]《美国：光伏新宠的驱动力》，载国际新能源网，2011年6月1日，参见 http：//newenergy. in-en. com/html/newenergy - 11461146471032354. html。

[17]《美国光伏产业观察：需求旺盛，政策扶持》，载国际新能源网，2011年5月21日，参见 http：//newenergy. in-en. com/html/newenergy - 14091409851020942. html。

[18]《美国可望成为世界上最大的太阳能市场》，载国际新能源网，2011年6月7日，参见 http：//newenergy. in-en. com/html/newenergy - 08550855411035890. html。

[19]《加州2015年总装机容量将达8.4万千瓦》，载光伏网，2011年8月10日，参见 http：//www. guangfu. cc/news/show. php? itemid = 343。

[20]《美国各州政策开路，力挺光伏到底》，载国际新能源网，2011年10月28日，参见 http：//newenergy. in-en. com/html/newenergy - 17411741281177583. html。

[21]《美国绘制太阳能光热发电新蓝图》，载国际新能源网，2011年2月12日，参见 http：//newenergy. in-en. com/html/newenergy - 18151815779274 87. html。

[22]《美国政府支持聚光光伏发展》，载国际新能源网，2011年5月12日，参见 http：//newenergy. in-en. com/html/newenergy - 15271527291012364. html。

[23]《2011年美国累计风电装机量超4600万千瓦》，载中国储能网，2012年1月30日，参见 http：//www. escn. com. cn/2012/0130/131183. html。

[24]《美国推出发展海上风电新方案》，载国际新能源网，2011年3月16日，参见 http：//newenergy. in-en. com/html/newenergy - 1525152593947682. html。

[25]《美国4700万美元助推生物质能以降低石油依赖》，载国际石油网，2011年5月6日，参见 http：//oil. in-en. com/html/oil - 14171417991006393. html。

[26]《生物燃料需求扩大，美国玉米库存降至15年新低》，载国际新能源网，2011年4月11日，参见 http：//newenergy. in-en. com/html/newenergy - 1256125628980 841. html。

[27]《美国为什么要取消玉米乙醇补贴?》，载国际新能源网，201年7月13日，参见 http：//newenergy. in-en. com/html/newenergy - 13511351891073207. html。

[28]《美国经济滞后，太阳能就业机会增大》，载国际新能源网，2011年10月17日，参见 http：//newenergy. in-en. com/html/newenergy - 15241524151169130. html。

[29]《美国核电之忧：核能算不算一种清洁与安全能源》，载国际电力网，2011 年 3 月 31，参见 http：//power. in-en. com/html/power－1438143878973412. html。

[30]《美国地热产业继续加快发展》，载国际新能源网，2011 年 4 月 19 日，参见 http：//newenergy. in-en. com/html/newenergy－0837083735987230. html。

[31]《美国地热发电能力超过 300 万兆瓦，是火力发电的 10 倍》，载国际新能源网，2011 年 10 月 27 日，参见 http：//newenergy. in-en. com/html/newenergy－15451545361176203. html。

[32]《中美敲定 450 亿美元大单，美国 12 个州 70 家公司受益》，载国际能源网，2011 年 1 月 22 日，参见 http：//www. in-en. com/finance/html/energy_ 0927092715911757. html。

[33]《美国油气并购交易价值劲增》，载国际燃气网，2012 年 2 月 14 日，参见 http：//gas. in-en. com/html/gas－14361436611285233. html。

[34]《油气业务并购走向美国》，载国际燃气网，2011 年 5 月 18 日，参见 http：//gas. in-en. com/html/gas－17381738781018265. html。

[35]《中海油将以 5. 7 亿美元购入美国页岩油气项目》，载国际能源网，2011 年 2 月 2 日，参见 http：//www. in-en. com/article/html/energy_ 0931093146921805. html。

[36]《中国民营企业成功收购美国油田》，载国际石油网，2011 年 10 月 31 日，参见 http：//oil. in-en. com/html/oil－15271527911178895. html。

[37]《中美握手新能源，超威扩张触角伸向美国》，载国际能源网，2011 年 5 月 17 日，参见 http：//www. in-en. com/finance/html/energy_ 15491549611016779. html。

[38]《中国新能源企业美国觅食》，载国际新能源网，2011 年 2 月 28 日，参见 http：//newenergy. in-en. com/html/newenergy－1017101757943043. html。

[39]《比亚迪计划通过新能源车进军美国市场》，载国际新能源网，2011 年 1 月 14 日，参见 http：//newenergy. in-en. com/html/newenergy－1411141111901430. html。

[40]《中美新能源领域鏖战已然启幕》，载国际能源网，2011 年 12 月 1 日，参见 http：//www. in-en. com/finance/html/energy_ 09210921661211494. html。

[41]《中美新能源瑜亮之争》，载国际新能源网，2011 年 10 月 19 日，参见 http：//newenergy. in-en. com/html/newenergy－08570857401166739. html。

[42]《中国风电抢滩美国，需关注隐形障碍》，载国际新能源网，2011 年 2 月 14 日，参见 http：//newenergy. in-en. com/html/newenergy－0854085494928158. html。

[43]《中美第三轮对话，新能源合作再出鞘》，载国际新能源网，2011 年 5 月 23 日，参见 http：//newenergy. in-en. com/html/newenergy－08390839491021351. html。

拉　美

2011年，拉丁美洲地区形势呈现“稳中有变”的发展态势，其中的“稳”延续了拉美局势近年来的常态化特征：政局保持稳定，经济持续增长，民生不断改善。其中“变”则有两个重要变化：一是2011年拉美共有7个国家举行了总统或议会选举，这些大选国家政权都平稳过渡，左翼势力继续扮演地区政治版图的主要角色，但右翼势力有所上升，而且他们都表现出更加关注民生问题的“务实”姿态，政治立场趋中；[1]二是“拉美和加勒比国家共同体”成立，地区一体化建设迈出重要步伐。拉美国家在政治生态趋于平稳的进程中创新求变，地区合作不断加深，日益成为推动世界格局转换的一支重要力量。南美洲国家联盟决定设立地区稳定基金，规模预计在60亿美元左右；积极推进地区贸易本币化，进一步扩大统一货币“苏克雷”使用范围。为了应对全球经济危机的影响，拉美国家还调整了经济发展政策，针对欧美内需不足进而进口需求下降的新变化，拉美国家调整出口方向，利用原材料价格的优势，大幅度增加对亚洲新兴市场的出口，确保出口创汇，努力化危为机。

一、巴西2011年能源战略

2011年经济与商业研究中心（Centre for Economic and Business Research，CEBR）的年度全球经济排行榜中，占据前五位的国家分别是美国、中国、日本、德国与法国。有报道称，巴西已超越英国成为全球第六大经济体。巴西作为拉美最大的经济体和第二大产油国，在世界能源生产消费中占有举足轻重的地位。自20世纪70年代石油危机以来，巴西相继制定了政策法规发展可再生能源，形成了颇具特色的“巴西模式”，并取得了巨大的社会效益。

（一）巴西能源储量不断上涨

根据巴西石油监管机构和石油工程师学会制定的标准，2011年，巴西国家石油公司的石油、凝析油和天然气的探明储量上升2.7%，至164亿桶油当量。该公司在一份电子邮件声明中表示，根据美国证券和交易委员会的标准，探明储量上升了1%，至129亿桶油当量。[2]国家控制的石油产商——巴西国家石油公司的首席财务官表示，随着公司在大西洋深海水域启动更多的生产设备，未来4年，该公司将加快石油储量增速。巴西国家的石油公司在石油发现地点需要安装更多设备，以满足将石油划分为探明储量的需要。他还说，到2015年底，预计该公司将收到19个生产平台。[3]

（二）巴西能源投资种类多元化

从2002—2011年的10年间，巴西大力开发海上油田和海底盐层下油田，使巴西的石油产量增长45%。其间，巴西从石油进口国变为出口国，2011年油气产量同比增长1.4%。2011年巴西天然气产量达240亿立方米。[4]巴西一直致力于传统能源的投资，但是近几年来巴西在清洁能源方面的投资日益增大：巴西清洁能源投资居世界第六，清洁能源发展全球第一，且一路攀升。巴西政府2011年6月6日表示，在未来4年内将投资生物燃料开发4亿美元。乙醇在巴西已有70年使用历史，且获得汽车工业的青睐，90%的新车可使用汽油和乙醇。巴西将在未来5年投资71亿巴币（约合42亿美元）开发乙醇等生物燃料。到2013年在风力发电项目方面将投入250亿克鲁赛罗（约合161亿美元）。巴西希望在2030年新能源能够在其所有的能源消耗当中占到65%的比例。[5]

（三）巴西能源合作对象多元化

近年来，随着“美国神话”的破灭和国际油价的不断攀升，拉美地区摆脱美国控制的意识正在逐渐增强。于是开始更加务实地自主寻求投资对象、出口市场、资金支持和技术支持。迄今为止，我们看到巴西的合作对象多元化战略已经取得一定程度的成功。巴西的能源合作对象多元化具体表现在以下几点：

1. 亚洲国家在巴西的投资日益增加

巴西石油公司（简称“巴油”）到东南亚推介巨额石油投资计划：在为期5年（2011—2015年）的3735亿美元投资计划中，95%将用于巴西国内。巴西石油领域商机巨大，在上述投资额中，仅有5%用于对外投资，主要在非洲西部沿海和墨西哥湾。尽管巴生物燃料市场日益重要，但巴油仍大力推动石油开发与生产，计划将200万桶/日的现有产量提高到2020年的490万桶/日。巴西石油最大的需求不是来自欧美和日本，而是来自中国、印度、巴西、南美和非洲，这是未来几年以至更长时期的实际情况。[6]

韩国SK成功出售巴西三个石油区块：把在巴西拥有3个矿区的SK Innovation的巴西子公司出售给丹麦马士基（Maersk）公司的合同最终得到了巴西政府的批准。SK Innovation的巴西子公司拥有一个每天生产2.7万桶原油（SK持股份额为1.1万桶）的生产矿区和2个勘探矿区。SK方面在该矿区投入了7.5亿美元（约合7935亿韩元），而售出价格为24亿美元（约合2.54万亿韩元）。韩国政府曾经为这三个矿区提供了7700万美元的“成功后偿还贷款”[7]。此外，巴西国油拟出售日本西南石油的全部股份。巴西国油2008年购买了西南石油87.5%的股份，希望将其打造成本公司在亚洲开展业务的基地，2010年又获得剩余的股份实现全资控股。公司首席执行官加布里埃利2011年8月接受采访时透露，正在研究出售西南石油部分股份。[8]

巴西希望与土耳其加强在经贸与能源领域的合作。经济危机为巴西和土耳其两国的经济合作提供了新的机遇。巴、土两国在2008年国际金融危机发生后仍然保持了较高增长速度，两国的工业产品具有互补性，两国间贸易额从2005年的6.65亿美元增长到了2010年的18亿美元。巴西希望在经贸、能源和足球等领域加强与土耳其的合作。[9]

俄罗斯TNK-BP进入巴西石油天然气项目企业动态：俄罗斯第三大石油公司TNK-BP公司2011年7月8日在一项声明中说，TNK-BP公司与佩特拉能源公司（Petra Energia）签署了一项股份转让协议，根据这项协议，俄罗斯第三大石油公司将获得巴西Solimoes盆地油气项目的45%股份。这个项目包括21个勘探区块，总面积大约在4.8万平方公里。交易价格将取决于所产的石油数量。这个项目的大股东HRT O&G公司将继续担任作业者。据独立的储量审计公司所说，TNK-BP公司通过签署这项协议有可能获得7.83亿桶油当量的概算储量。油田预计将在2012年开始石油生产。这项协议还须获得巴西当局的批准。[10]

2. 美国与巴西的合作呈多元化趋势

巴西与美国的合作可谓是充满了多元化的色彩，在2011年中，巴西曾多次要求美国的雪佛龙或者是美资石油公司因其石油泄漏事故掏出罚款。这一年可谓美国在巴西机遇与挑战共存。

美国第二大石油公司雪佛龙在处理其所钻的一口井的石油泄漏事故时违反了其环境许可证中的有关条款，巴西环境监管机构——巴西环境和可再生资源管理局（Ibama）于2011年12月26日决定对雪佛龙公司再处以540万美元的罚款。巴西Ibama补充说，该机构此前因雪佛龙公司在巴西海上的Frade油田发生严重石油泄漏事故已向雪佛龙公司开具了金额高达2680万美元的罚单，此次石油泄漏事故导致2400桶石油流入海中。值得注意的是，巴西里约热内卢州检察机关时下正在设法对雪佛龙公司石油泄漏破坏当地环境一事提起110亿美元的诉讼。[11]

巴西坎波斯联邦检察院12月19日要求美国雪佛龙石油公司中止在巴西的石油钻井作业，并要求其为石油泄漏事故支付200亿雷亚尔（约合107亿美元）的赔偿。这是巴西迄今为止在石油生产领域开出金额最大的罚单。检察院认为，雪佛龙公司处理原油泄漏、封闭油井的行动迟缓，所使用技术不到位，致使在1个多月里没能彻底制止原油泄漏，显示出该企业缺乏对海洋环境的重视和有效的预防计划。[12]与此同时，巴西责令雪佛龙停止在该国的石油开发活动。

北京时间2011年8月16日凌晨消息：美国国民油井华高公司称，该公司已经接到了一项总额为15亿美元的订单，将为巴西国家石油公司（PBR）建造的7座离岸原油钻探平台提供设备。这份订单是美国国民油井华高公司历史上规模最大的一份订单，其积压订单总价值超过92亿美元。2011年4月第二季度中，美国国民油井华高公司的新订单价值29.6亿美元，创下历史最高水平。[13]

（四）清洁能源发展力度进一步加大

根据2011年4月29日美国非政府组织皮大慈善信托基金会《谁在清洁能源的赛跑中获胜》报告，巴西清洁能源投资在全世界名列第六。巴西在清洁能源中的排名一路上升，随着其能源供应量近一半来自可再生能源，巴西越来越多地成为世界各地学习的积极榜样。根据联合国政府间气候变化专门委员会（IPCC）公布的数字，到2050年世界能源需求占能源生产总量的77%，潜在的可能来自可再生能源供应，尽管目前这一数字为13%，而巴西的这一数字2010年已达到44.8%，预计2020年将上升至46.3%。在未来10年内，巴西对能源的需求预计将增加60%左右，然而巴西也承诺到2020年使其CO_2排放量减少36%—39%，使巴西成为致力于发展清洁能源的国家。

1. 水电

目前大型水电在满足巴西的需求中占有最大份额。按10年计划，预计这些设施的设置能力将从现在的仅85GW上升到超过115GW。主要的新水电项目，是在亚马逊河的帕拉（Pará）省内的鑫谷河（RiverXingu）上建设1.1233万MW的贝罗蒙特（BeloMonte）大坝，到2015年1月发电，于2019年1月全面投用。这将可为1800万个家庭即6000多万人提供足够的电力。在巴西的10年能源计划中投资有一半以上将用于水电。

2. 风力发电

尽管有贝罗蒙特（BeloMonte）和其他各水电站的设置，巴西来自水电的电力供应所占比例预计仍将从 2010 年占总量的 75% 下降到 2020 年的约 67%。与此同时，其他可再生能源，如生物质能、小型水电站，尤其是风能等的比例，将从 2010 年 9GW 翻两番达到 2020 年 27GW。到目前为止，最大的贡献将来自风力发电，风力发电供应巴西电力约 1%，到 2020 年将供应 7%。[14]

3. 太阳能

通用电气将使巴西最大的太阳能项目发电能力增加一倍，世界最大的发电设备制造商通用电气公司将为巴西最大的太阳能发电厂增加 1MW 的发电能力，并最终可能使该发电厂的发电能力扩大到 50MW。通用在和巴西能源公司的一份联合声明中表示，该公司将在 MPX Energia SA（MPXE3）的设施附近安装电池板。MPX 现有的 1MW 的发电厂包含 4680 个电池板，足以为 1500 个家庭供电。MPX 已经获得了联邦和州关于将此项目容量扩大到 5MW 的许可。[15]

4. 生物能源

据巴西《经济价值报》消息，2011 年 4 月 28 日，巴西总统罗塞芙批准一项临时措施，将乙醇由一般农产品的衍生品转化为战略能源。该措施还同时规定，将在汽油里添加乙醇的比重由 25% 减少为 18%。根据该项措施，乙醇的控制权将过渡到国家石油局手上，因此将对私人手上的乙醇库存和市场供求情况加以调控。巴西政府还推出一项刺激甘蔗乙醇业发展计划，由巴西国家经济与社会发展银行提供贷款，推进甘蔗种植面积的扩大和土地的复壮，刺激甘蔗乙醇生产的增长。巴西是世界主要甘蔗乙醇生产国和消费国，对节省石油消费、减少二氧化碳排放发挥了重要作用。

巴西国家经济与社会发展银行推出了名为“更新项目”的刺激甘蔗乙醇业发展计划，安排信贷 40 亿雷亚尔（1 美元约等于 1.7 雷亚尔），期限截止到 2011 年底，主要支持巴西国内大、中型甘蔗乙醇企业，开展土地复壮和扩大甘蔗种植面积100万公顷。同时，开发航空用生物燃料意向书，将于2012年底公布包括技术“路线图”在内的科研成果。之后，将对航空用生物燃料的技术、商务、供应以及可持续性进行重点攻关。[16]

巴西政府认为，在未来10年里，每年需要投资150亿雷亚尔（约88亿美元），以满足国内外市场对甘蔗乙醇的需求。由于乙醇产量不足而导致其价格升至与汽油价格相当的水平，因此消弱了双燃料汽车的竞争力。罗塞芙总统还分析了对食糖出口征收4%附加税的可能性。有专家评论指出，食糖价格超过了乙醇的价格75%。对于巴西联邦政府来说，遏制乙醇价格上涨是非常重要的，它释放了一个政府控制通胀的信号。[17]预计从2013—2014年的收获季将增加乙醇产量24亿升，2012年巴西乙醇产量将为250亿升。[18]

二、委内瑞拉2011年能源战略

委内瑞拉是拉美油气资源最丰富的国家之一，2011年，拉美已探明的石油储量占全球石油储量的20%，达1.7万亿桶，成为世界石油储量第二大区域。[19]其中委内瑞拉拥有拉美85%的原油储量。有报道称，该国已探明石油储量为2970亿桶，[20]超过了沙特阿拉伯的2645亿桶，成为世界上蕴藏石油最多的国家。2012年委内瑞拉将把其石油日产量从目前的约300万桶增加到350万桶。目前，委内瑞拉为全球第五大石油出口国，每天向美国出口约150万桶石油，向中国出口50万桶。未来10年委内瑞拉将成为世界上最大的石油出口国。虽然委内瑞拉的石油储量巨大，但是其中许多储量属于重质或超重质石油，炼制起来成本太高。在石油开采能力方面，沙特仍居世界首位，其日平均开采能力为800万桶以上。委内瑞拉的开采能力仅为每天280万桶。[21]委内瑞拉的天然气储量居拉美第一位、世界第九位。2011年委内瑞拉探明天然气储量增加了11.3万亿立方英尺，委内瑞拉拥有的探明天然气总储量达到了195.1万亿立方英尺。

鉴于委内瑞拉是石油输出国组织中的重要的一员，对整个拉美和石油输出国组织都占据着重要的位置，乃至对全世界的能源市场都起着举足轻重的作用，2011 年间，油价的飙升让委内瑞拉获取了大量的外汇收入。为了维护自己的石油地位，委内瑞拉多次要求欧佩克不要增加石油份额，由于美国一直觊觎委内瑞拉的石油，因此如何处理与美国的关系将是委内瑞拉面临的机遇和挑战，这也恰恰强有力地说明了委内瑞拉在世界能源市场上的影响力和话语权。近年来，委内瑞拉组织召开南美国家能源共同峰会，团结南美各国建立南美联盟、创建南美银行，甚至创建“石油元”，以增强南美国家的自主性，摆脱对美国的依赖，目前也已取得了一部分进展。

（一）力劝欧佩克不要增加配额

2011 年 6 月 7 日，厄瓜多尔总统拉斐尔·科雷亚（Rafael Correa）和委内瑞拉总统胡戈·查韦斯（Hugo Chavez）表示，原油市场供应充足，当前油价也在合理范围内，欧佩克应该在 6 月 8 日的会议上维持产量配额不变。查韦斯在双边会谈结束后表示，油价在 100 美元/桶左右是“公平的”。科雷亚也表示，当前油价“相当合理”。查韦斯表示，只有需求增长之后，欧佩克才需要提高产量。欧佩克成员国 6 月 8 日将在维也纳召开会议，决定是否提高产出配额。但成员国就此分歧严重，以沙特阿拉伯为首的海湾地区国家呼吁通过增产平抑油价，而以伊朗为首的鹰派成员反对这么做。当前，欧佩克石油产量配额名义上为 2484.5 万桶/天，但有质疑称实际产量已经超过 2600 万桶/天。[22]

（二）致力于提高石油产量

2011 年 8 月 17 日，委内瑞拉能源部长拉米雷斯宣布，政府已制定长期石油增产计划，未来将投资 1000 亿美元重点开发奥里诺科重油带，力争年内将委石油产量提升 15%，明年进一步提高 15%—25%，2015 年前确保委原油日产量增产 100 万桶，由当前的 300 万桶增至 400 万桶。拉米雷斯称，先前建设的一批石油管道和新发现的油田将于 2012 年全面启动，委内瑞拉将用 10 年时间实现奥里诺科重油带的快速开发，并强调政府和企业在这一区块的投机累计将超过 1000 亿美元。委内瑞拉奥里诺科河两侧的狭长地带拥有极为丰富的超重油资源，美国地质勘探局（USGS）、欧佩克均认为，若奥里诺科石油带得到充分开发，委内瑞拉将轻松超越沙特，成为世界第一产油国。拉米雷斯表示，委政府计划用10年的时间将奥里诺科的原油日产量由当前的110万桶提升至390万桶，预计届时将有超过10万人获得工作机会，除石油投资外，还有相当一部分资金将流向公路、住房及学校等基础设施建设。7月底，查韦斯曾公开敦促欧佩克提高委内瑞拉的产量配额，因为奥里诺科石油带的快速开发将大幅提升委石油产量。

（三）合作对象多元化

委内瑞拉寻求获得白俄罗斯炼油厂股份。2011年1月27日，白俄罗斯驻委内瑞拉大使Valentin Hurinovych说，委内瑞拉不久可能获得白俄罗斯一个炼油厂的股份。这位大使表示："我认为委内瑞拉将成为我们的企业尤其是炼油企业的一个股东和合作伙伴。"由白俄罗斯和委内瑞拉组建的合资公司BeloVeneSolana日前获得了2个新的油田，这2个新油田将把合资公司的产量提高一倍。他补充说，天然气资产在不久的将来也将包括到这家合资公司中来。[23]

俄气获委内瑞拉新天然气勘探权。据委内瑞拉政府2月28日发表的政府官方公报所说，委内瑞拉日前以2000万美元的价格把新的天然气勘探权分配给了俄罗斯能源巨头俄罗斯天然气工业股份公司（俄气/Gazprom）。专家们说，委内瑞拉这个南美洲大陆最大的原油生产国是世界上拥有最大海上天然气储量的国家之一，但是，它迄今没有开始生产任何的商业天然气。委内瑞拉能源部的一名官员说，俄气曾在委内瑞拉湾的两个其在2005年获得的区块内没有任何发现，因此，这次分配属于重新分配。[24]

委内瑞拉从日本银行获得15亿美元石油贷款。委内瑞拉能源部长拉斐尔·拉米雷斯于7月5日表示，委内瑞拉国家石油公司的代表与日本的银行签署了一项有关供应石油交换15亿美元贷款的协议。拉米雷斯说，这笔贷款将来自日本国际合作银行以及另外10家日本银行。委内瑞拉国家石油公司将利用这笔贷款提升2个炼油厂。这笔贷款能够用现金或石油偿还。[25]

雪佛龙委内瑞拉重油项目2012年开始产油。2011年7月7日报道称，美国雪佛龙石油公司日前透露，由该公司和委国家石油公司合资开发的奥里诺科重油带卡拉沃沃I区块和卡拉沃沃III区块项目有望在2012年9月开始产油，初期产量预计为5万桶/日。雪佛龙公司于2010年5月12日与委国家石油公司建立合资公司，其中委方控股60%；同时西班牙雷普索尔公司牵头与委国家石油公司成立了另外一家合资公司，两家合资公司在卡拉沃沃地区的原油开采量最终将达到80万桶/日，总投资约400亿美元。[26]

委内瑞拉为海上天然气项目寻找合作伙伴。2011年9月27日，委内瑞拉国家石油公司（PDVSA）的一名高级官员表示该公司时下仍在为拥有14.7万亿立方英尺天然气储量的Mariscal Sucre海上天然气项目寻找合作伙伴。PDVSA经理Orlando Chacin在委内瑞拉沿海城市PUERTO LA CRUZ还对媒体记者说，委内瑞拉预计将在2014年停止从邻国哥伦比亚进口天然气。[27]

俄气将开发委内瑞拉海上Robalo气田。10月12日报道称，俄罗斯能源巨头俄罗斯天然气工业股份公司（俄气/Gazprom）和委内瑞拉国家石油公司（委国油/PDVSA）日前签署了一项旨在开发位于委内瑞拉湾的Robalo气田的谅解备忘录。根据谅解备忘录，委国油将向俄气提供有关参加该气田开发条件的建议以及有关这个项目的地质资料。Robalo气田位于委内瑞拉湾的Cardon IV区块。Robalo气田靠近拥有15万亿立方英尺天然气储量的Perla气田。Perla气田由西班牙雷普索尔公司、委内瑞拉国家石油公司和意大利埃尼公司组成的合资公司负责开发。

白俄罗斯、委内瑞拉和中国计划联合开发委内瑞拉一个大型含油区。2011年10月9日，白俄罗斯代表团访问委内瑞拉期间在加拉加斯讨论了实施这个以及其他合资项目的问题。白俄罗斯代表团团长、总统特别助理维克托·沙伊曼说："我们获得与委内瑞拉、中国联合在大型含油区开发的原则性协议。"他说，根据所签订的协议规定，白俄罗斯和委内瑞拉合资企业Petrolera BeloVenesolana在马拉开波湖地区又获得两块新的油田。他强调，随着新油田的开发，石油开采量将增加数倍。[28]

委内瑞拉欲与俄罗斯共建新国际石油组织。2011年10月6日，委内瑞拉总统查韦斯在总统官邸会见俄罗斯副总理谢钦及能源部长谢马特科时提出此项计划。查韦斯还指出，若此组织能够成立，将不会对石油输出国组织（OPEC）造成压力和阻碍，而是与 OPEC 一道，共同为世界石油市场的稳定有所作为。查韦斯表示，参与到该石油组织中的成员国将不会超过 4—5 个，并希望俄罗斯与委内瑞拉两大石油巨头共同参与到该组织的建立中[29]。7 日，俄罗斯与委内瑞拉查韦斯在随后发表的电视讲话中说，双方之间的合作将不仅局限在石油和天然气领域，而且还将拓展到金融和经贸等领域。根据协议，俄罗斯答应向委内瑞拉提供的 40 亿美元贷款将分两年（2012—2013 年）等额支付，这笔贷款将用于购买战斗机、防空雷达、直升机和军火装备等。[30]

三、墨西哥 2011 年能源战略

2011 年墨西哥不断发现新油气田，说明其勘探技术的优越，但是之前这个老牌能源大国在发展能源经济方面，尤其在基础设施等硬件和能源战略等软实力方面存在着很大弱点。2011 年，尽管油产量有小幅增长，但明显不足。为此，墨西哥增加了在传统能源和新型能源领域的投资力度，大力引进外来投资，筹集资金，发展本国的能源经济。不得不提的是，由于墨西哥与美国接壤，墨西哥湾的石油问题与两国利益都息息相关，因此，处理好与美国的利益关系、共同开发能源经济也是墨西哥面临的一个挑战，再加上 2011 年的欧债危机影响全球，拉美地区也不例外。

（一）投资力度增大

预计 2012 年墨西哥国家石油公司用于勘探和开发的投资将比上年增长 2.8%，占 2012 年联邦政府批准墨西哥国家石油公司财政预算的 83%。该投资全部用于墨西哥国家石油公司的生产性活动。其中 46% 用来发展墨西哥国家石油公司现有项目，41% 投入生产，13% 投入到油田的勘探，2% 为技术研发的投资。坎塔雷尔（CANTARELL）油田的原油和伴生气占总投资金额的 22%。此外，对坎佩切油田的投资将比 2011 年增长 32%。对非伴生气的生产投资将占全部勘探和开发投资的26%。[31]

然而，标准普尔分析人士认为，墨西哥国家石油公司有限的投资能力将使公司依靠外国投资。标准普尔分析人士称，将公司盈利的50%用于纳税，集中对效益低的油井进行开采，加之产量的下降，将使墨西哥国家石油公司鼓励外国私人企业投资。依据墨西哥国家石油公司的规定，外国私人企业只有通过购买该公司发行的债券才能参与其项目，这可以给其带来资金上的灵活性。但是发行债券必须在议会通过的预算框架下进行。估计墨西哥国家石油公司发行的债券将每年增长10%。私人投资的另一选择是参与鼓励性合同。通过签订合同，私人企业可以参与该公司项目，根据开采量获取收入。估计到2014年国家石油公司每年必须为生产投入200亿美元。标准普尔分析人士认为，墨西哥国家石油公司与墨西哥政府的关系不会因为政府换届而改变。[32]

例如，作为2011年融资计划的一部分，墨西哥国家石油公司通过墨西哥证券所在国际市场发行了约7.4亿美元的十年期债券。获得的资金将用于项目投资和再融资。为了使投资来源多元化，墨西哥国家石油公司使用了面向外国投资商的“全球存托凭证”（global depositary note）。“全球存托凭证”在墨西哥国内外投资商中有很大需求，并保证了墨西哥国家石油公司高额债券的发行。2011年10月，墨西哥国家石油公司面向美国和英国投资商发行了12.5亿美元的30年期限债券，同样用于项目投资和再融资。[33]

墨西哥将铺设新天然气输送管道。[34]墨西哥总统卡尔德龙2011年11月8日宣布，墨西哥天然气领域将实施庞大的基础设施建设计划，使天然气市场发生结构性变化。该计划需要投资105亿美元，分别来自政府和私人投资。通过该计划，墨西哥天然气输送网络将增加39%，分销网络增加128%。其中包括6条连接到新加工厂的输送管道和2条为墨西哥中部地区提供燃气的管道。估计该基础设施建设于2018年完工。卡尔德龙称，该项工程的出发点是为天然气的运输和分销提供新的基础设施，使天然气的营运更加规范，并为天然气发展开拓边远地区市场。该工程将提高墨西哥的竞争力并为经济发展创造更多动力。

美洲开发银行2011年11月30日宣布，给墨西哥提供7000万美元贷款，支持其可再生能源的发展。美洲开发银行曾于2009年给墨西哥提供了同等金额的贷款，以扶植其对可再生能源发展的推动。墨西哥可再生能源发展项目总需2.1亿美元的投入。美洲开发银行此次贷款的目的是获得国际和墨西哥其他金融机构的支持，从而争取15亿美元的资金援助。贷款将直接提供给可再生能源发电项目的推动企业。这些资金将用于至少10个可再生能源发电站，将绿色能源的生产设计能力提高到千万瓦以上。同时每年可以减少200万吨天然气的使用。[35]

（二）天然气储备增加

2011年5月25日，墨西哥国家石油公司（墨国油/Pemex）在墨西哥湾深水区获得了一个“重要的”天然气发现。Pemex说，该公司在墨西哥湾深水区所钻的Piklis 1井完钻时的总深度达到了5400米，这是墨西哥公司迄今为止在墨西哥湾所钻的最深的勘探井。该公司在这口井中估计发现了4000亿—6000亿立方英尺的天然气储量[36]。

墨西哥能源部长霍尔迪·埃雷拉·弗洛雷斯10月24日宣布，在墨西哥北部与美国交界地区发现了大规模天然气田，这将改变墨西哥的能源状况。此次发现的大气田为存在于砂岩中的页岩气，这将使墨西哥在未来94年内都能享有充足的天然气资源，并推高国内生产总值增长率1个百分点。此外，未来可能建造的石化工厂还将为从奇瓦瓦州到圣路易斯波托西州的广大地区创造更多就业岗位。弗洛雷斯透露，新发现的天然气田将使墨西哥的天然气储量增加4—5倍。他指出，这将推动新计划出台，估计至少将建造3座石化工厂。根据墨西哥石油公司的报告，主要的页岩气储量位于萨维纳斯和布尔戈斯地区，横跨科阿韦拉州、新莱昂州和塔毛利帕斯州。[37]

此外，12月1日，墨国油宣布在墨西哥湾的深海水域发现一个天然气田，总储量约4000亿立方英尺（113亿立方米）。发现天然气的Nen 1探井位于墨西哥韦拉克鲁斯州东北113公里，处于海平面以下4350米。据估计，Nen 1探井的天然气产量可达日均2700万立方英尺，探明总储量达4000亿立方英尺。[38]

（三）清洁能源发展加快

1. 墨西哥开始开发页岩气资源

据美国能源情报署的报告，墨西哥拥有可采页岩气资源为681万亿立方英尺的技术，据评估，墨西哥拥有5个盆地，包括Burgos、Sabinas、Tampico、Tuxpan和Veracruz盆地以及8个页岩沉积区。先进资源国际公司估计，墨西哥陆上盆地含有约2366万亿立方英尺地质风险的页岩气资源，结构复杂、深度超过5000米等因素制约了其开发。2011年初，墨西哥国家石油公司已在东北部Coahuila州Eagle Ford页岩沉积区的一个开发井生产出其第一批页岩气，墨国油计划再钻10口井，包括在La Pena和Glenrose页岩区，目标是开发天然气和凝析油。墨西哥的页岩气生产潜力巨大，现处于早期开发阶段。[39]

2. “巴哈阳光”和华宇集团在墨西哥成立聚光太阳能光伏公司

巴哈阳光能源公司和“华宇光能”在墨西哥成立一体化太阳能企业，主要业务范围是聚光太阳能光伏（CPV）系统的建造。墨西哥公司将建造一家聚光太阳能光伏系统制造厂，并使用一家10兆瓦太阳能发电场生产的电池板，而这些制造厂和发电场都位于墨西哥墨西卡利硅谷边境的清洁技术产业园。新成立的公司已涌现出巴哈阳光能源公司和“华宇光能”之间的协议，“华宇光能”成为新公司的股东和聚光太阳能光伏技术，砷化镓半导体的提供商，还向巴哈阳光能源公司提供其他的材料。最初的计划包括在未来4年里募集5亿多美元的投资，CPV太阳能工厂建成后每年生产的电力将超过100兆瓦，其需有4240名直接雇员。“巴哈阳光”表示，公司2011年晚些时候将会开始建造在硅边境清洁技术产业园的新工厂。工厂将会运用华宇光能CPV太阳能制造设备制造太阳能电池、组件和双轴跟踪系统。华宇集团表示，新合资公司可将我们的产品扩展到美国，并致力于亚洲和世界其他地方的光伏市场。[40]

Siliken将在墨西哥建世界最大的太阳能电站。Siliken公司将在墨西哥杜兰戈州建造一个太阳能电站，该电站将会是世界上最大的太阳能电站。

这家可再生能源公司认为杜兰戈州拥有最佳的阳光照射条件。该太阳能电站的输出功率为100MW，占地面积300公顷，总投资额达3亿美元。到目前为止，Siliken已经与电站签署了一份为期30年的合约。此外，该公司正在申请获得有关当局的权限，以管理该太阳能电站，预计可于4—6个月之后获得批准。在完成了能源销售合约之后，第一块太阳能组件预计可于2012年夏季开始安装。项目将分4个阶段进行，每个阶段为期一年，并将雇佣当地的工人来完成。而用于杜兰戈太阳能电站的太阳能组件也将来自杜兰戈本地，这将有利于推动当地经济的发展。[41]

墨西哥迎来首个聚光光伏发电项目。墨西哥的日照充足众人皆知，但直到最近太阳能技术才得以在此地发挥优势为民造福。Baja Sun Energy公司是墨西哥第一个太阳能业务集成供应商。它最近宣布与华宇光能在一个制造工厂的项目上开展合作，并致力于CPV系统组件的生产。这个制造厂和一个公共设施级的太阳能发电站（将用工厂生产的零部件修建）都将设在墨西卡利的Silicon Border Cleantech公园。Baja Sun Energy公司和“华宇光能”的合作协议已经签订，并且由“华宇光能”作为聚光光伏技术、砷化镓半导体和其他材料的供应商。初步计划在未来4年投资500万美元，每年完成产能100兆瓦以上，直接提供就业岗位超过4240个。Baja Sun公司计划2011年晚些时候破土动工开建新工厂，Arima Solar公司将提供整套聚光光伏生产线，用于制造电池、组件和双轴跟踪系统。根据合作协议，墨西哥的员工将在位于台湾的华宇生态工厂接受培训。最终，工厂的总供应链预计将创造超过8000个工作岗位。[42]

墨西哥下加州风能发展潜力大。由于独特的地理优势，墨西哥下加州能源资源丰富。到2015年墨西哥下加州一带有望成为墨西哥风能发电的龙头，其发展计划是使风能发电能力达到3810千瓦。墨西哥科学和技术全国委员会一名调研员表示，墨西哥与美国之间的边境特别是靠近运输枢纽的地带，可以成为墨西哥重要的风力发电中心，目前已经有了发展规划。墨西哥联邦政府2010年曾提出要充分利用该地区丰富的风力和太阳能等可再生资源，发现该地区风力资源发电能力可达71000千瓦，比墨西哥全国的发电设立能力高2万千瓦。该调研员表示，墨西哥和美国边境经济区能源一体化是未来能源领域的投资机会，应该利用这些潜力并使发展规划能促进经济发展。目前该地区已有一个风力工业园区，为周边5个州输送电力。

第二个风力发展计划的设立能力为77千瓦，建37个风力发电设备，投资约为1.2亿美元。[43]

墨西哥风能利用有待发展。墨西哥《改革报》2011年11月2日刊登文章“巴西风能利用和发展在拉美居领先地位”。文章中说，由于墨西哥全国电力委员会在发电方面的限制，墨西哥尽管拥有丰富的风能资源，在风能利用和发展方面仍落后于巴西。到2016年巴西计划将风能在能源生产中的比重从现在的5%提高到7.5%。目前巴西有2家风能生产企业，其设计能力为22.2万千瓦。墨西哥与巴西的条件基本相似。可以在全国7个主要地区发展风能，其中包括尤加坦半岛、坎佩切州和瓦哈卡州等，并可达到5000千瓦的发电能力。而根据美国可再生能源实验室的报告，墨西哥风能发电可以达到3.5万千瓦。但墨西哥风能资源及其潜力没有得到很好利用。根据该报，墨西哥全国电力委员会没有风能发展和利用的长期规划，对小型发电企业以及边远地区的自行发电企业给予很多限制，同时缺乏鼓励企业对开发能源进行投资的措施。[44]

综上所述，2011年，拉丁美洲地区形势呈现“稳中有变”的发展态势，中国与拉美的能源合作机遇与挑战并存。一方面，加强合作是双方的战略需求，拉美需要在中国经济的强劲增长中获利，中国也需要拉美作为一个“战略大陆”和潜在市场，二者可以互利双赢。另一方面，二者自身存在的差异性与不平衡性以及地缘政治的影响，也使得二者的合作存在一定的风险。2011年美国与拉美关系整体改善，美国对拉美的政策重点从单方面的经济援助转变为向拉美要市场。2012年，墨西哥和委内瑞拉等国将举行总统选举，智利、巴西和古巴等国家的政治经济改革也将继续进行。这些都直接影响中国与拉美的战略合作关系，中国应该予以关注。

注　释

[1] 赵重阳：《2011年拉美形势回顾报告会综述》，载《拉丁美洲研究》，2011年第6期第74页。

[2]《巴西国家石油公司2011年石油等的探明储量上升2.7%》，载国际石油网，2012年1月13日，参见 http：//www. in-en. com/article/html/energy _ 10451045551257561. html。

[3]《巴西国家石油公司将加快石油储量增速》，载国际能源网，2012 年 1 月 14 日，参见 http：//www. in-en. com/article/html/energy_ 08570857881257979. html。

[4]《2011 年巴西天然气产量达 240 亿立方米》，载国际燃气网，2012 年 2 月 3 日，参见 http：//gas. in-en. com/html/gas－14591459811274262. html。

[5]《为提高新能源利用比例，巴西正在努力》，载世界风力发电网，2011 年 12 月 5 日，参见 http：//www. 86wind. com/html/2011－12/fenglifadian－13028. htm。

[6]《巴西石油到东南亚推介巨额石油投资计划》，载国际石油网 2012 年 1 月 12 日，http：//oil. in-en. com/html/oil－09270927831187504. html。

[7]《韩国 SK 成功出售巴西三个石油区块》，载国际石油网，2011 年 7 月 15 日，参见 http：//oil. in-en. com/html/oil－14221422561076314. html。

[8]《巴西国油拟出售日本西南石油全部股份》，载国际燃气网，2011 年 11 月 8 日，参见 http：//oil. in-en. com/html/oil－14251425431186848. html。

[9]《巴西总统希望与土耳其加强经贸和能源合作》，载国际能源网，2011 年 10 月 8 日，参见 http：//www. in-en. com/article/html/energy_ 08180818151153290. html。

[10]《俄罗斯 TNK-BP 进入巴西石油天然气项目企业动态》，载国际燃气网，2011 年 5 月 27 日，参见 http：//gas. in-en. com/html/gas－09190919551027268. html。

[11]《巴西向雪佛龙公司再开巨额罚单》，载国际石油网，2011 年 12 月 28 日，参见 http：//oil. in-en. com/html/oil－09320932681240472. html。

[12]《巴西给美资石油公司开出 107 亿美元罚单》，载国际石油网，2011 年 12 月 19 日，参见 http：//oil. in-en. com/html/oil－08160816581229259. html。

[13]《美国国民油井接到巴西国家石油 15 亿美元订单》，载国际石油网，2011 年 8 月 16 日，参见 http：//oil. in-en. com/html/oil－08570857851106893. html。

[14]《风力发电占巴西已签合同能源的超过 80%》，载国际新能源网，2011 年 11 月 28 日，参见 http：//newenergy. in-en. com/html/newenergy－11581158291241094. html。

[15]《通用电气将使巴西最大的太阳能项目发电能力增加一倍》，载中国电力网，2011 年 9 月 16 日，参见 http：//power. in-en. com/html/power－17021702201138971. html。

[16]《巴西与波音合作开发航空生物燃料》，载人民网，2011 年 10 月 28 日，参见 http：//scitech. people. com. cn/h/2011/1028/c227887－2675198328. html。

[17]《乙醇升级为巴西国家战略能源》，载国际新能源网，2011 年 5 月 4 日，参见 http：//newenergy. in-en. com/html/newenergy－13591359351003343. html。

[18]《巴西石油公司在未来四年内将投资生物燃料 4 亿美元》，载国际新能源网，2011 年 6 月 13 日，参见 http：//newenergy. in-en. com/html/newenergy－091909191

61041513. html。

[19]《拉美成为世界石油储量第二大区域占全球 20%》，载国际石油网，2011 年 8 月 5 日，参见 http：//oil. in-en. com/html/oil－15211521481098063. html。

[20]《查韦斯：委内瑞拉 10 年内将成最大石油出口国》，载国际石油网，2011 年 12 月 30 日，参见 http：//oil. in-en. com/html/oil－08230823371242841. html。

[21]《委内瑞拉石油储量世界第一》，载国际石油网，2011 年 7 月 21 日，参见 http：//oil. in-en. com/html/oil－10351035581081400. html。

[22]《委内瑞拉厄瓜多尔反对欧佩克增产》，载国际石油网，2011 年 6 月 8 日，参见 http：//oil. in-en. com/html/oil－15111511841038232. html。

[23]《委内瑞拉寻求获得白俄罗斯炼油厂股份》，载国际石油网，2011 年 1 月 28 日，参见 http：//oil. in-en. com/html/oil－1017101757919492. html。

[24]《俄气获委内瑞拉新天然气勘探权》，载国际燃气网，2011 年 2 月 28 日，参见 http：//gas. in-en. com/html/gas－1439143977945114. html。

[25]《委内瑞拉从日本银行获得 15 亿美元石油贷款》，载国际石油网，2011 年 7 月 5 日，参见 http：//oil. in-en. com/html/oil－11391139931064572. html。

[26]《雪佛龙委内瑞拉重油项目明年开始产油》，载国际石油网，2011 年 7 月 7 日，参见 http：//oil. in-en. com/html/oil－08250825641066374. html。

[27]《委内瑞拉为海上天然气项目寻找合作伙伴》，载国际燃气网，2011 年 9 月 28 日，参见 http：//gas. in-en. com/html/gas－08500850831149230. html。

[28]《白俄罗斯、委内瑞拉和中国计划联合开采委内瑞拉石油》，载国际石油网，2011 年 10 月 9 日，参见 http：//oil. in-en. com/html/oil－16271627451155938. html。

[29]《委内瑞拉欲与俄罗斯共建新国际石油组织》，载国际能源网，2011 年 10 月 9 日，参见 http：//www. in-en. com/article/html/energy_ 07400740201154701. html。

[30]《俄罗斯向委内瑞拉贷款 40 亿美元换得油气项目开发权》，载国际燃气网，2011 年 10 月 8 日，参见 http：//gas. in-en. com/html/gas－14391439311154583. html。

[31]《墨西哥国家石油公司加大投资力度》，载国际石油网，2012 年 2 月 9 日，参见 http：//oil. in-en. com/html/oil－08040804141279545. html。

[32]《墨西哥国家石油公司投资能力有限需要依靠外资》，载国际石油网，2011 年 12 月 5 日，参见 http：//oil. in-en. com/html/oil－10211021211215086. html。

[33]《墨西哥国家石油公司发行 10 年债券》，载国际石油网，2011 年 12 月 8 日，参见 http：//oil. in-en. com/html/oil－08090809201218533. html。

[34]《墨西哥将铺设新天然气输送管道》，载国际能源网，2011 年 11 月 15 日，参见 http：//www. in-en. com/article/html/energy_ 09030903411192873. html。

[35]《美洲开发银行为墨西哥可再生能源发展提供7000万美元贷款》，载国际电力网，2011年12月8日，参见http：//power. in-en. com/html/power－10051005641219248. html。

[36]《墨国油在墨西哥湾深水区获重要天然气发现》，载国际燃气网，2011年5月26日，参见http：//gas. in-en. com/html/gas－10351035521026325. html。

[37]《墨西哥发现大规模天然气田，未来94年燃气无忧》，载国际燃气网，2011年10月28日，参见http：//gas. in-en. com/html/gas－08270827531176321. html。

[38]《墨西哥国家石油公司宣布发现天然气田》，载国际能源网，2011年12月2日，参见http：//www. in-en. com/article/html/energy_ 10051005451213354. html。

[39]《墨西哥开始开发页岩气资源》，载国际燃气网，2011年8月23日，参见http：//gas. in-en. com/html/gas－09170917701114419. html。

[40]《巴哈阳光和华宇集团在墨西哥成立聚光太阳能光伏公司》，载国际新能源网，2011年9月16日，参见http：//newenergy. in-en. com/html/newenergy－11361136691138739. html。

[41]《Siliken将在墨西哥建世界最大太阳能电站》，载国际电力网，2011年10月10日，参见http：//power. in-en. com/html/power－10531053331157268. html。

[42]《墨西哥迎来首个聚光光伏发电项目》，载国际新能源网，2011年9月28日，参见http：//newenergy. in-en. com/html/newenergy－09310931351149777. html。

[43]《墨西哥下加州风能发展潜力大》，载国际电力网，2011年12月1日，参见http：//power. in-en. com/html/power－09330933851211640. html。

[44]《墨西哥风能利用有待发展》，载国际电力网，2011年11月4日，参见http：//power. in-en. com/html/power－09410941811183403. html。

大洋洲：澳大利亚

一、2011 年澳大利亚政治经济环境

（一）气候变化与选举政治

近些年来，气候变化成为澳大利亚国内政治的最重要议题，并在一定程度上主导着澳国内政治的变迁。2007 年底，陆克文（Kevin Rudd）高举“气候变化”的大旗，击败了执政 11 年之久、政绩甚佳的霍华德（John Howard），当选为澳大利亚总理。这次大选被视为全世界第一个因“气候变化议题”而决定结果的国家大选。而在执政仅仅 2 年零 200 天之后的 2010 年 6 月 24 日，因对气候变化应对方面无所作为和高额矿业税问题，曾被认为“最受欢迎”的陆克文总理失去了民意支持，结果面临国家大选失利风险的工党无情地把他赶下台，副总理朱莉娅·吉拉德（Julia Gillard）成为新的联邦总理。在近两个月之后的联邦大选中，吉拉德拉拢在环境保护运动中崛起的绿党及两位独立议员，勉强组建了新一届工党政府，而且还是少数党政府。澳大利亚在野的联盟党，也在 2007 年之后的两年多时间里，围绕气候变化议题的不同政策取向，两次更替党内领导人。

2011 年 7 月 10 日，吉拉德政府经过长时间的酝酿和争执，终于正式提出了碳排放税方案的细节，计划从 2012 年 7 月 1 日开始对澳大利 500 家

重污染企业征收碳排放税，并将此方案在2011底前提交国会投票表决。澳大利亚朝野双方又展开了针锋相对的政治角力，吉拉德本人和工党的民意支持率跌至谷底，在野党领导人呼吁提前大选，让选民决定碳排放税的命运。气候变化议题成为澳大利亚大选的“风向标”。吉拉德总理希望重建在气候变化议题争议中被摧毁的工党政府的公信力，并有力地推动澳大利亚的未来发展。澳大利亚政坛在气候变化问题上又展开了新的洗牌。

工党政府于2010年底建立了多党派参与的气候变化委员会，以探讨实施碳排放税的可能性。该委员会的成员包括三名工党政府部长、两名绿党议员和两名独立议员，并给联盟党留有两个成员名额，但联盟党拒绝参加。2011年2月24日，该气候变化委员会宣布，自2012年7月1日起，政府对碳污染物征收固定价格的碳排放税，并经过3—5年的过渡期，碳排放税将转变为碳排放交易机制，但一些细节问题仍需要讨论，如对家庭和产业的补偿计划。[1]联盟党、部分产业界人士和部分民众表示反对，而工党、绿党、部分产业界人士和部分民众则表示支持，气候变化问题再次成为澳大利亚的政治漩涡。

面对各方的压力和异议，工党政府依旧坚持其碳排放税方案。2011年7月1日，工党政府宣布了碳排放税方案的具体细节：从2012年7月1日开始对澳大利亚500家重污染企业征收碳排放税，具体征税标准为2012年7月1日至2013年6月30日，每吨二氧化碳征收碳排放税23澳元，之后两个年度逐年提高2.5%，直到2015年实施一个长期的碳排放交易机制为止。[2]碳排放税方案覆盖了澳大利亚60%的碳排放，政府预计到2020年将减少1.59亿吨碳排放，与2000年相比减排5%。同时政府将拨92亿澳元（注：碳排放税收入的一部分）用于耗能产业的调整、援助和就业安全；拨款150亿澳元用于家庭额外开支的补偿；拨款促进清洁能源的投资和开发；成立气候变化监管局（Climate Change Authority），负责监管碳排放方案的实施。[3]

应该指出的是，并不是所有的能源资源企业都反对碳排放税。即使对能源资源产业而言，从长远来看，碳排放定价的缺失会带来很大的商业不确定性，从而影响理性的投资决策，例如，投资者更愿意花钱建造收益快但节能效果欠佳的火力发电厂。因此，很多煤炭和电力公司期望早日定下碳价格，以便在商业竞争中先占商机。更重要的是，与发展清洁能源相比，碳污染减排机制仍然是减少碳排放的廉价方法。

（二）经济与资源概况

澳大利亚农牧业发达，自然资源丰富，盛产羊、牛、小麦和蔗糖，同时也是世界重要的矿产品生产和出口国。农牧业、采矿业为澳传统产业，近年来，制造业和高科技产业发展迅速，服务业也已成为国民经济的主导产业。为应对金融危机，澳政府积极实行扩张性财政政策，并且取得了一定效果。2011 年澳大利亚的主要经济数据如下：国内生产总值为 1.5 万亿美元；人均 GDP 为 6.6 万美元；GDP 增长率 2.3%；通货膨胀率：3.5%；失业率：5.2%（2011 年 10 月）；汇率：1 澳元 = 0.97 美元（2012 年 1 月）；外汇储备：354.5 亿澳元（截至 2011 年 12 月）。[4]

二、澳大利亚能源发展战略

充足的能源资源是国家发展经济、维持繁荣的重要保障，谁控制了能源，谁就控制了经济增长。[5] 因此，能源安全一直受到各国的高度重视。澳大利亚作为天然的能源大国，通过发布《国家能源安全评估 2009》和《白皮书战略指针》等相关文件，重新对其自身的能源结构进行了评估和战略调整，以应对当前国际形势新变化。这无论对澳大利亚自身的发展，还是对周边国家和地区的战略调整来说，都值得高度重视。具体来看，2011 年澳大利亚的能源发展战略新调整主要体现在如下方面：

（一）积极发展传统煤炭产业

2011 年，澳大利亚煤炭勘探创新高。澳大利亚数据统计局显示，第二季度超过 2.07 亿美元的资金投入到了煤炭勘探上，远超过上一个记录——第四季度的 1.22 亿美元，几乎是 2010 年 6 月同期的 2 倍。铁矿石的勘探量在第二季度也几乎翻番，达到 2.147 亿美元。第二季度总勘探量也创了新高，达到9.07亿美元，比早前一个季度的6.5亿美元上涨了约1/3。为减少上年水灾造成的损失，2011年12月，澳大利亚煤炭企业合并，组成“煤炭企业航母”。两家煤矿商同意达成总值52亿美元的企业合并计划，将组成澳大利亚最大的煤矿开采商之一。阿斯顿资源公司（Aston Resources Ltd.）的投资者将以每份阿斯顿股份，获得1.73股“怀特黑文”（Whitehaven Coal Ltd.）的股份，而“怀特黑文”的股东将在交易前以50澳分/股的价格获得一份额外红利。持有“阿斯顿”32%股份的Tinkler集团称，将投票同意此项交易。阿斯顿和怀特黑文董事会的其他成员均一致向股东建议进行企业合并。

（二）加大油气开发，加强监管

澳大利亚加大油气开发的举措，一方面体现在加大勘探开发上，另一方面体现在加大投资方面。

在加大勘探力度方面，著名的石油勘探公司澳大利亚非洲石油公司获得了位于塞内加尔海上的两个区块的勘探许可证。[6]澳大利亚非洲石油公司目前与塞内加尔政府和塞内加尔国家石油公司签署了有关协议，根据协议，澳大利亚非洲石油公司将获得位于塞内加尔海上的Rufisque Offshore Profond区块和Senegal OffshoreSud Profond区块的勘探许可证。拥有90%股份的该公司将担任这两个海上区块的作业者，其总面积为1.8277万平方公里。澳大利亚非洲石油公司勘探计划的目标将是这两个区块的深水地层，那里被认为拥有与加纳海上朱比利油田和塞拉利昂海上Mercury发现一样的上白垩纪海底陆源沉积扇。

在增加投资方面，澳大利亚计划20年内将向天然气等部门投资2430亿美元。[7]澳大利亚联邦议会副会长艾伦·弗格森说，在今后的20年里，澳大利亚将需要向天然气部门和电力部门实施大规模的投资才能确保国家未来的能源需求。弗格森补充说：“我们需要健全监管框架以及提高投资者的信心来确保必要的投资得以实现，而这份白皮书就是为了寻求提供这种稳定的框架。”

除了加大油气开发之外，澳大利亚联邦政府还将成立新的监管机构，以加强对海洋石油和天然气行业的监管，新机构将从2012年1月起开始运行。[8]在2009年帝汶海（Timor Sea）原油泄漏事件发生后，独立调查委员会建议成立国家级机构，负责海洋石油的监管和协调工作。联邦资源部长说，国家海洋石油安全和环境管理机构（Nopsema）负责作业人员和环境的安全，国家海洋石油管理员岗位管理员（Nopta）负责提出岗位建议并对岗位人员进行管理。

此外，澳大利亚各州领导人已经一致同意在迅速发展的煤层气领域构建一个全国框架，此举将为各州建立更加统一的管理体制铺平道路。[9]尽管澳大利亚联邦政府在煤层气开发中涉及到国家利益的事项审批中有重要作用，州政府仍然是州内主要的管理审批机构。各州能源资源部长同意在该行业制定一个“国家统一框架”，并发布了一个联合“工作计划”来构建这个框架。在此倡导下，三家市值超过500亿美元的合资企业联合起来，在昆士兰州（Queensland）格莱斯顿（Gladstone）的天然气田开采煤层气以供出口，并且已经获得了州政府和联邦政府附带环境条件的许可。联邦议会委员会最近建议公布一项禁令，禁止所有尚未获得环境许可的煤层气开采行为。

（三）全方位向清洁能源倾斜

战略制订方面。为实现2050年时温室气体排放量比2000年减少60%、以及在2020年底减少5%—15%温室气体排放的中期目标[10]，澳大利亚政府承诺引进碳污染减量方案，并增加补充措施，包括加快碳捕获、注射和储存，以及可再生能源技术和能源有效投资等方面的发展。对于重要的排放密集型贸易行业，澳大利亚政府承诺将提供大量援助，以帮助这些企业向低碳经济转变。此外，澳大利亚政府也采取了一系列政策支持可再生能源的发展，如执行《可再生能源目标》（RET）方案，鼓励可再生能源的研究、示范和商业化，拨出500万美元可再生能源基金、150万美元研究太阳能和洁净能源，拨出500多万美元打造太阳能城市等，[11]并要求20%的电力产生于可再生能源。

财税激励方面。澳大利亚格外重视清洁能源的开发利用，制定了引导清洁能源技术和效率加速发展的政策。资金补贴、税收减免和信贷等财政税收激励政策是鼓励新能源开发与利用的有效手段。澳大利亚的财政税收激励政策广泛应用于新能源发展的各个领域和环节，尤其是交通运输性行业。澳大利亚交通运输性行业能源消费量占能源消费总量的41%，预计2019—2020年财政年度前交通运输性能源需求增长约50%。[12]为了满足日益增长的交通性能源需求，澳大利亚广泛采用财政补贴和税收优惠方式，刺激替代性燃料的生产、经营与消费。一方面积极运用财政补贴措施，为替代性燃料的基础设施建设和替代性燃料的经营者、使用者提供财政补贴，这类措施包括：为每一个经营服务场所用于供应E10乙醇混合燃料的基础设施提供最高金额为2万澳元的财政补贴；实施燃料税改革，自2011年7月1日起，新燃料的实际消费税将按照5个平均年度步骤分阶段递加，2015年达到最终税率。

能源创新方面。财政手段包括设立各种专项新能源或能源新技术发展资金或基金，这是澳大利亚支持能源创新政策的重要举措，而国际合作制度则是其重要组成部分，因为它有助于获取能源新技术和推动新技术开发与采用。其中，澳大利亚能源创新国际合作制度有两个层次：一是通过论坛的方式建立能源创新多边合作机制，包括亚太经济合作组织能源工作小组、国际能源机构和东亚能源合作小组峰会等；二是通过高层次的对话机制建立能源创新双边合作机制，包括与主要的能源、矿产贸易伙伴及其他利益相关者的合作。[13]澳大利亚将能源创新确立为一项长期重要的优先考虑事项。

立法方面。澳大利亚增大立法力度，为发展新能源提供法律保障。澳大利亚清洁能源立法已通过众议院批准，这项立法强调了对碳排放的重视，并促进可再生能源发展。[14]19项议案包括清洁能源立法和钢改造计划条例草案，这项法案重视低碳排放，促进可再生能源和清洁能源技术投资，同时还支持减少碳污染的活动。如果这项法案通过，可再生能源和其他低碳项目将获得132亿美元的融资。

作为《京都议定书》的附件1国家，澳大利亚承担着温室气体总量减排的压力。为了实现2020年碳排放在2000年基础上减少5%的目标，2011年11月8日，澳大利亚议会通过碳价法。该法力图改变碳价机制、增加就业竞争和促进经济增长。以碳价为导向的政策主要包括以下4个内容："碳价格"、"提高可再生能源创新和投资"、"提高能效"和"提高土地管理和水资源利用"。碳价格机制由两阶段方案组成：2012年7月1日至

2015 年 7 月 1 日为固定价格阶段，碳价固定三年，碳价起始价为每吨 23 美元，每年按实价递增 2.5%；第二阶段为排放交易机制，[16] 从 2015 年 7 月 1 日起，由交易市场决定浮动碳价。参与碳交易市场的用户，包括固定排放源、交通、工业生产、废弃物（不允许丢弃）和不明排放源。垃圾填埋的直接排放控制在每年 2.5 万吨 CO_2，多余排放必须付费。此外，能源安全基金包括两部分：第一，将无碳单位和现金偿付分配到影响较大的煤发电公司。这种分配是有条件的，通过满足发电的标准，减少排放。第二，政府将谈判在 2020 年关闭大约 200 万千瓦的高污染发电设备。关闭某些高排放的煤发电设备将此容量投资给低排放的电厂，使能源工业可以在可控的情况下转型。

三、中澳能源合作

中国是澳大利亚的第一大贸易伙伴，即第一大进口来源地、第一大出口市场、第二大外资来源国；澳大利亚也已成为中国第八大贸易伙伴、第七大进口来源地。数据显示，1972 年两国建交的双边贸易额仅为 8700 万美元，到 2010 年就达到了 881 亿美元，而 2011 年预计将突破 1000 亿美元。综合来看，中国与澳大利亚的合作目前主要集中在能源、资源领域。[17]

（一）中国企业携手澳大利亚煤炭产业

凭借中国大型国企与澳大利亚的煤炭协议，中国已经成为仅次于美国的澳大利亚第二大外资投资国。2011 年兖州煤业[18] 通过旗下子公司澳思达煤矿有限公司收购澳大利亚两家煤炭公司，优化澳大利亚公司的资产组合。[19] 兖州煤业澳大利亚有限公司通过其全资子公司澳思达煤矿有限公司以 2.025 亿澳元收购澳大利亚新泰克控股公司与新泰克Ⅱ控股公司 100% 股权。[20]

不论以何种模式合作，一旦此次与格格斯特煤矿的合作取得成功，都将使兖州煤业成为澳大利亚大型煤炭供应商。2004 年兖州煤业成功收购澳大利亚澳思达煤矿，成为国内煤炭企业跨国并购的先驱；2009 年，兖州煤业再次斥资 35.4 亿澳元收购澳大利亚菲利克斯资源公司，若与格格斯特煤矿的合作取得成功，这将成为兖州煤业在澳大利亚的第三次成功。

（二）中石化深化天然气领域合作与发展

中国国内旺盛的天然气消费势头，带动了天然气进口。据中国石油集团经济技术研究院发布的信息，2011 年，预计中国天然气消费量为 1290 亿立方米，同比增长 20.6%；天然气产量 1010 亿立方米，同比增 6.9%；天然气进口量将超过 300 亿立方米。[21] 天然气消费区域继续扩大，天然气产地及周边、环渤海、长三角和东南沿海经济发达地区将成为最主要的消费区域。

2011 年中石化进一步加强了与澳大利亚天然气领域的合作，合作主要体现在签订合同和购买股权两方面。2 月，中石化获澳大利亚 8600 万吨液化天然气合同。中石化已与澳大利亚太平洋液化天然气公司签署框架协议，确立了非约束性关键商务条款。如果协议最终付诸实施，今后 20 年中石化有望每年获得 430 万吨、总计 8600 万吨的液化天然气（LNG）。这将显著提升中国能源公司的液化天然气供应能力。[22] 4 月，中石化与澳大利亚公司签署液化天然气购销协议。从 2015 年开始，中国石化将每年从 APLNG 项目采购 430 万吨的液化天然气，为期 20 年。[23] APLNG 项目拥有世界级的煤层气资源，拟于澳大利亚昆士兰州柯蒂斯岛新建液化天然气生产线。

在中石化与澳大利亚太平洋液化天然气公司签署的协议中，还包括中石化即将认购后者 15% 股权的条款。协议付诸实施后，中石化将成为被购方的第三大股东。被购方的另外两大股东，将各自持有 42.5% 的股份。中国石化集团公司国际石油勘探开发有限公司（SIPC，中国石油化工集团公司的全资子公司）还与 APLNG 公司[24] 签署其股份认购协议，中国石化认购该公司 15% 股份，康菲公司和 Origin 公司所持股份分别由 50% 相应降至 42.5%。

12 月，中石化增持澳大利亚天然气公司股份比例至 25%。据此，中石化将每年从 APLNG 项目增加采购 330 万吨的液化天然气，直至 2035 年；同时，各方还就中石化认购 APLNG 增发股份达成非约束性关键商务条款。中石化对 APLNG 持股比例将由 15% 增至 25%，康菲与 Origin 公司持股比例则分别降至 37.5%。[25]该协议尚待中国政府和澳大利亚外国投资审查局的审批及 APLNG 就第二条线做出最终投资决策。APLNG 目前提供澳大利亚昆士兰州 40% 的天然气需求。

（三）其他资源领域的合作与发展

在钢铁领域中，历时三年之久、中外关注的日照钢铁与澳大利亚吉布森公司矿石买卖纠纷案，日前终于落下帷幕，最终双方达成和解，重新建立起了合作伙伴关系。[26]2008 年底，受金融危机和供货产品质量的影响，日照钢铁与澳大利亚吉布森矿石公司之间的长期矿石买卖合同履行受阻，并因此引发纠纷，双方分别向仲裁机构提出了解决纠纷的申请。2010 年 8 月 17 日，西澳大利亚仲裁机构作出仲裁裁决，裁定日照钢铁需向吉布森公司赔偿 1.14 亿美元，裁决作出后，日照钢铁依法向澳洲司法机构提出了撤销裁决的申请，并在国内也采取了相应的法律措施以求挽回损失。

历经 1 年多时间的博弈，双方摒弃争议，并于 2011 年 6 月初重新坐回谈判桌。经过双方的多轮协商，双方达成一揽子解决协议，最终双方于 10 月 11 日签署了和解协议，通过继续供应铁矿石的形式来解决之前所有的纠纷。自此，双方之间不仅再无任何争议，实现了共赢，而且还建立了长期的合作伙伴关系。

此外，能源研究领域的合作也在进行。6 月 17 日，华电电力科学研究院与澳大利亚科廷大学（Curtin University）[27]签署了关于促进在煤与生物质利用研究与发展的战略合作协议，双方将在煤、天然气、可再生能源利用的基础和应用研究方面进行合作。[28]合作还包括互派访问学者、信息交流、基金申报、咨询服务、论文发表及专利申请等方面。华电电力科学研究院与科廷大学的合作将进一步促进中澳能源科技的交流与合作，为华电集团在煤、天然气与可再生能源利用方面的国际交流合作拓展了新的途径。

注　释

[1] Paul Kelly and Dennis Shanahan, "Julia Gillard's Carbon Price Promise", The Australian, August 20, 2010.

[2]《澳大利亚政府公布碳排放税补偿方案》，载国际在线专稿，2011 年 6 月 27 日，参见 http://gb. cri. cn/27824/2011/06/27/5311s3289144. htm。

[3] 参见 http://www. climatechange. gov. au，澳大利亚总理网站，2011 年 12 月 10 日，http://www. pm. gov. au。

[4]《澳大利亚国家概况》，载中华人民共和国外交部网站，2012 年 1 月 19 日，参见 http://www. fmprc. gov. cn/chn/pds/gjhdq/gj/dyz/1206/。

[5] 参见 http://www. energyseeurity. org. au/uPloads/06_ Martin_ Ferguson_ speeeh. Pdf，2011 年 10 月 12 日。

[6]《澳大利亚将勘探塞内加尔海上石油资源》，载中塑资讯网，2011 年 12 月 1 日，参见 http://gold. cnfol. com/111201/171，1816，11256658，00. shtml。

[7]《澳大利亚 20 年内将向天然气等部门投资 2430 亿美元》，载国际燃气网，2011 年 12 月 5 日，参见 http://gas. in-en. com/html/gas－10011001751226732. html。

[8]《澳大利亚成立新的石油行业监管机构》，载国际石油网，2011 年 12 月 23 日，参见 http://oil. in-en. com/html/oil－13101310211236617. html。

[9]《澳大利亚拟构建煤层气开采全国框架》，2011 年 12 月 9 日，参见 http://www. marketwatch. com/story/australian-states-seek-uniform-coal-seam-gas-laws－2011－12－08。

[10] Martin Ferguson, "Energy Security: The New Cold War"，参见 http://www. energysecurity. org. au/uploads/06_ Martin_ Ferguson_ speech. pdf。

[11] National Energy Security Assessment2009，参见 http://www. ret. gov. art/energy/Documents/Energy%20Security/National-Energy-Security-Assessment－2009. pdf. : p. 5.

[12] Commonwealth of Australia. Securing Australia's Energy Future, Canberra: Goanna Print, 2004.

[13] 李化：《澳大利亚新能源发展：法律、政策及其启示》，载《全球视野理论月刊》，2011 年第 12 期。

[14]《澳大利亚清洁能源和可再生能源立法获得批准》，载国际新能源网，2011 年 10 月 14 日，参见 http://newenergy. in-en. com/html/newenergy－14401440621163420. htm。

[15]《澳大利亚：引导清洁能源技术和效率加速发展的政策》，载国际新能源网，2011 年 4 月 26 日，参见 http://newenergy. in-en. com/html/newenergy－1735173553996024.

html.

[16] 李化：《澳大利亚新能源发展：法律、政策及其启示》，载《全球视野理论月刊》，2011 年第 12 期。

[17]《双边贸易额今年预计突破 1000 亿美元》，载《南方日报》，2011 年 9 月 1 日，参见 http：//epaper. nfdaily. cn/html/2011 －09/01/content_ 7004303. htm。

[18] 兖州煤业是山东省唯一一家上市的煤炭企业，在山东省内拥有的煤炭资源储量占山东省煤炭资源总储量的比例达 22%；此外其母公司兖矿集团还在山东、新疆和贵州拥有已获采矿权的煤炭资源储量 20 亿吨，拥有已获探矿权的煤炭资源储量 155 亿吨。

[19]《兖州煤业 2. 025 亿澳元收购澳大利亚煤炭公司》，载国际能源网，2011 年 8 月 2 日，参见 http：//www. in-en. com/article/html/energy_ 07570757221092371. html。

[20] “新泰克项目” 地处澳大利亚昆士兰州的苏拉特盆地，拥有的煤种是动力煤，高位发热量 6300 大卡/千克，全部为露天资源，总资源量 17. 32 亿吨。目前，“新泰克项目” 已查明符合 JORC 标准的煤炭储量为 4. 4 亿吨。

[21]《预计 2011 年中国天然气消费量同比增两成至 1290 亿立方米》，载中国石油天然气勘探开发公司网站，2011 年 12 月 19 日，参见 http：//www. oilchina. com/cnodc_ nw/content. jsp？ bsm = 04EF09EF4. 000938D9. 4567&db = cnodcyw。

[22]《中石化获澳大利亚 8600 万吨液化天然气合同》，载环球网，2011 年 2 月 26 日，参见 http：//finance. huanqiu. com/roll/2011 －02/1524907. html。

[23]《中石化与澳大利亚公司签署液化天然气购销协议》，载凤凰网，2011 年 4 月 21 日，参见 http：//finance. ifeng. com/roll/20110421/3914955. shtml。

[24] APLNG 是 Origin 公司、康菲与中石化的合资公司，此前三家的持股比例分别是 42. 5%、42. 5% 和 15%。在两家合作伙伴看来，该框架协议的签署，标志着 APLNG 项目第二条线市场销售工作的全部完成，是该项目取得的又一项重大进展。

[25]《中石化增持澳大利亚天然气公司股份比例至 25%》，载《北京晨报》，2011 年 12 月 14 日，参见 http：//news. cnfol. com/111213/101，1588，11340631，00. shtml。

[26]《日照钢铁与澳大利亚吉布森公司达成和解》，载国际新能源网，2011 年 10 月 18 日，参见 2011 年 10 月 18 日 http：//newenergy. in-en. com/html/newenergy －15391539501166361. html。

[27] 科廷大学位于西澳首府珀斯市，是一所综合性的科技大学，该校在矿业及能源领域的研究与教学在国际上享有较高声誉，2006 年 4 月，温家宝总理访澳时曾到该校参观。该校燃料与能源学院主要从事煤、天然气及生物质等能源利用的开发研究，拥有先进的实验装置及多项国际先进的创新成果，并与国际上该领域著名的

研究机构建立了合作关系。

[28]《华电电力科学研究院与澳大利亚科廷大学签订战略合作协议》，载国际电力网，2011 年 6 月 22 日，参见 http：//power. in-en. com/html/power－11401140371052048. html。

东北亚：日本和韩国

2011 年对日本来说可谓“多事之秋”。回顾 2010 年，日本国民还记忆犹新，那一年日本经济触底反弹。据日本内阁府经济统计委员会发布的数据显示，在经历了长达 20 年的低迷后，2010 年日本实际国内生产总值同比增长了 3.9%，贸易顺差总额达 6.7702 万亿日元，是上一年的 2.5 倍。这一切都让日本国民欢欣鼓舞，就连日本政府也不无乐观地表示，日本经济可能会在 2011 年第一季度反弹。可出乎所有人意料的是，在一片向好的预期之中，日本经济却在 2011 年迎来当头棒击。3 月份发生在日本东部的大地震和海啸，不仅摧毁了日本东北地区制造业基地，引发了核泄漏事故，也重挫了日本经济的增长势头，致使日本国内生产总值（GDP）直接缩水 3.6%。雪上加霜的是，泰国洪水又使当地包括电子和汽车在内的日本行业遭受重大损失。而对食品污染等的担忧也将继续掣肘占国内生产总值 60% 以上的个人消费，进而拖累日本经济的复苏。再加上不断发酵的欧美债务危机和创纪录的日元超升，2011 年的日本经济降至谷底。[1] 而因此次地震和海啸所引发的核泄漏事件，也不可避免地将对日本的能源产业和政策产生重大影响。

一、2011 年日本能源政策及国际合作

日本 2011 年发生的地震、海啸，让东日本的众多地区需要花数年时间

才能恢复，核电事故更需要30—40年时间才能基本处理完毕。地震、海啸造成的损失为20万亿日元，这相当于日本一年税收的一半。核电事故的处理还未正式启动，单只是初期的对核电站周边居民的民事赔偿、祛除核污染等费用，一年也要花上1万亿日元，核电站的最终处理，在可预测的范围内将会有几十万亿到上百万亿日元的支出。全部去除地震海啸及核电事故的影响首先要花时间，其次投入大量的国家财政也是必不可少的。由此，也给日本政局带来了更深的动荡。日本政党各派针对能源问题的举措，也进一步给选举领导人以及相关政党带来了重要影响。

（一）日本的能源发展战略及调整

从历史的发展来看，海外能源开发始终在日本的能源战略中占有重要地位。

福岛核泄漏事件发生后，日本调整了核能利用战略，进一步加大其海外能源开发的力度，并致力于降低对核能的依赖。同时，以此次福岛核泄漏事故为契机，日本的能源战略开始向可再生能源倾斜，大力扶持和发展太阳能、风能、地热能等可再生能源，据报道，日本将在2012年夏天起草一个新的蓝图以取代依赖核电的能源政策。此前，该国计划在2012年3月底前制定出能源结构方案。根据自然资源和能源咨询委员会在东京小组会议后提交的建议草案，正在审议的建议包括加大节能环保，加快引进可再生能源等。[2]

具体而言，2011年日本的能源战略调整如下：

1. 逐步降低对核电的依赖，保障核电安全

日本福岛核电站发生泄漏事故后，全球核电产业的发展面临着严峻挑战。德国和意大利已经先后表明了放弃核电的立场，而作为此次灾难的发源地，日本的核能战略也发生了显著调整。

（1）逐步减少核能比重，降低对核电的依赖

核泄漏事故发生以后，日本政府认为，从用电需求出发，已停止运行的核电站在确保安全的前提下可以重新投入发电，但从中长期能源政策方

向看，日本应减少和摆脱对核电的过度依赖，争取到2030年或2050年建成新的分散型能源供需体系。

2010年6月，日本通过了一份能源规划，打算在2030年前进一步提升核能份额，使核能占能源供应总量的比例由2010年的30%增加至54%，但福岛核事故发生后，日本政府于2011年7月出台文件，称不得不推翻先前规划，纳入能源安全考虑，重新制定新战略。[3]7月12日，日本政府敲定了2011年版《科学技术白皮书》。新版白皮书删除了2010年版中“建设高速增值反应堆实证设施”等内容，有关核能技术研发的表述大幅缩水。[4]7月29日，日本公布短期电力供应稳定对策和中长期能源政策纲要，正式提出将减少和摆脱对核能的过度依赖。[5]此外，在日本内阁府8月份制定的《第四期科学技术基本计划》中，关于推进核能的内容也大幅后退，“推进利用快速增值反应堆实现核燃料再利用”和“研究开发下一代核电站”等内容，被从最初的草案中删除。[6]

不过，受制于日本当下的经济困境，“去核”必将阻力重重。但不可否认的是，从长期来看，日本已就削减对核电的依赖度形成政治共识，这也是民心所向。

（2）加强监管，确保核电安全

虽然福岛核泄漏事件致使日本遭受重大损失，日本政府也承诺逐步淘汰对核电的使用，降低对核电的依赖度。但就目前而言，核电在日本能源结构中仍占有重要一席，也将在很长一段时间内继续发挥作用，日本政府也不会马上放弃核电产业的发展。但痛定思痛，日本政府还是制定和推出了一系列核电安全保障措施，以最大限度消除安全隐患，避免福岛核泄漏悲剧的重演。

2011年5月18日，由于对2010年福岛第一核电站事故应对不力以及被指责缺乏独立性，前日本首相菅直人在首相官邸举行的新闻发布会上表示，负责日本核电监管职责的机构原子能安全保安院应从经济产业省剥离开来，以使核能的推广和监管相分离。6月7日，日本政府正式决定，将创建一支独立的核电监管机构。[7]经过一番酝酿，2012年1月31日，日本政府在内阁会议上正式通过《核物质和反应堆管制法》的新修正案，准备设立名为“原子能规制厅”的新核能监管机构。同时，修正案还明确限制核反应堆的运转期限为40年。修正案还规定了发生福岛第一核电站事故那样的严重事故时企业的责任，而且规定企业要对正在运转的核电站进行符合最新标准的更新改造。[8]

此外，2011 年 12 月 14 日，日本文部科学省决定在本年度第四次补充预算案中列入增设 204 个辐射监测点的费用，以此作为防灾对策重点地区从核电站方圆 10 公里扩大到 30 公里的保障。建有核电站的地区原本已在核电站方圆 10 公里范围内设置了监测设备，但随着重点地区的扩大，10—30 公里范围内将成为监测空白地带，因此急需进行补充。[9]

2. 发展可再生能源，促进能源多元化

核电现在约占日本电力供应的 1/4，福岛第一核电站事故发生后，日本不得不重新审视核电，开始向发展可再生能源倾斜。

以此次事故为契机，2011 年 8 月 26 日，日本参议院全体会议通过了《关于电气事业者采购可再生能源电气的特别措施法》（简称《可再生能源法》），规定了新的以“固定价格收购可再生能源的制度”，并将在 2012 年 7 月 1 日开始实施。[10]

（1）太阳能

根据《可再生能源法》，电力公司在一定期间内，有义务利用国家制定的单价（固定价格），购买利用可再生能源发的电，以期鼓励更多企业或个人进入利用可再生能源发电业，尽快形成一定产业规模。该法还规定，除了太阳能发电外，电力公司收购的对象扩大到风力、水力（中小规模）、地热、生物质发电等。该法还规定可以根据发电的种类、设置方法、规模等，变更收购价格和期限，购买单价和期限半年修改一次。

在太阳能发电技术开发和应用方面，日本研究人员在世界上首次开发出了通过涂抹液体硅形成非晶硅薄膜进而生产太阳能电池的技术，新技术将有助于降低薄膜太阳能电池的成本。[11]9 月 28 日，京都大学宣布该校已经完成了“太空太阳能发电的实验设施”，目标是将太阳能电池发射到太空后，所发的电转换成微波，送回地面重新还原为电。[12]另外，2011 年 4 月 19 日，世界最大规模的太阳能电池生产工厂在日本宫崎县国富町正式落成。[13]为大力推广太阳能的应用，日本于 2011 年 5 月 22 日宣布，正在考虑一项计划，将强制所有新建筑和住宅到 2030 年均装设采用太阳能电

池板。[14]

此外，日本企业还不断进军国际太阳能市场。2011年初，在保加利亚政府经贸代表团访日期间，东芝公司CEO表示，将在保扬博尔地区独资建设10兆瓦容量的太阳能电站，投资总额为3760万欧元。[15]2月4日，住友商事宣布参与计划位于意大利的太阳能发电工程。[16]此外，随着日本核危机使得人们对清洁能源的注意力渐渐转向太阳能，三洋集团（SANYO）抓住这一机会积极与罗伯特波什集团（Robert Bosh）合作，以抢占泰国太阳能板市场。[17]

（2）海上风力发电

根据美国调查公司的预测，到2017年，全球的海上风力发电将达到7100万千瓦，相当于现在的约17倍。日本虽起步较晚，但希望通过发展浮体式海上风力发电站，奋起直追。海上风力发电与陆地相比，风向风力非常稳定，因此海上风力发电前景广阔。日本政府2011年9月正式决定，在福岛县近海，建设世界首个漂浮在海面上的“浮体式”风力发电站，希望以此解决能源问题，并扩大就业，帮助灾区早日复兴。作为重建灾区的一个核心措施，日本政府准备将福岛县建成开发可再生能源的基地，并将产业技术综合研究所的一部分研究设施转移到福岛，除风力发电站外，还将在福岛县建设大型太阳能发电站。[18]

根据计划，日本政府将投资约100亿—200亿日元，从2013年度左右开始建设6座海上风车用于进行实证实验，每座风车的输出功率为5000千瓦左右，总输出功率最大达到3万千瓦。日本政府准备利用5年时间收集数据，进行海底电缆输电、与原有输电网的合作等实验，然后在2020年扩大到40万千瓦的规模，这相当于一座核反应堆发电量的1/3。如果实现这一目标，届时将有60—80座大型风车漂浮在福岛海面上。日本政府还设想将来将输出功率进一步扩大到100万千瓦。[19]

（3）其他可再生能源

地热发电是利用火山活动带来的地热产生的水蒸气发电的方法，现在日本有18处地热发电站，年发电量合计达到535兆瓦，相当于半座核电站的发电容量。在作为火山国的日本，这可以说是最适宜的发电方法。作为经济大国的日本庞大总发电量来看，地热发电不过占0.2%。53万千瓦不过是福岛第一核电站或美滨核电站的一座中型反应堆的发电量。九州电力公司虽然利用地热发电较多，但是也仅占九州地区可生产电力总量的2%。因此日本地热发电潜力巨大。而在2011年，日本几家大型石油公司积极开发日本北部地区的地热能项目，以实现业务多元化。据日本媒体报道，日本最大的石油生产商日本国际石油开发株式会社（Inpex）和日本炼油商出光兴产公司已经联手在北海道和日本本州岛西北岸的秋田市进行地热能的研究。除了上述两家公司之外，日本JX持股公司计划将开发地热能资源定位为公司的核心业务，目前金属采矿和能源两大业务为其主业。JX持股公司旗下子公司JX日本采矿及金属公司已经开始在位于日本札幌的一个矿场进行地热能资源调查。[20]

日本还在开发高温岩体发电技术。所谓高温岩体发电，是指在缺乏天然热水和水蒸气的情况下，通过水压破碎地下的高温岩体，然后注入水，利用获得的水蒸气和热水发电。这种技术不利用温水资源，也不会和温泉等竞争，据认为日本国内可以利用的资源量达到380亿瓦以上，相当于近40座大型发电站。目前，熔岩发电的很多技术课题已经解决，利用现在的技术，已经可以将每千瓦时的成本降至9.0日元。作为未来的构想，利用熔岩附近的高热进行熔岩发电也正在研究。虽然开发需要至少50年时间，但是潜在资源量达到60亿千瓦，如果实现的话，能够达到现在日本全部电力需求的将近3倍。[21]

（二）2011年日本国际能源合作情况

受福岛核泄漏事故危机的影响，为确保安全，日本政府中断了部分核电站的运行。而为了维持电力供应，日本各电力企业纷纷增加了其他能源尤其是火力发电的负荷量。

据2011年12月报道，日本电力公司称，近期以来，用于火力发电的液化天然气（LNG）以及原油进口量激增。2011年4—9月，LNG的进口量较2010年度增加2648万吨，同比增幅高达21%，这一数字创历史新记录。而原油、重油方面，同比增幅高达47%，这也使得10家电力公司的燃料费用增加了6600亿日元。而因为用量大增，东京电力公司等还开始增加了进口渠道，开始从秘鲁进口LNG，这样一来，为了筹集和确保燃料，日本LNG的进口国几乎涵盖了所有的LNG生产国。而由于核电站何时能够重新投入运作的时间尚不明朗，日本电气事业联合会会长八木诚表示，2011年10月至2012年3月期间，“还需要继续追加相关燃料的进口”。[22]

在此背景下，日本采取了一系列措施保障能源供应，具体如下：

1. 政府支持

一方面，福岛核泄漏事故发生之后，在能源供应日益吃紧的情况下，日本政府增加了成品油应急储备。据日本商业日报“日经指数”2011年9月5日报道，为了加快灾后的配送，日本政府将提高本国的紧急汽油储备。“日经指数”说，日本政府增加紧急汽油储备的目的是为了缓冲诸如由中东地区动乱造成的石油进口的中断，日本政府计划把包括煤油和柴油在内的精制石油产品的储备量在总储备量中所占的比例提高到5%以及在每个地区贮存可以供应37天的燃料储备。[23]

另一方面，日本政府加大了对能源勘探以及资产项目购买上的补贴扶持力度。据2011年12月20日消息，日本经济产业省（METI）表示，该部门将从2012年春季起对日本公司进行能源勘探以及在能源项目上购买股权方面增加补贴，以帮助稳定该国的能源供应。这是日本福岛核事故发生后采取行动计划的一部分，因为受核电产量大幅下降的影响，日本对化石燃料暂时性的大幅增加已经不可避免。多年来，METI一直在通过日本国家石油、天然气和金属公司（Jogmec）向涉及能源上游项目的日本公司提供补贴。METI计划增加补贴的数量，同时将扩大补贴的范围，包括煤炭和地热能。[24]

2. 转战海外，开拓国际市场

福岛核泄漏事故发生之后，面对日益高涨的“去核化”呼声，虽然在国内上核电项目已基本不可能，但在国际市场上，核电技术仍然存在着巨大的需求，凭借核能大国和核能强国的实力，日本核电技术的出口面临着巨大的商机，这对日本来说不可谓不是“失之东隅，收之桑榆”。

据报道，日本政府近三年来分别与俄罗斯、约旦、韩国和越南签署了核能协定，但协定需经双方国会批准后才能生效。2011年12月6日，日本国会众议院全体会议表决通过了批准与约旦、俄罗斯、越南和韩国核能协定的提案，该提案随即送交参议院进行审议。[25]随后，日本国会正式批准日本 MitsubIShi 重工业公司与法国阿海珐公司合作投标约旦首座核电站，扫清了其投标的国际法律障碍。[26]

越南一直对核能发电兴趣浓厚，与俄罗斯、法国、印度、韩国、阿根廷、美国等频频接触，但最终还是日本占得先机。2011 年 9 月 29 日，据美国《华尔街日报》报道，日本东京一个公用事业财团与越南签署了“就新建两座核反应堆一事进行可行性研究的协议”。该报道称，“这是 3 月福岛第一核电站发生事故以来，日本在促进核技术出口方面最具力度的举动”。该报道还表示，这份协议“可谓是日本核工业的一根救命稻草。因为，日本核工业心怀向海外扩张的雄心壮志，但其在日本本土的未来命运则处于不确定之中”。[27]

此外，2011 年 11 月 4 日，日本首相野田佳彦在法国南部城市戛纳与土耳其总理埃尔多安进行会谈，就重启福岛核事故后中断至今的两国核能协定缔结谈判达成一致。[28]同月 30 日，按照国际原子能机构（IAEA）的要求，立陶宛与日本政府于 11 月 29 日签署外交换文，立方承诺将把从日本引进的用于修建立陶宛维萨吉纳斯核电站的核技术用于和平用途，未经日方同意，不会转让给第三方。[29]

3. 大力开采海外能源资源，购买海外能源资产

石油方面，中东是日本石油的主要来源，其中，沙特和阿联酋分别是日本第一和第二大原油出口国，分别占日本原油进口总量的 30% 和 25%，1 月 7 日，日本贸易大臣大畠章宏展开了为期 7 天的沙特/阿联酋之行，希望用技术换能源，加重日本在能源领域的角色。[30]在卡塔尔，日本第 4 大炼油企业科斯莫石油公司（Cosmo Oil Co）和日本著名贸易公司双日公司（Sojitz Corp）从 4 月 27 日开始在卡塔尔东南部海上区块 1 南端的一个新油田进行商业生产。另外，作为科威特最大的原油购买国，10 月中旬，日本著名炼油企业日本富士石油公司与科威特石油公司（KPC）签署了一项原油长期供应协议。[31]

在保障中东能源供给的同时，日本继续推行能源来源多元化战略。在东南亚，日本的能源公司逐步增加在当地的勘探活动，从 1 月 4 日起，日

本石油资源开发公司（Japex）已开始在印尼外海的 Pagerungan Utara 油田生产石油。[32] 2 月 17 日，以项目作业者日本出光兴产株式会社为首的日本 3 家公司在越南南部的一口海上勘探井内发现了石油和天然气。8 月 29 日，越南与日本公司签订首个油气勘采设备建造合同。[33] 另据 9 月 21 日消息，日本最大的石油和天然气勘探公司日本国际石油开发株式会社（Inpex）获得印尼 Babar Selaru 油气区块开采权。[34] 在俄罗斯，日本政府计划在 2014 年前在位于东西伯利亚地区的两个油气区块内至少钻取 6 口勘探井。[35] 8 月 4 日，世界 500 强之一的日本丸红商事与俄罗斯最大的石油公司俄罗斯石油公司（Rosneft）就共同开发位于俄罗斯鄂霍次克海的海上油田的潜在合作一事举行会谈。[36] 另外，2011 年，日本能源公司在北非、巴西、委内瑞拉、澳大利亚等地区也多有斩获。

在天然气方面，随着更多地转向火力发电，日本将严重依赖俄罗斯的天然气供应。在核危机发生之前，日本已经是世界上最大的天然气进口国。日本的几大公司，如东京电力、东京燃气公司在海外都有定期合同，每年从俄罗斯进口的天然气就约 1000 万吨。最近，5 家日本大公司又联合成立新公司，准备和俄罗斯方面联合开发西伯利亚的天然气。除了俄罗斯，日本的石油、天然气进口地还包括马来西亚、印尼以及卡塔尔等。不过，专家认为，从长远来看，日俄关于天然气的合作会扩大。目前，日本主要从俄罗斯萨哈林气田进口天然气。仅仅是该地区的天然气，按照之前的使用量计算，就足够日本使用 13 年之久。即便日方增加使用量，萨哈林气田的天然气储量也能满足需求。[37]

4. 开展能源外交，确保能源供给

日本极高的能源对外依存度决定了其开展能源外交、保障海外能源供给的重要战略意义，尤其是日本海外能源主要来源的中东地区，更成为日本政府开展能源外交的重点方向和长期目标。

伊朗是欧佩克第二大产油国，也是世界主要石油出口国之一，2011 年伊朗原油产量占全球的 5%，其中有相当部分输往了日本。针对美国要求其配合制裁伊朗、对伊朗石油进行禁运的要求，12 月 19 日，日本外相玄叶光一郎在华盛顿同美国国务卿希拉里・克林顿举行会晤并表示，日本不会停止从伊朗进口石油。玄叶光一郎指出，他个人认为，如果全面禁止从

伊朗进口石油，全球经济将面临巨大的困难。尽管近年来日本鉴于对伊朗核问题的担忧，减少了在伊朗能源领域的投资，但就目前为止，两国仍然保持了良好的双边关系。[38]

此外，从2012年1月5日起，日本外相玄叶光一郎开始对土耳其、沙特阿拉伯、卡塔尔和阿拉伯联合酋长国进行为期8天的访问。自2011年福岛核事故发生后，日本火力发电被重新“委以重任”。玄叶此访被认为是日本政府为本国油气进口寻求保障之举。而此时正逢伊朗局势紧绷之际，日本重臣出动“布阵”中东能源，也透露出日本同中东以及美国之间微妙的“三角”关系。[39]

（三）中日能源合作与竞争

据BP发布的《世界能源统计回顾2011》报告中的数据显示，2011年，中国一次能源消费总量超过美国，跃居世界第一，日本位居世界第五。同为世界能源消费大国，中日之间在能源结构调整、节能减排、可再生能源开发等方面存在着很多利益共同点，有着诸多合作的可能。同时，由于两国能源消费结构、能源来源地趋同，以及地缘政治等因素的影响，两国之间又不可避免地存在着激烈的竞争。

1. 能源合作

2011年，中日能源合作主要集中在官方对话、民间交流、企业合作等三个方面，具体情况如下：

（1）官方对话

2011年5月22日，第四次中国、日本、韩国领导人会议在日本东京举行。中国国务院总理温家宝、日本首相菅直人和韩国总统李明博出席会议。温家宝在发言中建议，推进贸易投资自由化、便利化。在2011年内完成三国自贸区官产学联合研究，争取明年启动谈判，努力在今年内完成三国投资协定谈判。推动物流信息互联与共享，全面开展陆海联运合作。大力发展可再生能源。合作发展风能、太阳能、潮汐能、生物质能，大力推广节能技术。成立中日韩“可再生能源产学研创新联盟”，将三国技术、生产和市场优势更好结合起来。加快中日韩循环经济示范基地建设，促进合理利用资源、保护生态环境、实现可持续发展。[40]

2011年11月26日，中国、日本两国政府部门、研究机构以及企业在北京举行的第六届中日节能环保综合论坛期间签署了51项节能环保合作项目，涉及节能标准制度建设、火电厂能效提高、半导体照明标准化、海水淡化、移动智慧城市、污泥无害化等。800多名中日政府官员、专家学者、企业家等还分别就能效领跑者制度、绿色建筑、污水污泥处理、循环经济、新能源汽车、煤炭和火力发电、中日长期贸易等7个议题进行交流与探讨。会前，日方6个考察组在中国境内开展了节能环保技术和商务考察。据发展改革委介绍，中日两国同为能源消费大国，不断加强节能环保领域合作是两国的共同利益所在，对培育两国经济新的增长点，积极应对气候变化具有重要意义。中国拥有庞大的节能环保市场，而日本拥有世界领先的节能环保技术，双方互补性强，合作前景广阔。[41]

（2）民间交流

历史上，中日两国的民间交流一向十分活跃。2011年6月27日，为深入了解日本福岛核事故的有关情况，交流和探讨核电安全与技术相关问题，由中国核能行业协会与日本技术者联盟、日本原子力产业协会、日本保全学会共同举办的中日核电安全与技术研讨会在北京西苑饭店开幕。这次中日核电安全与技术研讨会，是福岛核电站发生严重事故以后，由中日双方首次共同举办的，受到了中日两国核能界人士和媒体的广泛关注。来自中日两国的210多名专家出席了研讨会。[42]

12月16日，由中国石油集团经济技术研究院和日本能源经济研究所共同举办的第五届石油研究成果交流会在北京举行。中日能源专家围绕中日两国能源市场走势、亚洲与世界能源发展趋势进行广泛研讨，并提出建议。中国能源专家认为，中国需进一步优化汽柴油价格结构，汽柴油价格机制改革应配套更大差异化税费政策。同时，在全社会倡导高效和节约使用能源。针对我国快速发展的天然气市场，中国能源专家呼吁，建立东北亚区域液化天然气交易市场，增强话语权，维护东北亚液化天然气供应稳定，实现地区互利共赢。日本能源专家表示，高效利用化石燃料和扩大可再生能源的使用规模以实现节能。针对福岛核电站事故对世界能源发展及二氧化碳排放的影响，日本能源专家提出了对核电政策走向的一些设想。[43]

（3）企业合作

在能源产业方面，中日两国在企业合作方面有着广阔的前景。2011 年 1 月报道，中国船舶工业集团公司日前与埃克森美孚公司和日本三井物产签署了一项旨在建造 4 艘液化天然气（LNG）运输船的合同，这将是中国收到的第一份建造先进 LNG 运输船的海外定单。据了解，中国船舶工业集团公司麾下的附属公司沪东——中华造船（集团）有限公司将为日本航运巨头日本三井公司建造 LNG 船。这些 LNG 船将在 2015—2016 年之间交付使用，它们将用于从澳大利亚和巴布亚新几内亚向中国运送中国进口的 LNG。[44]

另据 11 月 1 日报道，中国煤炭进口和分销商“永晖焦煤”与日本商社丸红（Marubeni）联手，以 10 亿加元（合 10 亿美元）现金协议收购加拿大阿尔伯塔省的焦煤（炼钢原料）生产商 Grande Cache Coal。此交易为“永晖”迄今为止最大的一笔海外投资。“永晖焦煤”上个月曾宣布，将与美国煤企博地（Peabdy）组建合资公司，共同开拓亚洲市场。中国是仅次于日本的世界第二大焦煤进口国。随着中国钢铁行业的扩张，中国的焦煤进口量也在与日俱增。2010 年，中国和日本加起来占全球焦煤进口总量的 40%。[45]

2. 能源竞争

中日能源竞争突出地表现在对东海油气田的争夺上：

中日两国 2008 年曾就共同开发东海油气资源达成共识，但 2010 年 9 月发生的中日钓鱼岛撞船事件导致两国关系骤然紧张，谈判中断，至今尚未重启。

据日本新闻网 2011 年 3 月 27 日消息，日本防卫省说，日本海上自卫队的一艘驱逐舰于 26 日下午 4 点 45 分时许，在东海油气田附近日中中间线东侧巡航时，遭到中国海监部门的一架“Z9”直升机的近距离警告。报道称，日本政府 26 日已经通过外交渠道向中国政府提出了抗议。日本《产经新闻》3 月 8 日曾报道称，3 月 7 日下午 1 点 25 分左右，在中国

“春晓”东海油气田东北偏北海域，中国国家海洋局一架直升机飞近日本海上自卫队“五月雨”号护卫舰。日本政府认为中方派直升机是“危险行为”，并通过外交渠道向中方提出了“抗议”。[46]

据日本媒体2012年2月1日报道，日本政府日前认定中国“违反日中两国达成的协议”，正在“单独开发”东海“天外天”油气田（日称“樫”油气田）。为此日方通过外交途径向中方提出了抗议。围绕“天外天”油气田问题，中方曾明确指出，“天外天”等油气田位于无争议的中国管辖海域，中方对有关油气田进行开发活动是行使中方固有的主权权利。日本官房长官藤村修在记者会上称，日本已经于1月31日就中国单独开发东海油气田向中方提出抗议。藤村修称，“中国很可能从2005年9月起就进行了生产”，并强调日中尚未就东海划界达成协议，而日本一直反对在这种情况下的单方面开发行动。日本媒体稍早时报道，自卫队侦察机最近在东海油气田上空发现钻探设施冒出火焰，推断中国在单方面开发油气田。[47]

二、2011年韩国能源政策及国际合作

对韩国经济来说，2011年可谓是不平静的一年。由于物价攀升，2011年初韩国政府将经济工作的重点放在了控制物价、防止通胀上。面对不断上升的通胀压力，韩国央行分别于2010年7月、11月两次上调基准利率之后，又于2011年1月、3月和6月将基准利率再次分别上调0.25个百分点。然而，随着欧洲债务危机扩散至意大利，全球经济的不确定性增加；同时，美国经济增长不如预期，韩国经济增长速度明显放缓。而与此同时，韩国国内的消费者物价指数以及生产者物价指数的上涨势头从10月份起开始放缓。同时，一直居高不下的韩国生产者物价指数上涨率也创下了2011年以来的最低值，韩国政府面临的物价上涨压力减轻。此外，虽然韩国经济增速放缓，但韩国凭借钢铁、汽车、石油制品的良好出口态势，2011年的贸易规模达到了历史新高。据韩国央行数据显示，韩国2011年的贸易总额已经突破了1万亿美元。韩央行初步预测，韩国2011年出口额

将达到5153亿美元，进口额将达到4855亿美元，进出口总额实现1.8万亿美元，韩国将由此成为世界第9个外贸额突破1万亿美元的国家。[48]

韩国是能源资源贫乏的国家，能源严重依赖进口，近几年，面对国际石油价格的飙升和全球气候变化的新挑战，韩国政府对能源发展战略进行了重大调整，强调可持续发展，综合考虑能源、经济和环境（被称为3E）。综观韩国能源发展战略可以发现，为了提高国家应对能源冲击的能力，保证经济的稳定发展，除了提高能源自给率、保障稳定的海外能源供应外，节能和开发新能源与可再生能源已成为韩国政府应对能源问题的重要国策。

（一）2011韩国能源政策及战略走势

2011年韩国的能源政策及战略走势主要有以下三点：

1. 保障能源安全，稳定国内油价

（1）稳定国内能源价格

2011年初，北非及中东局势持续动荡，国际油价不断攀升，为稳定韩国国内油价，抑制通货膨胀，保障能源安全，韩国政府出台了一系列措施，坚定不移地推进降低国内油价的调控政策。

据海外媒体2月10日报道，韩国总统李明博日前表示，作为遏制不断上升的通货膨胀努力的一部分，韩国政府时下正在考虑实施降低石油产品进口税或降低石油产品国内销售税的措施。[49] 2月28日，韩国总统府说，国际油价大幅上涨，短期内将影响相关商品价格。政府将维持降低国内油价的基本方针，以稳定物价水平。政府尚未考虑实施降低燃油税的方案，但若国际油价继续保持在每桶超过100美元的高位，不排除采取临时降低燃油税等暂时性措施的可能性。为缓解油价上涨给民众生活带来的直接压力，韩国政府前段时间推出降低供暖用油费用等措施。[50] 5月20日，韩国财政部发表声明称，该国将取消LPG以及用于国内LPG生产的原油的2%进口关税，该措施预计将从5月底起生效。[51]

另外，为促进竞争，韩国政府5月表示，将在2011年底前设立成品油

电子贸易平台，有可能在2012年前建立成品油期货市场。同时韩国政府已经承诺将支持四大炼油商以外的独立加油站扩大加油站网络。此外韩国政府可能将允许国有石油勘探商和进口商韩国国家石油公司在国内批发市场销售成品油[52]。此外，据韩联社8月11日消息，韩国政府为稳定市场油价在考虑放宽进口限制的方案。据悉，韩国知识经济部和环境部为了进口日本汽油等石油制品，正在考虑修改与石油制品有关的环保标准。[53]

2. 积极发展新能源和可再生能源

2011年2月14日，韩国知识经济部网站发表声明称，最近几年，韩国的可再生能源在国内的销售量、出口量和私人投资等方面都迅速增长。但是，在技术水平方面韩国的可再生能源还落后于其他先进国家。在此背景下，2011年，韩国进一步加大了对可再生能源的投入和扶持力度。2011年1月初，总统李明博曾表示，作为亚洲第四大经济体，韩国严重依赖能源进口，为了改变这种局面，韩国将新能源和可再生能源提上议程，并希望到2015年这两方面的出口创汇达到400亿美元，而2009年这一数字为46亿美元。[54]

（1）政府支持

2011年10月31日，李明博总统在青瓦台参加可再生能源政策履行状况盘点会议，韩国总统直属的绿色增长委员会发表了题为《可再生能源化挑战为机遇》的绿色产业支援方案。韩国政府方面表示，虽然受欧洲债务危机影响，韩国经济尚存在诸多不确定因素，但政府仍决定积极推进可再生能源开发计划。韩国政府将投入大量资金积极应对全球可再生能源产业的重组。韩国绿色增长委员会决定大幅提升包括可再生能源在内的绿色产业的出口金融支援规模。目前，该金融支援金额为6.6万亿韩元（约合378.48亿元人民币），到2012年底，支援规模将达到10.5万亿韩元。绿色产业支援方案还提出，到2015年，韩国的可再生能源研发规模将是2011年的2倍。[55]

11月的报道称，韩国知识经济部日前向媒体披露，韩国国家科学技术委员会审议并通过了《2011—2020年能源技术开发计划方案》。《方案》提出，到2020年，韩国清洁能源产业占世界市场的份额将达10%，能源效率提高到12%。为了达到清洁能源产业占世界市场份额10%以上的目标，韩国计划重点培育并推进50家中小企业项目的落实。韩国知识经济部提出的目标是，通过能源技术革新使韩国进入世界五大清洁能源产业国行列，有重点地推进新型可再生能源、电力与核能、温室气体高效减排、能源与资源开发等四大领域的技术开发。为此，能源研发预算将在现有约1万亿韩元的基础上提高1倍以上，清洁能源的核心零部件及材料的国产化率由56%提高到85%。韩国知识经济部指出，为了落实上述计划，韩国未来需要投资35.5万亿韩元，其中政府18.2万亿韩元，民间17.3万亿韩元。通过上述计划的实施，韩国有望到2020年清洁能源产业实现附加值261万亿韩元，同时创造91.4万个就业机会。[56]

（2）核能

韩国是世界上第五大石油进口国，也是世界上碳排放增长最快的国家之一。其对石化燃料的依赖将逐渐减小，而与此同时对清洁能源的需求则将快速增长。韩国政府希望到2024年能够将其能源消费的1/3都转为核能，而2010年这个比例只有1/4。2010年即将结束之际，韩国政府发布通告，宣布到2024年将投资49万亿韩元（约合426亿美元）建设发电设施，其中包括14座核电厂，以满足韩国不断增长的电力需求。[57]

2011年11月21日，韩政府召开第一届核能振兴委员会会议，审议和敲定了“第四次核能振兴综合计划”，决定把核电站项目培育成继造船、信息通信技术后的新一代主力出口产业。同时，为了实现核能利用领域的多元化，政府到2016年将新建6座核电站，并把铀元素自主开发率从2010年的6.7%到2016年大幅提高至25%。[58]11月23日，韩国知识经济部公布的“核电技术国家路线图”显示，韩政府计划于2030年前把韩国在世界核能市场所占的份额提升至20%，与美国、法国并列为世界三大核能强国。该路线图的主要内容包括，主要核能技术的国产化、加强核安全技术、开发高功能和具备安全性的新型轻水反应堆等。[59]12月，韩国政府近日批准按计划在东部的蔚珍地区新建2座核电反应堆。这是3月福岛核事故后，韩国首次批准的核电站建设项目。此外，位于南部釜山和东南部庆州地区的2座反应堆也获准开始试运行。[60]

同时，吸取日本福岛核泄漏事故的教训，韩国在大力发展核电的同时，不断加强核电安全。据韩联社3月17日报道，韩国政府计划将今后建造的核电站抗震标准上调至7.0级。[61]此外，韩国政府和大国家党决定成立名为“核能安全委员会”的总统直辖中央行政机构，有关法案将在3月提请国会审议，一经通过，核能安全委员会将在2011年7月正式成立。[62]

3. 继续推进节能减排

在节能方面，由于韩国国土狭小，人口稠密，资源有限，为确保经济持续发展，节约已成为国家、企业和国民的共识。

面对冬季严峻的供暖能源短缺问题，2011年11月10日，韩国政府公布冬季节电措施，节电定于12月5日至2012年2月29日之间实行，规定室内温度应控制在20℃以下。11月28日，韩国总统李明博发表第79次广播演说称，今年冬季的电力短缺可能会引发突发事态。他呼吁国民穿上保暖内衣，调低暖气温度，节约用电。他还呼吁，国民在家和在办公室时都应该调低电暖气温度，并随手关灯，尽量多使用节能设施。[63]与此相呼应，12月1日，占全国电力消耗30%的韩国大型企业自愿承诺每年削减5%的用电量，以帮助节能。来自包括钢铁和石化在内的12个行业协会的代表11月30日在首尔会见了韩国知识经济部长，并宣布了他们节能的承诺。韩国知识经济部表示，该国冬季高峰期时电力需求可能会同比上升5.3%，至7.853万MW，而电力供应可能会增加2.4%，至7.906万MW。[64]

在发展绿色能源方面，随着近年来经济增长乏力以及受国际市场影响，韩国政府已经越来越清醒地认识到：谁能在新能源战略竞争中取得优势，谁就能在下一场产业革命中占据未来经济发展的“制高点”，并成为国际经济新规则的“制定者”。为了实现这一目标，近年来韩国各领域的“绿色浪潮”不断涌现。2011年11月17日，韩国知识经济部在第11次国家科技委员会大会上进一步提出并通过了《第二次能源技术开发计划(2011—2020年)》，提出到2020年要通过革新能源技术把韩国发展成世界前五大绿色能源产业强国。根据该计划，韩国政府提出到2020年，其绿色能源产业要占据世界10%的市场份额，提高韩国能源效率12%，并减少韩国温室气体排放值15%等目标。韩国政府希望通过努力，到2020年将绿色能源核心零部件的国产化率提高到85%以上，并将政府财政支援的力度保持在整个社会绿色能源技术开发总投入的25%以上。此外，韩国政府还制定了《全球能源之星2050计划》，希望通过政府扶持和企业努力，到

2020年培育出韩国本土的50个全球化中小型骨干绿色能源企业，特别是对在无线太阳光、风力发电等领域已经具备一定优势的中小企业，韩国政府不仅会进行科研经费援助，还会在专利技术、产业化、吸引高科技人才等方面进行综合援助。[65]

（二）2011年韩国国际能源合作情况

1. 积极参与海外能源资源开发，加快收购海外资产

作为能源极度匮乏的国家，近年来韩国一直致力于扩大海外能源资源的开发和收购，以提高能源自给率，保障能源安全。2011年6月16日，韩国政府知识经济部宣布，韩国计划通过收购新的能源资产的方式，在2012年把本国的油气自给率提高将近一倍，达到20%。[66]为此，2011年，韩国进一步加快了能源“走出去”的步伐，35家韩国公司预计2011年将向海外油气储量投资78亿美元，比2010年增加29%。[67]

石油方面，为了能够获得更便宜的原油供应以及从国际投资中增加回报，韩国的炼油企业纷纷扩大它们在海湾地区的立足之地。韩国四大炼油企业中的3家将在包括阿拉伯联合酋长国在内的海湾阿拉伯国家设立办事处，以此改善与原油供应国的关系，获得更多的重油供应并在中东地区寻找新的商业机会。[68]另外，3月21日，韩国国家石油公司同意以15.5亿美元的价格收购阿纳达科石油公司（Anadarko Petroleum Corp.）在美德克萨斯州鹰滩页岩油气项目油气资产中的1/3股份。[69]

天然气方面，韩国能源公司也斩获颇多。2011年1月11日消息称，韩国现代重工日前收到了卡塔尔9亿美元的协议书，根据协议书，韩国公司将实施卡塔尔巴尔赞天然气项目的海上部分。[70]1月25日，韩国SK工程建造公司和韩国三星工程公司获得位于沙特阿拉伯陆上的瓦西特天然气项目的主要开发合同。[71]3月1日消息称，韩国天然气公司（Kogas）日前已同意从印度尼西亚的Donggi-Senoro（DS）项目每年购买139亿立方英尺的液化天然气。[72]8月17日，韩国政府批准韩国国营天然气公司与荷兰皇家壳牌石油公司以及道达尔公司长达20年的进口液化天然气协议。10月17日，伊拉克石油部表示，其与韩国天然气公司签署了开发伊拉克最大的

气田 Akkas 天然气田的最终协议。[74] 11 月，韩国大宇造船和海洋工程公司已与 Noble，Delek Group 以及 Isramco 公司签署了开发以色列 Tamar 天然气气田的协议。[75]

2. 大力开展能源外交

韩国是能源资源贫乏的国家，能源严重依赖进口。因此，开展能源外交、保障能源安全一直是韩国外交的重要组成部分。2011 年 3 月，韩国总统李明博出访阿联酋，期间出席了韩阿关于石油与天然气合作开发协定的签字仪式，双方签署了《关于石油与天然气合作开发的谅解备忘录》和《关于开发三个油田的合作意向书》，从而促成与阿布扎比签订了韩国史上规模最大的油田开发合作备忘录和意向书。这次签署阿布扎比油田开发合同，无疑是韩国在海外能源扩张方面取得的里程碑式的成果。[76] 俄罗斯与中亚地区是韩国能源的另一重要来源，8 月 24 日，韩国总统李明博抵达哈萨克斯坦进行访问。25 日，李明博总统与纳扎尔巴耶夫总统在哈首都签署了“建设巴尔喀什热电站政府间协议”、“阿特劳天然气化工综合体二期工程投资备忘录”、“成立阿特劳天然气化工综合体二期工程联合建设企业协议”等能源领域的投资合作协议。[77]

作为仅次于日本的俄罗斯第二大 LNG 购买商，2011 年9 月，韩国石油部与俄罗斯能源巨头 Gazprom 签署“建立项目工作组谅解备忘录”，共商朝鲜半岛天然气管道的建造。俄罗斯天然气公司可能从 2017 年开始向韩国供应天然气，每年至少供应 100 亿立方公尺。[78]

此外，韩国还希望与非洲进行深度油气能源合作。据悉，2011 年 10 月，韩国能源部长和包括韩国国家石油公司（KNOC）在内的韩国各大能源公司的负责人，周三会见了一个由非洲各国能源部长和公司负责人组成的小组，以寻求非洲油气开发机会。韩国知识经济部长 Choi Joong-Kyung 与来自加纳、津巴布韦、南苏丹、刚果和尼日尔的同行在韩国首都首尔举行的“韩国—非洲工业合作论坛”间隙进行了会谈。在论坛间隙，Choimet 与 5 个非洲国家的部长进行了单独会谈，希望这些国家为韩国提供更多的油气和其他自然资源的开发机会。[79]

3. 加强能源技术出口

此外，韩国还致力于核电技术和设备的出口，加强国际合作。2011 年 2 月 9 日，韩国外长金星焕在访问阿尔及利亚时表示："和平利用核能协议的谈判正在进行，双方已经达成共识并将签订协议。"[80] 4 月 9 日，沙特内阁宣布将与韩国签署和平利用核能合作协议的计划，沙特负责核能和可再生能源的主席 Yamani 将被授权签署该项协议。[81] 7 月 25 日，印度总统帕蒂尔访问韩国，期间两国签署了《韩印核能合作协议》，为韩国企业进军印度核电市场打下了法律基础。[82]

（三）2011 年中韩能源合作情况

中韩两国都致力于能源消费结构调整，大力推广新能源，鉴于当前以美国为首的发达国家在技术改造上已走在前面，而初具规模的亚洲新能源产业需要彼此间的深度合作，以避免未来竞争的不利局面，因此中韩两国存在着诸多利益交汇点，具有广阔的合作前景。

2011 年 4 月 21 日，"第三届中韩绿色经济合作论坛"在江苏无锡召开，探讨两国在新能源和绿色环保产业上的合作，逾 300 位政府官员及新能源行业专家一致认为，世界能源危机是亚洲各国新能源产业的共同机遇，双方应共享优势，降低成本，早日在亚洲市场实现新能源"平价"使用。韩国 OCI 公司常务金起弘在会上提供了一组数据，就光伏产业而言，目前全球超过 50% 的光伏电池及组件产自中国，过去一年，中国大量太阳能企业都在扩建，总体产量增加了 16.2GW，已经成为世界光伏产业制造中心。但同时，中国光伏产业两头在外的弊端并未缓解，且在高端市场的知名度不高，而韩国半导体技术发达，如多晶硅提取技术等。如果能够开放双方技术、市场合作，可进一步降低成本，提高市场应用率。[83]

据权威人士预测，2015 年，全球需要 21 亿度电，如果光伏产业仅按 5% 的比例计算，届时产量将达 250GW。尽管中国近 10 年光伏产业增率超过 50%，但仍然无法满足需要，只有中韩以及亚洲各国携手才能开创一个新纪元。在此背景下，8 月 3 日，韩国商务代表团与持有"硅能蓄电池"国家专利授权的中国锦辉控股集团在湖北荆州签订《战略合作框架协议》。

根据协议，未来5年，韩方将从中方采购价值2500亿元人民币的“硅能蓄电池”用于生产电动汽车。[84]

另外，中韩还就智能电网技术标准加强合作，据韩联社报道，由韩国知识经济部技术标准院组织的“智能电网合作团”6月16日访问中国国家标准委员会等机构，就制定两国智能电网标准问题深入交换了意见。韩国“智能电网合作团”由韩国知识经济部技术标准院、三星电子、LG电子、SK Innovation等机构和企业的有关人士组成，主要商讨智能电网标准事宜。[85]

在节能减排方面，据2011年3月8日报道，中韩两国专家和技术人员日前在上海召开韩国电力公司脱硝技术研讨会，以推动上海的电厂脱硝工作。电力行业的脱硝工程是减排的主要方向。“十二五”期间，上海决定与韩国国家电力公司合作，选择适合的脱硝技术进行试点。韩国国家电力公司在多年前就开始了脱硝技术的研究，并成功开发出适应170℃—550℃宽温度范围的高效脱硝催化剂，在韩国内外有十几个成功案例，脱硝率普遍在80%左右。[86]

三、中日韩多边能源合作及前景展望

（一）2011年中日韩多边能源合作概况

一直以来，东北亚区域的合作虽然充满美好期待，但由于政治、经济、历史、文化等多种因素影响，使得地区一体化进程进展缓慢。“3·11”日本地震海啸和大规模核泄漏危机，致使近邻的东北亚区域各国紧绷“核辐射”神经。与此同时，此次日本核泄漏危机也为东北亚区域各国能源合作提供一个契机，促进各方加强区域能源合作。日本福岛核泄漏事故发生后，中日韩三国都将核安全放到了重要位置，并努力寻求在核能安全方面的合作，避免悲剧的再次发生。2011年5月22日，在日本东京举行的第四次中国、日本、韩国领导人会议上，温家宝总理就中日韩三国合作提出7点建议，倡议建立中日韩核电安全交流与合作机制。温家宝指出，应高度重视核电安全问题，认真落实三国达成的有关共识，建立中日韩核电安全交流与合作机制，加强在信息通报、应急辐射监测、事故救援及后果评价、技术装备研发等方面的合作。[87]

与此相呼应，8 月 27 日，韩国原子能安全技术院防灾综合室主任李世烈在出席“中日韩三国救灾减灾合作研讨会”时指出，拥有 88 个反应堆的中日韩三国属于核电集中地区。考虑到核事故的特性与三国间地理、经济的关联性，中日韩在吸取福岛核事故教训的基础之上，应构建放射能防灾网络，尽快开展实质性合作。他特别提到，尽管国际原子能机构（IAEA）早在 1986 年就制定了《及早通报核事故公约》，但作为福岛核事故官方信息发布窗口的日本核能安全保安院和 IAEA 发布的消息仍然太过滞后，很难满足各方的需要。他举例说，福岛核事故后的第一次降雨就曾在韩国民众中引起很大恐慌，甚至有学校为此停课。实际上官方测量的数据显示，当时的雨水哪怕连饮两天都不会对人体产生伤害。[88]

在不断高涨的核安全呼声下，据日本《读卖新闻》报道，中日韩三国原子能主管部门 11 月 29 日在日本东京就构建核电站发生事故后迅速通报信息机制达成一致，三国签署了“中日韩原子能安全合作倡议书”。该“倡议书”涉及 10 个方面的内容，包括一国在发生一定规模的核电站事故后通报另外两国，以及日本应向中韩两国共享其正在进行的核电站耐性测试相关信息。[89]

另外，2011 年，福岛核泄漏事故的发生以及剧烈波动的油价使可再生能源的地位凸显，中日韩三国纷纷推出各种措施，力促可再生能源产业的发展，面对巨大的市场需求，中日韩三国在可再生能源领域无疑有着巨大的合作前景。在第四次中日韩领导人会议上，中国国务院总理温家宝在发言中还建议中日韩三国合作发展风能、太阳能、潮汐能、生物质能；大力推广节能技术；成立中日韩“可再生能源产学研创新联盟”，将三国技术、生产和市场优势更好地结合起来。加快中日韩循环经济示范基地建设，促进合理利用资源、保护生态环境、实现可持续发展。[90]

（二）中日韩联手解决能源困局

中日韩有能源合作的需要。中日韩三国是东北亚地区最主要的能源进口国，石油进口结构都很不合理，进口石油的3/4来自中东。该地区的动荡不安、地缘政治持续不稳、恐怖活动频繁发生，使中日韩能源安全面临极大考验。特别是近年来，由于中东地区局势动荡，造成这个世界重要石油产区局势不稳定，这无疑对中日韩等主要能源需求国形成极大威胁。为了保证本国的能源安全，三国都渴望与相邻的俄罗斯加强能源合作。然而，俄油气最丰富的远东地区是全球油气勘探最差的地区，需要庞大的资金作保障。而且俄石油和经济法规体系尚不完善，缺少透明度，不利于投资。况且，俄罗斯是一个非常重视战略谋划的国家。近年来，它一直在东北亚，尤其是中日之间，在经由石油管道向该地区出口石油的问题上声东击西，游刃有余地频繁使用能源雾气，谋取本国利益最大化。

因此，建立东北亚区域能源合作机制和以俄罗斯为供应国的能源网络，中日韩不仅能够获得廉价、稳定和安全的能源供给，而且各国经济有望实现可持续发展。因此，同样面临能源安全问题的中日韩三国应该尽快建立利益平衡的能源合作机制，维护东北亚地区，乃至全球的能源安全。就目前而言，中日韩在能源合作方面虚多实少，合作进程缓慢，但三国建立能源合作机制的条件正逐步成熟。目前，东北亚内部的区域经济合作组织，包括太平洋合作经济委员会、亚太经合组织、东盟10+3、图们江地区次区域经济合作等，为建立本地区能源合作的机制打下良好基础。

注　释

[1]《年终特稿：2011年日本经济的魔咒》，2011年12月24日，载中国新闻网，参见http：//www. chinanews. com/gj/2011/12－24/3556295. shtml。

[2]《日本拟在明年3月底前制定出未来能源结构方案》，载国际电力网，2011年12月8日，参见http：//power. in-en. com/html/power－11321132621219579. html。

[3]《日本核能份额到2030年或降至20%》，载国际电力网，2011年12月19日，参见http：//power. in-en. com/html/power－08290829611229286. html。

[4]《日本重审能源政策 降低核电依赖》，载国际能源网，2011年7月13日，参见http：//www. in-en. com/article/html/energy_ 10451045771072988. html。

[5]《日本政府出台“减核”政策纲要》，载新华网，2011年7月29日，参见http：//news. xinhuanet. com/world/2011－07/29/c_ 121746018. html。

[6]《日本新科技计划大幅削减核能研究》，载新华网，2011年8月19日，参见ht-

tp：//news. xinhuanet. com/world/2011－08/19/c_ 121884041. html。

[7]《日本将创建独立的核电监管机构并修改安全标准》，载国际电力网，2011年6月8日，参见http：//power. in-en. com/html/power－09310931511037254. html。

[8]《日本拟设新核能监管机构 明确核电站运转上限40年》，载国际电力网，2012年2月1日，参见http：//power. in-en. com/html/power－10361036331271063. html。

[9]《日本将扩大核电站周边检测范围》，载国际电力网，2011年12月15日，参见http：//power. in-en. com/html/power－08490849611226126. html。

[10]《日本酝酿可再生能源产业革命》，载瞭望观察网，2011年10月8日，参见http：//www. lwgcw. com/News Show. aspx？ newsId＝23691。

[11]《日本开发出生产太阳能电池新技术》，载国际能源网，2011年2月11日，参见http：//newenergy. in-en. com/html/newenergy－1003100343925049. html。

[12]《日本科学家研究太空太阳能发电》，载国际电力网，2011年1月25日，参见http：//power. in-en. com/html/power－1408140890915582. html。

[13]《日本宫崎县建成世界最大规模太阳能电池厂》，载国际电力网，2011年4月20日，参见http：//power. in-en. com/html/power－1719171980990034. html。

[14]《日本计划2030年新建筑均采用太阳能电池板》，载国际电力网，2011年5月24日，参见http：//newenergy. in-en. com/html/newenergy－08400840161022763. html。

[15]《日本东芝公司将在保加利亚建设10兆瓦太阳能电站》，载国际新能源网，2011年1月29日，参见http：//newenergy. in-en. com/html/newenergy－1143114353920395. html。

[16]《日本住友商事加盟意大利太阳能发电工程》，载国际新能源网，2011年2月9日，参见http：//newenergy. in-en. com/html/newenergy－1317131764922827. html。

[17]《日本三洋拟抢占泰国太阳能发热市场份额》，载国际新能源网，2011年5月4日，参见http：//newenergy. in-en. com/html/newenergy－08460846631002396. html。

[18]《日本在福岛近海开发海上风电将福岛打造为可再生能源基地》，载国际能源网，2011年9月21日，参见http：//newenergy. in-en. com/html/newenergy－09310931351142596. html。

[19]《日本福岛县海域拟建世界最大海上风力发电基地》，载国际新能源网，2011年10月25日，参见http：//newenergy. in-en. com/html/newenergy－17261726711173519. html。

[20]《日本石油巨头积极开发地热能》，载国际石油网，2011年8月9日，参见http：//oil. in-en. com/html/oil－15531553241100860. html。

[21]《日本震后新能源革命》，载凤凰网，2011年10月2日，参见http：//tech. ifeng. com/discovery/detail_ 2011_ 10/02/9626185_ 0. shtml。

[22]《2011 年日本 LNG 进口量达历史最高水平》，载国际燃气网，2011 年 12 月 20 日，参见 http：//gas. in-en. com/html/gas－16511651251232095. html。

[23]《日本政府计划增加成品油应急储备》，载国际石油网，2011 年 9 月 6 日，参见 http：//oil. in-en. com/html/oil－09140914191128381. html。

[24]《日本计划向能源项目提供更多的补贴》，载国际石油网，2011 年 12 月 21 日，参见 http：//oil. in-en. com/html/oil－13461346821233593. html。

[25]《日本批准出口核电技术 国内反对出口呼声高涨》，载国际电力网，2011 年 12 月 7 日，参见 http：//power. in-en. com/html/power－09340934441217616. html。

[26]《日本公司获准参与约旦核电站投保》，载国际电力网，2011 年 12 月 12 日，参见 http：//power. in-en. com/html/power－08320832941221444. html。

[27]《日本核电转战海外》，载人民网，2011 年 9 月 30 日，参见 http：//paper. people. com. cn/gjjrb/html/2011－09/30/content_ 934779. htm？ div =－1。

[28]《日本土耳其就重启核能协定缔结谈判达成一致》，载中国新闻网，2011 年 11 月 4 日，参见 http：//www. chinanews. com/gj/2011/11－04/3438998. shtml。

[29]《立陶宛与日本政府就转让核电技术签署外交换文》，载中华人民共和国商务部，2011 年 12 月 1 日，参见 http：//www. mofcom. gov. cn/aarticle/i/jyjl/m/201112/2011120 7856275. html。

[30]《日本贸易大臣出访沙特阿联酋用技术换能源》，载国际能源网，2011 年 1 月 6 日，参见 http：//www. in-en. com/article/html/energy_ 0754075455888494. html。

[31]《科威特石油与日本公司签署原油长期供应协议》，载国际石油网，2011 年 10 月 14 日，参见 http：//oil. in-en. com/html/oil－14171417611163396. html。

[32]《日本石油资源开发公司已在印尼外海生产石油》，载国际石油网，2011 年 1 月 21 日，参见 http：//oil. in-en. com/html/oil－0857085722910365. html。

[33]《越与日本公司签订首个油气勘采设备建造合同》，载国际石油网，2011 年 8 月 30 日，参见 http：//oil. in-en. com/html/oil－15111511861122255. html。

[34]《印尼称日本 Inpex 公司已获得其 Babar Selaru 油气区块开采权》，载国际燃气网，2011 年 9 月 21 日，参见 http：//gas. in-en. com/html/gas－17071707451143424. html。

[35]《日本计划 2014 年前在俄东西伯利钻 6 口探井》，载国际石油网，2011 年 2 月 24 日，参见 http：//oil. in-en. com/html/oil－0853085320940103. html。

[36]《日本公司寻求开发俄罗斯鄂霍次克海油田》，载国际石油网，2011 年 8 月 8 日，参见 http：//oil. in-en. com/html/oil－09560956921098988. html。

[37]《日本将依赖俄罗斯天然气供应来弥补核电缺口》，载国际电力网，2011 年 5 月 16 日，参见 http：//power. in-en. com/html/power－16101610401015370. html。

[38]《日本表示不会停止从伊朗进口石油》，载国际石油网，2011 年 12 月 22 日，参

见 http：//oil. in-en. com/html/oil－08240824801233986. html。

[39] 庞中鹏：《日本能源外交如走“平衡木”》，载国际能源网，2012 年 1 月 6 日，参见 http：//www. in-en. com/finance/html/energy_ 09290929221249488. html。

[40] 温家宝：《中日韩合作发展可再生能源》，载国际新能源网，2011 年 5 月 23 日，参见 http：//newenergy. in-en. com/html/newenergy－08530853531021419. html。

[41]《中国和日本签署 51 项节能环保合作项目》，载国际能源网，2011 年 11 月 27 日，参见 http：//www. in-en. com/article/html/energy_ 11371137861206326. html。

[42]《中日核电安全与技术研讨会在京开幕》，载国际电力网，2011 年 6 月 28 日，参见 http：//power. in-en. com/html/power－09210921591057210. html。

[43]《中日能源专家把脉能源市场》，载国际能源网，2011 年 12 月 21 日，参见 http：//www. in-en. com/article/html/energy_ 08110811951232315. html。

[44]《中国将为日本公司造 4 艘液化天然气船》，载国际能源网，2011 年 1 月 19 日，参见 http：//gas. in-en. com/html/gas－0843084393906784. html。

[45]《中国与日本企业联手收购加拿大煤企》，载国际煤炭网，2011 年 11 月 1 日，参见 http：//coal. in-en. com/html/coal－13571357211180171. html。

[46]《日本驱逐舰在东海油气田附近遭中国直升机警告》，载国际燃气网，2011 年 3 月 28 日，参见 http：//gas. in-en. com/html/gas－0905090577968752. html。

[47]《日本抗议中国单独开发东海天外天油气田》，载国际能源网，2012 年 2 月 2 日，参见 http：//gas. in-en. com/html/gas－10331033631272684. html。

[48]《2011 年韩国经济增长放缓》，载新华 08 网，2011 年 12 月 23 日，参见 http：//forex. xinhua08. com/a/20111223/877555. shtml。

[49]《韩国政府正在考虑对石油产品实施减税》，载国际石油网，2011 年 2 月 12 日，参见 http：//oil. in-en. com/html/oil－1535153524927223. html。

[50]《韩国将继续推进降低国内油价政策》，载国际能源网，2011 年 2 月 28 日，参见 http：//www. in-en. com/finance/html/energy_ 0836083649942720. html。

[51]《韩国将取消液化石油气 2% 进口关税》，载国际石油网，2011 年 5 月 20 日，参见 http：//oil. in-en. com/html/oil－10381038761020672. html。

[52]《韩国计划扩大国内炼油市场竞争》，载国际石油网，2011 年 5 月 9 日，参见 http：//oil. in-en. com/html/oil－11051105351007503. html。

[53]《韩国政府拟进口日本石油制品以稳定油价》，载国际石油网，2011 年 8 月 11 日，参见 http：//oil. in-en. com/html/oil－14471447591103622. html。

[54]《韩国可再生能源：繁荣还是滞后?》，载国际新能源网，2011 年 2 月 24 日，参见 http：//newenergy. in-en. com/html/newenergy－1117111741940809. html。

[55]《韩国推进可再生能源开发计划》，载国际新能源网，2011 年 11 月 2 日，参见 ht-

tp：//newenergy. in-en. com/html/newenergy－09160916871180725. html。

[56]《韩国出台培育清洁能源企业计划》，载国际新能源网，2011 年 11 月 30 日，参见 http：//newenergy. in-en. com/html/newenergy－16401640611211025. html。

[57]《韩国计划斥资 426 亿美元发展核电》，载国际电力网，2011 年 1 月 4 日，参见 http：//power. in-en. com/html/power－1526152665886014. html。

[58]《到 2016 年韩国计划新建 6 座核电站》，载国际电力网，2011 年 11 月 23 日，参见 http：//power. in-en. com/html/power－09430943341202638. html。

[59]《韩国拟于 2030 年与美国、法国并列为世界三大核能强国》，载国际电力网，2011 年 11 月 25 日，参见 http：//power. in-en. com/html/power－09230923451205308. html。

[60]《韩国政府批准新建两座核电反应堆》，载国际电力网，2011 年 12 月 6 日，参见 http：//power. in-en. com/html/power－08450845251215672. html。

[61]《韩国政府决定将新建核电站抗震标准上调至 7. 0 级》，载国际电力网，2011 年 3 月 21 日，参见 http：//power. in-en. com/html/power－1000100031962375. html。

[62]《韩国政府和大国家党决定成立总统直辖“核能安全委员会”》，载国际电力网，2011 年 4 月 22 日，参见 http：//power. in-en. com/html/power－1511151114992920. html。

[63]《今年冬天韩国将面临严峻的供暖能源短缺问题》，载国际能源网，2011 年 11 月 29 日，参见 http：//www. in-en. com/finance/html/energy_ 10231023311208890. html。

[64]《韩国企业承诺每年削减 5% 的用电量》，载国际电力网，2011 年 12 月 1 日，参见 http：//power. in-en. com/html/power－08420842271211239. html。

[65]《韩国节能减排努力初见成效 称支持延长京都议定书》，载国际新能源网，2011 年 12 月 1 日，参见 http：//newenergy. in-en. com/html/newenergy－11171117391212255. html。

[66]《韩国计划明年把油气自给率提高一倍》，载国际石油网，2011 年 6 月 17 日，参见 http：//oil. in-en. com/html/oil－09040904401047043. html。

[67]《韩国公司今年将向海外油气储量投资 78 亿美元》，载国际石油网，2011 年 1 月 24 日，参见 http：//oil. in-en. com/html/oil－0914091420912863. html。

[68]《韩国炼油企业纷纷进军海湾阿拉伯国家》，载国际石油网，2011 年 4 月 19 日，参见 http：//oil. in-en. com/html/oil－1104110459988095. html。

[69]《韩国国家石油 15. 5 亿美元收购阿纳达科油气资产》，载国际燃气网，2011 年 3 月 22 日，参见 http：//gas. in-en. com/html/gas－0851085153963596. html。

[70]《韩国公司赢得卡塔尔天然气项目 9 亿美元合同》，载国际燃气网，2011 年 1 月

13 日，参见 http：//gas. in-en. com/html/gas－0910091092898699. html。
[71]《韩国公司获沙特瓦西特天然气项目开发合同》，载国际燃气网，2011 年 1 月 26 日，参见 http：//gas. in-en. com/html/gas－0907090782916075. html。
[72]《韩国将从印尼 DS 项目年购 139 亿方 LNG》，载国际燃气网，2011 年 3 月 3 日，参见 http：//gas. in-en. com/html/gas－0914091490946755. html。
[73]《韩国与壳牌达成天然气进口协议》，载国际燃气网，2011 年 8 月 17 日，参见 http：//gas. in-en. com/html/gas－15151515291109310. html。
[74]《伊拉克与韩国签订 Akkas 气田的最终协议》，载国际燃气网，2011 年 10 月 17 日，参见 http：//gas. in-en. com/html/gas－16031603731164938. html。
[75]《韩国大宇称已签署开发以色列 Tamar 气田协议》，载国际燃气网，2011 年 11 月 23 日，参见 http：//gas. in-en. com/html/gas－11031103131203045. html。
[76]《韩国大举进军海外能源市场》，载中国石化报，2011 年 4 月 8 日，参见 http：//enews. sinopecnews. com. cn/shb/html/2011－04/08/content_ 139427. html。
[77]《哈萨克斯坦与韩国签署能源领域投资协议》，载国际能源网，2011 年 8 月 26 日，参见 http：//www. in-en. com/article/html/energy_ 07500750771118230. html。
[78]《俄罗斯与韩国签署天然气管道建造协议》，载国际燃气网，2011 年 9 月 17 日，参见 http：//gas. in-en. com/html/gas－16081608141139172. html。
[79]《韩国希望与非洲进行深度油气能源合作》，载国际燃气网，2011 年 10 月 27 日，参见 http：//gas. in-en. com/html/gas－13491349261176124. html。
[80]《韩国将加强与阿尔及利亚在核能领域合作》，载国际电力网，2011 年 2 月 15 日，参见 http：//power. in-en. com/html/power－0857085718930192. html。
[81]《沙特宣布将与韩国签署核能合作协议》，载国际电力网，2011 年 5 月 13 日，参见 http：//power. in-en. com/html/power－10221022361013370. html。
[82]《韩印签署核能合作协定 韩成印第 9 个核电合作国》，载国际石油网，2011 年 7 月 26 日，参见 http：//oil. in-en. com/html/oil－13461346821233593. html。
[83]《中韩新能源合作有望开创亚洲市场“平价时代”》，载国际新能源网，2011 年 4 月 21 日，参见 http：//newenergy. in-en. com/html/newenergy－0951095157990660. html。
[84]《中韩签订 2500 亿元“硅能蓄电池”合作协议》，载国际新能源网，2011 年 8 月 4 日，参见 http：//newenergy. in-en. com/html/newenergy－09110911311095742. html。
[85]《中韩就智能电网技术标准加强合作》，载国际电力网，2011 年 6 月 17 日，参见 http：//power. in-en. com/html/power－11201120321047640. html。
[86]《中韩专家研讨脱硝技术》，载国际电力网，2011 年 3 月 8 日，参见 http：//pow-

er. in-en. com/html/power－1341134151951326. html。

[87]《温家宝倡议建中日韩三国核电安全交流与合作机制》，载国际电力网，2011 年 5 月 23 日，参见 http：//power. in-en. com/html/power－07430743891021279. html。

[88]《韩国：吸取福岛教训 构建中日韩放射能源防灾网》，载国际能源网，2011 年 10 月 28 日，参见 http：//www. in-en. com/article/html/energy_06530653421176291. html。

[89]《中日韩就交换核电站安全情报达成一致》，载国际电力网，2011 年 12 月 1 日，参见 http：//power. in-en. com/html/power－09080908751211391. html。

[90]《温家宝建议中日韩合作发展可再生能源》，载国际能源网，2011 年 5 月 24 日，参见 http：//www. in-en. com/article/html/energy_06370637511022653. html。

欧 盟

2011 年是欧盟的又一困难之年，欧元区主权债务危机的不断升级，以及由此引发的“危机综合征”在欧盟四散，欧盟各国的政治、经济和社会等都又在“债务危机”的烙印下度过举步维艰的一年。中东、北非的动荡局势，特别是埃及、利比亚和叙利亚混乱的局势，不仅吸引着世界的注意，也极大程度上牵动着美、俄、中以及欧盟诸国的利益神经。从欧盟内部看，自 2011 年 8 月的伦敦骚乱、德国总理默尔克在自己的选区梅克伦堡—前波莫瑞州的地方选举中屡次受挫、长期高企的失业率使欧盟经济复苏蒙上阴影，到南欧国家多位首脑的辞职与政府更迭，均暗示着欧盟社会的风起云涌。同时，海外的动荡同样让欧盟国家无法安心经营内政，突尼斯、埃及、利比亚等阿拉伯产油国的政治变革使国际油价一度波动；英国石油公司（BP）在墨西哥湾大规模原油泄漏事故中承受了巨大损失，并引起了英美间的短暂失信；2011 年 3 月 11 日，日本福岛第一核电站 1 号反应堆所在建筑物爆炸后，引发核泄漏，使电站周围 6 万多平方公里的土地受到直接污染，320 多万人受到核辐射侵害，从而激起欧盟国家对核电站发展战略的巨大争议。

具体来说，2011 年欧盟经济整体上复苏缓慢，各国的发展不平衡。作为欧盟最大经济体的德国增速依然强劲，投资、出口和消费等方面都力拔头筹，体现出其“欧盟火车头”的本色。与之相比，英、法两国的表现差强人意，资本市场受到欧元利空消息扩散蔓延的影响。而欧盟主权债务问题重灾区的境况则更为不佳。自2010年以来，希腊主权债务危机进一步深化，爱尔兰、西班牙、葡萄牙等国财政赤字问题越发严重，欧盟五国的主权债务评级再次被下调，欧元区解体的传言愈演愈烈，欧元汇率大幅下跌和欧盟股市暴挫，德、法等欧元区的龙头国于2月欧盟首次峰会上推出欧盟永久性救助机制。[1]该机制计划在目前4400亿欧元的“欧盟金融稳定基金（EFSF）”2013年到期后，永久性的“欧盟稳定机制”将生效，即用5000亿欧元（约合6750亿美元）的资金规模来援助未来可能陷入债务危机的欧元区国家，这一斥资规模是2010年为了援助希腊而成立的救助基金规模的2倍。永久性救助机制出台初期带来了欧元债券和欧盟股市的信心，而不久之后各国的表现随即使这一信心消逝，援助贷款对国内经济政治社会整治改革的一系列附加条件引发德国与危机国之间的对峙。[2]10月末第二次欧元区首脑峰会上，各国再次就希腊债务减记、扩大“欧盟金融稳定基金（EFSF）”、银行注资以及加强金融监管等一揽子方案达成一致。[3]对此，现有救助机制即“欧盟金融稳定基金（EFSF）”的“火力”将扩大到1万亿欧元（约合1.39万亿美元），而为了整固银行业，在2012年6月底前欧盟主要银行的核心资本充足率将提高到9%。此外，11月23日，欧盟委员会公布其拟定的发行欧元“稳定债券”计划（三种方案），[4]以此作为欧债危机解决方案的一部分内容，并在之后对发债细节展开进一步辩论，希望在2012年1月收到相关反馈意见。

值得关注的是，欧盟成员国民族主义情绪抬头与蔓延，欧盟的意识有弱化趋向，主要表现在“欧盟老大”德国和危机重灾国之间，即德国民众的反对态度、德国政府的严苛援助条件、希腊等国“快乐经济”的坚守等。德国的“与众不同”和“格格不入”，以及由此导致的欧盟内部争吵和猜忌，降低了欧盟的凝聚力、有碍于欧盟一体化的深入。

一、2011年能源战略与政策的新形势与新变化

2010年3月欧盟委员会推出了十年经济社会发展战略——“欧盟2020”战略，其中能源部分主要强调了“20/20/20”气候能源目标，以及

“能效欧盟”计划。前者指必须实现温室气体排放减少20%，如果条件许可则增加到30%；可再生能源份额增加到20%；能源效率提高20%。[5]后者旨在支持转向资源使用高效率和低碳的经济，让欧盟经济增长不再仅依赖于资源和能源的使用，减少二氧化碳排放量，增强竞争力和提高能源安全。同年11月，欧委会出台的《能源2020：具有竞争力、可持续的和安全的能源战略》更是成为“欧盟2020战略”的重要补充。

2011年初始的第一次欧盟首脑会议以能源问题作为中心议题之一，在制定更长远政策上再次取得重大突破，即欧盟将在2014年前通过立法和加强合作等手段建立一体化能源市场。[6]欧盟的能源政策目标是获得可靠的、可持续的、供应有保障、价格可接受的能源。为此，会议做出欧盟改善及扩大能源基础设施建设、提高能源效率、加强成员国间可再生能源的研究与合作的决定，而在加强与重要能源伙伴合作方面，欧委会着重提及与俄罗斯的合作，希望双方能尽快建立可靠、透明和有序的能源合作。未来10年，预计欧盟将投资1万亿欧元用于完善能源设施及开发新能源。[7]

在2011年10月的第二次欧盟首脑峰会上，各国领导人就11月即将举行的二十国集团（G20）戛纳峰会及德班气候变化大会协调统一立场，形成统一意见，包括G20峰会参与国应当携手应对当前全球经济放缓带来的严重挑战，设法维护金融稳定并恢复市场信心，以及改革国际货币体系、加强金融监管和原材料价格监管；欧盟对《京都议定书》第二承诺期持开放态度，在2010年坎昆会议成果的基础上促成德班大会取得均衡、有成效的结果。[8]在德班会议上，欧盟提出气候变化路线图，建议包括按照即将到期的《京都议定书》法律框架，在2015年前建立一个“涵盖全球主要经济体并具法律效力”的新的减排协议，并在2020年后生效；该协议中所指的主要经济体将包括新兴经济体以及此前已退出《京都议定书》的美国。这一协议得到美国的支持。[9]

12月15日欧委会发布“2050能源路线图”，即实现欧盟到2050年碳排放量比1990年下降80%—95%这一目标的具体路径。[10]欧委会表示研究结果表明，依靠目前的技术达到2050年的减排目标是可行的，且成本并不像想象的那么高。预计到2050年，在实现上述目标的情况下，欧盟能源系统完全成本（包括燃料、电力、资产成本以及购买设备和节能产品的费用）将占GDP（国内生产总值）的14.6%，而2005年的这一比例为

10.5%。在路线图中，可再生能源扮演极其重要的角色。欧盟预计，到2050年其可再生能源占全部能源需求的比例将从目前的10%上升到55%以上。关于核能，欧盟对成员国是否使用核能持中立态度，但其设计的一个情景预计核能仍将在未来的能源版图中占据比较重要的位置，即到2050年核能占全部能源需求的比例仍将维持在15%—18%之间。欧盟预计从2011—2050年，用于电网系统的建设支出将高达1.5万亿—2万亿欧元，同时化石燃料进口的支出将大大低于目前的水平。

12月26日，继2014—2020年对“Horizon 2020”项目投入800亿欧元以资助27个欧盟成员国进行清洁能源、绿色交通与可持续农业等方面的研究后，欧盟决定再次拨款250亿欧元专门用于研究全球气候变化。[11]为达到之前提到的“20/20/20”目标，此次拨款的方案建议扩大和加强欧盟排放交易机制，为各成员国制定温室气体排放最高上限以及到2020年前可再生能源占总能源消耗比例应实现的目标。其中，较富裕国家在减排中承担更多责任，如丹麦、爱尔兰和卢森堡的减排目标为20%，数值最高；瑞典和英国面临16%的目标，而德国和法国的减排目标为14%；而一些东欧国家甚至被允许增加温室气体排放量，例如欧盟新成员国保加利亚可增排20%，罗马尼亚可增排19%。然而，对于这一目标，各界褒贬不一，共识较难达成。

（一）传统能源领域

1. 制裁利比亚，切断石油换资金的渠道

2011年3月中旬，联合国安理会决定在利比亚设立禁飞区以及扩大对卡扎菲及其亲密盟友的制裁。欧盟在2011年中多次对卡扎菲政权实施制裁措施并不断扩大制裁范围，制裁内容涉及旅行禁令、武器禁运、资产冻结等，制裁目标主要针对亲卡扎菲的人员和经济实体，其中包括利比亚国家石油公司等。具体来看：3月23日，欧盟各成员国政府决定同意按照联合国决议对利比亚国家石油公司实施制裁，并同意把另外4家利比亚石油公司列入欧盟的制裁措施中。[12]4月12日，欧盟决定进一步加大对利比亚的制裁力度，又有26家能源公司被列入制裁名单，以此切断卡扎菲政府通过

出口油气获取资金的渠道。[13]8月10日，欧盟27个成员国一致批准，把利比亚沙拉拉石油公司和穆阿迈尔·卡扎菲政府下属“行政事务组织”列为制裁对象，严禁欧盟企业与其贸易，意在阻止沙拉拉石油公司把燃料运往卡扎菲控制的一些西部城镇。[14]至此，遭遇欧盟制裁的利比亚实体达到49个。

2. 制裁叙利亚，进行石油禁运和金融业制裁

2011年8月26日，据欧盟外长透露，欧盟政府同意扩大其对叙利亚的制裁决定，进一步禁止成员国与叙利亚的石油公司、电讯公司和银行开展业务。[15]欧委会原则上达成对叙利亚采取石油禁运制裁的协议，并于9月3日起开始实施制裁措施，制裁措施不仅包括禁止进口叙利亚原油及石油产品，同时还包括对叙利亚石油出口相关的融资和保险进行制裁，试图彻底切断叙利亚政府的经济命脉。[16]欧盟希望以此来限制叙利亚当局的资金来源，向阿萨德总统施压，迫使其停止对和平示威民众使用暴力。与此同时，欧盟在冻结财产和禁止旅行的约50人名单中，又增加了4名对叙利亚政权提供经济援助的叙利亚商人。另外，又有3家与巴沙尔政权有关的公司被欧盟列入黑名单中。9月23日，欧盟决定扩大对叙利亚的制裁，即禁止欧盟成员国向叙利亚国内及海外所有从事石油勘探、生产和精炼的企业投资，欧盟成员国企业不得与叙利亚石油业相关企业进行新的合作，向叙利亚石油企业提供信贷和金融贷款也在被禁止之列；决议还禁止欧盟各成员国向叙利亚移交以叙利亚本币计价的银行票据以及承制的叙利亚纸币；并且在制裁清单中增列6家叙利亚企业和2名个人。[17]对此，叙利亚国内禁止进口除未加工原料和谷物之外的绝大多数物资，以保存外汇储备，并且决定采取原油换燃料的易货贸易，以缓解国内的柴油短缺，并应对西方国家的石油和金融制裁。[18]12月1日，欧盟通过制裁叙利亚的又一新决议，禁止的内容包括向叙利亚出口天然气和石油业相关设备、买卖叙国债、向叙政府出售用于监督网络和电话通信的软件、向叙提供优惠贷款。制裁的目的是切断叙利亚政府的资金源头。此外，还有12位叙利亚人和11家实体企业登上了制裁的黑名单，制裁方法包括禁止出行及冻结资产。[19]至此，欧盟已经通过了7轮针对叙利亚的制裁决议，包括叙利亚总统阿萨德在内的74人被列入黑名单，并对叙利亚实施了武器禁运和禁止进口其出产的石油。

对于欧盟的制裁措施，众说纷纭。俄罗斯批评欧盟的做法，认为这种单方面制裁不会产生任何好的结果。[20]中国现代国际关系研究院西亚北非研究所的专家表示，面对欧盟实施石油制裁，叙利亚并非“无路可退”。[21]专家认为欧盟的石油禁运制裁对叙利亚经济影响不大。[22]虽然叙利亚在能源领域与欧盟的贸易往来比较多，但由于叙利亚自身对石油的消费也在不断增加，其出口的部分在不断减少，所以石油出口还不算是其国民经济支柱。叙利亚是一个农业国，旅游业、服务业也在其国民经济中占很大比例。此外，除了欧盟，叙利亚和中东地区阿拉伯国家的贸易往来也比较频繁，特别是沙特、黎巴嫩等国。即使石油受限，伊朗、埃及还可为其提供天然气管道，这些都成为巴沙尔政府能够继续“挺下去”的理由。

3. 与美国联合制裁伊朗，石油禁运呼之欲出

2011 年 11 月 18 日，国际原子能机构的报告显示，伊朗有组织、有系统地进行了与核爆炸装置有关的活动；11 月 29 日，英国驻伊朗大使馆遭到伊朗大学生冲击；同时，欧盟认为伊朗与叙利亚两国之间有一定的关联，伊朗是叙利亚暴力事件的背后支持者。据此，欧盟各国与美国于 12 月初决定对伊朗实施新一轮制裁。其中，美国参议院全票赞成通过了对伊朗的经济制裁措施，制裁的目的是切断伊朗中央银行与全球金融体系的联系。而欧盟的制裁内容是，在维持原有全部制裁措施的基础上进一步扩大制裁名单，冻结 143 家伊朗公司和机构的资产，禁止 37 名伊朗公民入境，欧盟称这些公司、机构与个人均直接参与了伊朗的核活动。[23]针对欧盟对伊朗实施石油禁运，欧盟各成员国未达成一致意见。[24]其中，法国较为支持禁运制裁，而希腊、西班牙等国认为确保原油供应稳定，推迟决定是否对伊朗石油实施禁运以考虑备选方案是“明智之举”。关于欧盟还会在财政、能源、交通等方面对伊朗采取哪些进一步的制裁措施，相关决定可能在 2012 年终的月末出台。

虽然欧盟最终的石油禁运制裁决定并未出炉，这场外交游戏仍遭到欧佩克国家的反对[25]，国际能源署和大型跨国石油公司（法国道达尔公司）都发出声音抵制石油禁运，理由是全球存在伊朗原油的替代市场，欧盟禁止进口伊朗原油的决定不仅不会对伊朗产生重大的影响，还将导致更多的

伊朗原油售往亚洲国家。[26][27]

4. 页岩气革命，摆脱对俄天然气的进口依赖

据欧盟能源事务专员冈瑟·奥丁格称，未来欧盟每年的天然气需求量将达6000亿立方米，接近30%的天然气将从俄罗斯进口。[28]欧盟委员会负责能源事务的委员京特·奥廷格12月初出访莫斯科时更是表示，欧盟希望未来10年使从俄罗斯进口天然气的数量从目前的每年1250亿立方米增加到1500亿立方米。[29]为达到这一目标，一方面欧盟于2011年第一次首脑峰会上决定将在2014年完成欧盟国家和地区间的电网和天然气管道联接，以使电力在欧盟国家内自由、经济地流动，使生产过剩的成员国向不生产或供给不足的国家提供电力供应。[30]欧盟启动这项耗资高达2000亿欧元的工程，目的在于减轻对中东地区石油和俄罗斯天然气的依赖。另一方面，欧盟大力研发非常规天然气——页岩气，将有利于提高该地区能源的安全性、降低天然气价格以及减少二氧化碳排放，也势必会对当前欧盟天然气供应依赖俄罗斯的局面产生巨大影响。[31]

波兰智库（Kosciuszko研究所）2011年9月2日发布报告称，未来10年，欧盟天然气市场将经历页岩气革命。波兰拥有高达5.3万亿立方米的页岩气储量，被视为欧盟最具有前景的页岩气生产国。报告估计波兰在未来10—15年页岩气产量最高将升至1000亿立方米/年，较为合理的预测是200亿—300亿立方米/年。而当前波兰的天然气消费量仅为140亿立方米/年，因此届时波兰将从天然气净进口国转变成为净出口国。当前波兰所需天然气的2/3依赖俄罗斯。Kosciuszko研究所的能源专家认为，一旦天然气供应过剩，波兰将会向邻国德国、捷克、斯洛伐克和立陶宛出口天然气，甚至出口至更远的地区。即便欧盟页岩气勘探和开采成本比美国高出50%，当地产天然气价格也会比俄罗斯供应的天然气价格要低。[32]为此，9月18日，作为欧盟现任轮值主席国的波兰总理蒂斯科正式对外宣称，波兰将从2014年起商业化开采本国的页岩气资源，逐步完成能源燃气的自给，从而争取到2035年彻底摆脱对俄罗斯天然气的依赖。欧盟及其成员国对页岩气的开采利用提上议程，也引发欧盟一些成员国仍持不同程度的保留态度。例如法国就对页岩气的开采持排斥态度，认为传统的水力压裂法至少从技术上对环境和地下水造成巨大威胁；欧委会能源委员奥廷格称，将考

虑为页岩气的开采利用制定最高的安全和环境标准；而欧盟议会农业委员会副主席博韦呼吁有关方面冻结页岩气的开采利用，要求加大研究力度，页岩气的开采利用必须建立在科学数据和不损害地球环境的基础之上。[33]

5. 欧盟“一个声音”，进行能源谈判——跨里海天然气管道项目

欧盟委员会2011年9月12日获其成员国授权，将与阿塞拜疆、土库曼斯坦两国开展谈判，以便为建设跨里海的天然气管道项目签署具有法律约束力的条约。这是欧盟27个成员国首次同意由欧委会出面进行对外能源关系谈判。[34]欧盟成员国一向不愿将自己的能源政策大权交给欧盟，但面对越来越多竞争者进入里海地区能源市场，各成员国不得不团结起来“用一个声音说话”，希望在与相关能源生产国的谈判中更有分量。9月7日，欧委会发布公报，首次提出发展对外能源关系的全面战略，为保障能源供应安全提出了43项具体行动，要求成员国与第三国签署能源供应协议必须以欧盟法律为基础，欧委会可对协议发表意见，评估其是否符合欧盟相关法律和能源供应安全目标，必要时要在整个欧盟层面与第三国进行能源供应协议的谈判。这一超越国家层面的谈判模式可以增加欧盟作为主体的谈判力，以更大的谈判筹码获取更多的权益，是欧盟一体化的重要一步，也是其溢出效应的体现。

（二）在新能源与可再生能源领域

1. 风电大跃进，特别是大力发展海上风电项目

欧盟近年来致力于推动可再生能源发展，从1995—2011年，欧盟的风电装机容量从814兆瓦增至9616兆瓦，总装机容量增至93957兆瓦，年均增长15.6%。2011年比其他任何一年安装了更多的可再生能源发电能力，欧盟新增可再生能源发电装机容量22847兆瓦，同比增长37.7%，占欧盟新增电力装机总容量的71.3%，这是连续第6年递增40%以上。在可再生能源中，风电装机容量9616兆瓦，占新增电力装机总容量的21%。[35]在欧盟成员国中，风电产能最大的5个国家分别为德国、西班牙、意大利、法国和英国，上述5国占欧盟风电产能总量的76.6%。

欧盟风能协会3月发表公报表示，欧盟计划今后20年投资4000亿欧元，以实施风电工业计划。[36]8月，欧盟风能协会（EWEA）公布题自为《纯能源》的报告称，如果风电生产商的条件能够得到满足且投资到位，欧盟成员国在目标明确的前提下，预计到2020年，其风力发电量将占欧盟电力需求总量的15.7%；[37]到2030年，欧盟的风电产能预计将增加到11540亿千瓦时，相当于欧盟2.41亿个家庭的用电总量，占欧盟用电总量的28.5%，由此带来的好处是欧盟每年将减少239亿欧元的石油进口（以每桶97.4欧元计算），并且将减少3.416亿吨的温室气体排放量；到2050年，欧盟电力供应将有50%来自风能发电，风能发电将占据欧盟电力市场的半壁江山。[38]2011年12月，欧盟风能协会最新研究报告指出，欧盟27国中的17国目前在建、已批准或正在规划的离岸大型风电场总装机量共计1.38亿千瓦，相当于欧盟目前投入运行的400万千瓦离岸风电总装机量的35倍，到2020年将占欧盟总发电量的13.1%。欧盟目前投入运行的离岸大型风电场主要集中在西北欧地区，3个在建项目分布在英国、德国和比利时，分别是430万千瓦、83万千瓦和46万千瓦。预计到2020年，欧盟离岸大型风电前十强是：英国（4860万千瓦）、德国（3125万千瓦）、挪威（1139万千瓦）、瑞典（828万千瓦）、西班牙（680万千瓦）、法国（600万千瓦）、荷兰（599万千瓦）、希腊（489万千瓦）、芬兰（429万千瓦）和爱尔兰（378万千瓦）。[39]目前欧盟陆上风电已成为能与煤电和气电进行竞争的主要新能源。此外，报告称欧盟离岸风电在未来10年将创造16万个就业岗位，在未来20年将创造30万个就业岗位。目前欧盟企业执世界离岸风电牛耳，全球离岸风电设备的99%安装在欧盟国家水域。离岸风电的经济增长点包括风电机和部件制造、相关设备制造、船舶、码头以及其他电力器材，如海底高压电缆。欧盟在投资建设离岸大型风电场的同时，还需要加强北海和波罗的海地区的电网建设，以保证生产出的风电能够输送到消费用户。

2. 在成员国和周边国家进行核电站压力测试

欧盟现有143座运行中的核电站，分布在14个国家，核能占欧盟能源总量的14%。其中，法国有58座核电站，英国有19座，德国有17座，瑞典有10座，西班牙有8座，意大利、波兰、捷克、斯洛伐克、芬兰和瑞典等国都计划新建或增建核电站。目前，欧盟内部主要国家对核能的未来看法相左。[40]法、英两国对继续发展核电持有坚定信念，希望继续大力发展核能。而对于德国，其在日本福岛核泄漏事件发生之前，就在《德国未来能源纲领》中，已将至2050年可再生能源的比重定位为达80%，且核能在其中被定位为“通往该目标的过渡技术”；德国在一定时间内仍然需要核能，作为过渡技术，其17座核电站的运营时间平均将延长12年。然而面对国内巨大的政治压力，默克尔政府决定“弃核”，宣布于2022年前关闭国内所有的核电站。

对于欧盟各国而言，2010年的日本福岛核危机“已经改变了世界”，欧盟核反应堆安全审查标准也可能面临终结。3月15日，欧盟委员负责能源事务的委员奥廷格首次表示，欧盟希望对欧盟的143座核电站进行“压力测试”，要求邻近国家同样进行“压力测试”，并希望所有国家对自己的核电站进行安全检查，这已经获得了欧盟成员国的同意，[41]以吸取日本核电站事故的教训，检查核电站是否能应对地震、海啸、恐怖袭击、电力供应中断等突发威胁。[42]3月21日，欧盟能源部长特别会议讨论如何制定欧盟统一的核能安全使用标准。[43]6月1日，欧盟全面启动核电站压力测试，排查欧盟全境的143座核电站，测试的内容主要侧重于自然灾害，例如由于洪水、地震、飓风所带来的潜在危险；而人为因素如发生在核电站范围内的飞机事故等也被涵盖在内。6月末，亚美尼亚、克罗地亚、俄罗斯、瑞士、土耳其、乌克兰、白俄罗斯等7个国家同意进行类似的测试，并将参照欧盟制定的测试标准。[44]11月24日，欧盟委员会建议欧盟相关机构向保加利亚、立陶宛和斯洛伐克提供总额5亿欧元的资金援助，以帮助这三个成员国彻底关闭3座陈旧核电站。[45]同时，欧盟委员会公布了欧盟核电站压力测试中期报告，欧盟没有核电站因安全问题需要立即采取措施或停止运营，但一些欧盟成员国正考虑修正提高本国核电站的安全标准，并且欧盟成员国有必要在核电站安全问题上加强协调，包括制定新法规在欧盟层面上规范核电站的选址、设计、建设和运营；提高各国监管机构的独立性；制定计划，应对跨境核电站风险等。[46]12月1日，欧盟理事会、欧盟议会和欧盟委员会一致同意在今后两年为国际热核聚变实验堆（ITER）计划拨款13亿欧元，以保证该项目的建设顺利推进。[47]

3. 强制开征航空碳排放税，遭遇多国“围剿”

2011年3月，欧盟推出一项决议，即自2012年1月1日起，凡降落在欧盟成员国机场区域内的国际航班，都必须参与“欧盟航空碳排放交易体系（EUETS）”，征收国际航空碳排放税。[48]根据国际航协此前测算，欧盟碳税将使航空业成本在2012年增加34亿欧元。届时，每张从中国飞往欧盟国家的机票价格都将上涨200—300元不等；到2020年，中国航空的“买路钱”甚至将可能高达30.8亿元。这一备受争议的行动自其提案立法阶段就遭到了全球航空业的强烈反对，其中包括中国、美国、俄罗斯、巴西、印度等主要国家的强烈抵制。中国航协联合国航、东航、南航、海航四家航空公司对此计划提出诉讼，坚决反对欧盟将国际航空运输业强行纳入EUETS。原因是，欧盟航空碳排放交易体系将抵离欧盟的商业航班全程计算碳排放量，不仅超越了欧盟的管辖权，违反了国际法，其本身也实现不了促进节能减排的目的。[49]然而，一方面，欧盟气候谈判代表梅茨格在德班气候变化大会上表示了坚定的立场：欧盟于2012年将涉及欧盟机场的国际航空运输纳入欧盟碳排放交易体系的决定不可更改。同时，国际海运业也正在立法过程中。[50]另一方面，随着“美航企告欧盟征碳排放费案”败诉，原计划向欧盟发起诉讼的中国航企，也在距2012年仅剩3天的时候，将诉讼暂时搁浅。[51]

至此，对于中国航空业而言，无论这一争端以何种方式收场，积极采取行动减少航空业排放，破解未来国际、国内碳约束是航空业迟早终将面临的选择。在全球应对气候变化的议程日益紧迫的背景下，航空公司积极应对不合理的贸易壁垒，在合理采取“反制”措施的同时，也在加快技术进步，减少碳排放，努力化解在激烈的国际竞争中的“碳伤”。即一方面通过引进新飞机、优化航路、提高运营效率等措施力促自身减排，另一方面也在寻求多方支援与合作，探寻包括诉讼在内的最佳解决途径。[52]

4. 可再生能源急速发展，制定2050能源目标提上日程

2011年4月，欧盟统计局发布报告称，在1999—2009年的10年中，欧盟能源消费结构发生了重大变化。其中，石油在欧盟能源消费总量中所

占比重虽由原来的39.2%下降到36.6%，但仍是最主要的能源；天然气在欧盟能源消费总量中所占比重由原来的22.4%上升到24.5%，表明天然气正越来越受到消费者的青睐；固体燃料在欧盟能源消费总量中所占比重由原来的18.3%下降到15.7%，下降幅度明显；核能在欧盟能源消费总量中所占的比重由原来的14.2%下降到13.6%，基本上没有出现大的改变。另一方面，可再生能源（包括水能、风能、生物质能、地热能和太阳能）在能源消费总量中所占比重由1999年的5%上升到9%，10年中差不多翻了一番。[53]

此前，早在1月份，欧盟风能委员会就在其公布的欧盟可再生能源行动计划分析报告中预测，到2020年，可再生能源消费将占欧盟电力消费的34%，超过设定的20%的目标。其中，14.1%来自风能（10%为陆上，4%为海上），10.5%来自水力能，6.6%来自生物质能，2.7%来自太阳能光伏，0.5%来自聚光热发电（CSP），0.3%来自地热，0.1%来自海洋能。[54]具体到国别层次，到2020年，将有15个成员国计划超越它们的国家目标，其中以保加利亚为引领（将超过其目标2.8%），之后依次是西班牙（+2.7%）、希腊（+2.2%）、匈牙利（+1.7%）和德国（+1.6%）；有10个成员国将满足其国家目标，仅有2个国家达不到，它们为卢森堡（-2.1%）和意大利（-0.9%）。即欧盟27个成员国中会有25个国家将超过或满足其国家目标。

2011年11月，欧盟委员会正式公布欧盟的《2050年能源路线图》，作为之前出炉的《欧盟2050年低碳经济路线图》的一个补充。此“路线图”表明，选择由可再生能源组成的混合能源，决不会比强调核能以及利用碳捕集及碳储存技术的煤炭、天然气的替代路线更昂贵。欧盟能源事务委员会专员甘瑟·奥汀格表示：“预计2030年的有约束力的可再生能源目标将于2014年出台。我们将提出几种不同方案，确保所有参与确立2030年目标的人可以充分讨论。目标的草案拟订工作近期就会开始，预计两年内达成决议。”[55]

二、2011年欧盟与中国能源合作的发展与现状

为了改善欧盟地区的能源安全状况，欧盟不仅加强内部成员国之间的

能源合作，建立与健全统一的能源市场，而且对外初步形成了国际能源合作框架。通过扩大欧盟能源市场，与周边重要的能源进口国、过境国建立合作关系；通过欧盟能源宪章、国际能源署等国际组织与欧佩克、海湾合作委员会建立合作关系；通过几大能源财团或能源企业在海外进行能源开发与拓展，与非洲、亚洲、美洲等重要能源产地建立合作关系；加强与美国、中国、日本、印度等主要能源消费国的交流与合作，建立广泛的能源对话机制和伙伴关系，从而形成了双边与多边、地区与国际组织相交织的能源合作网络。此外，欧盟作为能源技术的重要提供者，还通过新能源与可再生能源的技术合作和技术转让，进一步扩大与加强国际能源合作网络。而在这个能源合作网络中，欧盟也越来越重视与中国的能源对话与合作。欧盟在与中国的能源合作过程中，主要通过两个层次开展合作：以欧盟委员会为代表的区域性组织与中国的能源合作；欧盟成员国与中国的双边能源合作。

（一）在传统能源领域的合作

在石油方面，2011 年 5 月 13 日，欧盟委员会宣布，批准中国石油天然气股份有限公司出资 10.15 亿美元收购英国石油化工大型企业英力士集团（INEOS）旗下的两家炼油厂的部分股权。[56] 欧盟拟收购的两家炼油厂分别位于法国和英国的苏格兰，中石油在其中所占的股权均在 50% 上下。此项交易旨在加快推进欧盟油气运营中心的建设，同时也可为双方在化工、精细化工、炼油和技术服务领域的合作奠定基础。然而，在煤炭和天然气方面，中欧在能源对话和能源会议中提出要进一步加强在勘探、开采、技术转让、服务和设备维修等诸多领域的合作，但在具体合作实例方面，双方在 2011 年的表现并不突出。

此外，还需要指出的是，尽管中欧双方的互补性使得两者可以顺利开展多项互利共赢的合作，但是在超出欧盟和中国区域范围外的第三国或地区的能源问题上，欧盟与中国由于扮演的角色重合而存在竞争关系，并且近年来能源争夺越发激烈。例如，在欧盟人一直视为自身后院的非洲大陆，以及正在未雨绸缪、果断出手的拉丁美洲，欧盟化身为帮助欠发达国家发展和传播自由主义思想的导师，将能源利益、经济利益、政治文化利益糅合到一起打出混合拳。而另一方面，中国也越发重视非洲和拉丁美洲的能源资源，通过企业“走出去”战略尽力争夺这场战役的主导权。中欧双方的能源资源争夺战势必愈演愈烈，“新殖民主义”、虚伪“人道主义”等一些口水战还将继续。

（二）在新能源领域的合作

在新能源领域，欧盟具有先进的清洁能源技术和研发水平，中国具有广阔的清洁能源市场，二者的互补性给双方开展务实合作创造了条件。能源合作已成为中欧双方最为活跃、最具潜力的合作领域之一。中欧将把提高能源加工转换效率、清洁能源开发利用以及能源的监管体制和管理作为合作重点。中国与法国在核电、与德国在光伏发电、与丹麦在风电开发等方面开展了多项务实合作，为双方带来了实实在在的好处，创造了大量就业机会，分享了市场和技术，促进了经济增长和共同发展。2011 年 11 月 8 日，“第五次中国—欧盟能源对话”在比利时首都布鲁塞尔召开。国家发展和改革委员会副主任、国家能源局局长刘铁男与欧盟能源委员衮特·厄廷格共同主持会议。会议指出，中欧将在可再生能源（风能和太阳能）、核安全、能效、电网标准、清洁煤等双方共同关心的领域，加强有关政府监管政策和最新进展的信息共享与经验交流，在技术标准领域开展合作，为中欧企业开展务实合作创造条件。中欧还将加强在核电安全技术方面的交流与合作，强调国际社会应本着负责任的态度，确保本国核设施的绝对安全，同时加强对国际安全标准的全面贯彻。此外，中欧将共同加强对中欧清洁能源中心的管理和指导，推动其在清洁能源和技术领域取得积极进展。中欧清洁能源中心将积极促进双方在清洁能源领域的共同研发，并鼓励双方私人伙伴参与。[57]

在风能方面，2011 年 3 月，欧盟计划今后 20 年投资 4000 亿欧元于供电工业计划，中国企业有望在其中通过各种合作获益。在太阳能方面，2011 年下半年，中国一度风光无限的国内光伏产业遭遇了“严冬”：产能过剩、市场需求萎缩。12 月，国内四大光伏巨头英利、尚德、天合、赛维陆续发布第三季度财报，四家公司共亏损 2.9 亿美元。[58]美国决定对中国出口的太阳能电池（板）进行“双反”调查，随后又传出消息称，欧盟拟采用反倾销、反补贴和反垄断等措施限制中国光伏产品进入欧盟市场，以缓解其经济危机。然而，业内人士表示，欧盟与美国不同，政治动因并不明显，出于对自身市场需求等层面的考量，欧盟启动对华“双反”调查的可能性并不高。[59]

在低碳和减排方面，2011 年 3 月，欧盟推出向降落在欧盟区域内的国际航班征收国际航空碳排放税。[60]据初步测算，仅在 2012 年，中国航空公司需要支付的这笔“买路钱”就将高达 7.43 亿元，到 2020 年将可能高达 30.8 亿元，每张从中国飞往欧盟国家的机票价格都将上涨 200—300 元不等。这一备受争议的行动自从其提案立法热议就遭到了全球航空业的强烈反对，其中包括中国、美国、俄罗斯、巴西、印度等主要国家的强烈抵制，中国航协联合国航、东航、南航、海航四家航空公司对此计划提出诉讼，坚决反对欧盟将国际航空运输业强行纳入 EUETS，因为 EUETS 将抵离欧盟的商业航班全程计算碳排放量，不仅超越了欧盟的管辖权，违反了国际法，本身也实现不了促进节能减排的目的。[61]然而，一方面，欧盟气候谈判代表梅茨格在德班以后变化大会上表示了坚定的立场：欧盟于 2012 年将涉及欧盟机场的航空运输纳入碳排放交易体系的决定不可更改。并且欧盟在推动国际航空纳入 EUETS 的同时，国际海运业也正在立法过程中。[62]另一方面，随着“美航企告欧盟征碳排放费案”败诉，原计划向欧盟发起诉讼的中国航企，也在距 2012 年仅剩 3 天的时候，将诉讼暂时搁浅。[63]

三、中国与欧盟能源合作的重点、方向和争议

中国与欧盟能源合作的发展历程已经近 30 年，初步形成了具有一定规模、较为完整的合作机制和体系，并在该框架内取得了一定的成就。从合作内容看，中国与欧盟的能源合作主要集中在三个方面：传统能源，主要是煤炭资源的利用效率与清洁生产及消费；新能源与可再生能源；节能减排。从合作层次上看，中国与欧盟的能源合作已经初步形成了多层次的合作体系，上至国家政府与区域一体化组织、国家与国家之间政府层面的能源政治与政策合作；中间包括国家与地区、地区与地区之间的能源项目建

设；下至能源企业与地区、企业与企业之间的合作；各层次的能源合作相互交织、相互联系，形成了一套较为完整的合作体系。从合作方式看，中国与欧盟能源合作的方式主要包括：互派代表团与学习/考察组、共同调研、举办交流/研讨会、合资共同建设能源项目等。当然，中欧在能源合作过程中也存在一些问题，例如中欧能源合作在地区分布上主要集中在中国市场——中部与东部沿海地区，欧盟一直在减排义务上对中国施加更多压力，在世界能源产出地中欧的竞争日趋激烈，等等。

1. 中国与欧盟的能源合作前景广阔

中国“十二五”规划中明确提出要加强现代能源产业的建设，推动能源生产和利用方式的变革，构筑安全、稳定、经济、清洁的现代能源产业体系，加快新能源的开放，推进传统能源清洁高效利用，在保护生态的前提下积极发展水电，在确保安全的基础上高效发展核电，加快电网建设，发展智能电网，加快油气管网，扩大油气战略储备。这些能源产业发展的重点，正好有些是欧盟具有的传统优势，这为中欧能源合作提供了良好的契机。

具体来看，就合作领域而言，中欧在传统能源方面在第三方的利益争夺日趋激烈，而新能源、可再生能源领域越发成为双方开展能源合作的关键领域。首先，欧盟在节能减排技术、清洁能源和新能源技术、碳捕捉技术和近零排放发电技术方面居于世界前列，中国要缩小与发达国家能源强度的差异、减缓减排压力，提高技术是一个重要突破口。因此，中欧在能源技术方面的合作潜力巨大，双方应该进一步加大合作的广度和深度。其次，中欧在减排成本方面的差异互补性强，在清洁能源发展机制（CDM）项目上的合作到目前为止仍收效显著，在该项目之下的碳信用[64]合作、碳排放权国际贸易以及碳金融[65]合作等等，都可以成为中欧继续交流、沟通、互利共赢的平台。

2. 碳关税将成为中国与欧盟的能源合作的争议焦点

欧盟国家的碳税[66]实施较早，瑞典、芬兰、丹麦、荷兰和英国构成了欧盟的“碳税俱乐部”，目前在其示范和推广下，德国、意大利、瑞士、挪威、捷克等多国也开始征收碳税。然而，欧盟在推行碳关税[67]上的进展并不顺利。欧盟贸易官员认为，欧盟实施碳关税势必会遭到主要贸易伙伴的报复，并会由此引发新一轮贸易战。2011 年欧盟针对降落欧盟区域的国际航班征收的国际航空碳排放税，就引发了国际航空业的轩然大波，但是对此欧盟的回应仍是坚决地推行。

碳关税究竟是一种合理的环境保护诉求，还是用“可持续发展理念”包裹着的一种新的贸易保护主义战略？鉴于中国目前的产业结构和出口结构，对美欧出口的商品以机电产品、家具玩具和纺织品及原料（高含碳、高耗能而低附加值）为主，欧盟的碳关税给中国的出口业将带来相当大的损失，并会间接影响中欧经贸关系。据世界银行研究报告称，如果碳关税全面实施，在国际市场上，“中国制造”可能将面临平均 26% 的关税，出口量因此可能下滑 21%。[68]因此，中国方面坚决反对欧盟的碳关税设想，反对欧美发达国家利用碳关税歧视发展中国家的做法。中国商务部官员指出，“碳关税”不仅违反了 WTO 的基本规则，也违背了发达国家与发展中国家在气候变化领域“共同但有区别的责任”原则，是发达国家在堂而皇之地将发展中国家的财富纳入自己国库的同时，让发展中国家背负污染环境恶名的“以环境保护为名，行贸易保护之实”。无疑，中欧之间关于碳关税的争论与斗争仍将继续。

注 释

[1]《欧盟永久性救助机制出台规模初定 5000 亿》，载国际能源网，2011 年 2 月 16 日，参见 http：//www. in-en. com/finance/html/energy_ 1414141429933243. html。

[2]《德国拒绝修改欧盟对希腊和爱尔兰援助贷款条件》，载国际能源网，2011 年 5 月 11 日，参见 http：//www. in-en. com/finance/html/energy_ 08370837861009607. html。

[3]《欧盟一揽子救市方案提振全球市场》，载国际能源网，2011 年 10 月 28 日，参见 http：//www. in-en. com/finance/html/energy_ 08240824871176316. html。

[4]《欧盟推出欧元债券方案》，载国际能源网，2011 年 11 月 24 日，参见 http：//www. in-en. com/finance/html/energy_ 07050705671203333. html。

[5] 贾凤兰：《欧盟战略 2020》，载《求是》，2010 年第 10 期。

[6]《欧盟决意建立一体化能源市场》，载国际能源网，2011 年 2 月 6 日，参见 ht-

tp：//www. in-en. com/article/html/energy_ 1210121013921888. html。

[7]《2011 欧盟首次峰会重点讨论未来十年能源创新政策》，载国际能源网，2011 年 2 月 6 日，参见 http：//www. in-en. com/finance/html/energy_ 2241224181921903. html。

[8]《欧盟各国领导人就德班气候变化大会立场统一》，载国际能源网，2011 年 10 月 24 日，参见 http：//www. in-en. com/finance/html/energy_ 1549154956117 2049. html。

[9]《美国支持欧盟德班会议中提出的气候变化路线图》，载国际新能源网，2011 年 12 月 9 日，参见 http：//newenergy. in-en. com/html/newenergy－10491049991220946. html。

[10]《欧盟委员会发布“2050 能源路线图”》，载国际能源网，2011 年 12 月 21 日，参见 http：//www. in-en. com/article/html/energy_ 08210821311232415. html。

[11]《欧盟再次拨款 250 亿欧元专用于研究气候变化》，载国际能源网，2011 年 12 月 26 日，参见 http：//www. in-en. com/finance/html/energy_ 10021002841237751. html。

[12]《欧盟各国政府同意制裁 5 家利比亚石油公司》，载国际石油网，2011 年 3 月 25 日，参见 http：//oil. in-en. com/html/oil－0854085452967548. html。

[13]《欧盟加大制裁利比亚 切断石油换资金渠道》，载国际石油网，2011 年 4 月 13 日，参见 http：//oil. in-en. com/html/oil－0830083091982261. html。

[14]《欧盟制裁利比亚石油企业》，载国际石油网，2011 年 8 月 12 日，参见 http：//oil. in-en. com/html/oil－10231023121104348. html。

[15]《欧盟制裁可能打击叙利亚石油公司》，载国际石油网，2011 年 8 月 30 日，参见 http：//oil. in-en. com/html/oil－11131113761121951. html。

[16]《欧盟将对叙利亚采取石油禁运》，载国际能源网，2011 年 9 月 2 日，参见 http：//www. in-en. com/article/html/energy_ 07550755631125131. html。

[17]《欧盟禁止向叙利亚石油产业投资》，载国际能源网，2011 年 9 月 24 日，参见 http：//www. in-en. com/article/html/energy_ 08190819791146226. html。

[18]《欧盟宣布对叙利亚石油制裁 叙利亚停进口保外汇》，载国际能源网，2011 年 9 月 26 日，参见 http：//www. in-en. com/article/html/energy_ 08400840641146402. html。

[19]《欧盟将制裁叙利亚石油金融业 叙称收回大部在外资产》，载国际石油网，2011 年 11 月 29 日，参见 http：//oil. in-en. com/html/oil－08290829691208352. html。

[20]《这种单方面的制裁不会产生任何好的结果》，载国际能源网，2011 年 9 月 7 日，参见 http：//www. in-en. com/article/html/energy－0820751129426. html.

[21]《欧盟实施石油制裁，叙利亚并非“无路可退”》，载中国新闻网，2011 年 9 月 3 日，参见 http：//www. chinanews. com/gj/2011/09 - 0313304151. shtml.

[22]《专家认为欧盟石油禁运制裁对叙利亚经济影响不大》，载新华网，2011 年 9 月 4 日，参见 http：//news. xinhuanet/2011 - 09/04/C131096395. html.

[23]《欧盟与美国对伊朗实施新制裁 伊石油未被禁运》，载国际石油网，2011 年 12 月 2 日，参见 http：//oil. in-en. com/html/oil - 11041104701213804. html。

[24]《欧盟外长就禁运伊朗石油问题未达成一致》，载国际石油网，2011 年 12 月 2 日，参见 http：//oil. in-en. com/html/oil - 08110811691212632. html。

[25]《欧佩克呼吁欧盟不要禁止伊朗石油出口》，载国际石油网，2011 年 12 月 8 日，参见 http：//oil. in-en. com/html/oil - 10241024881219359. html。

[26]《道达尔：欧盟石油禁令将不会对伊朗产生重大影响》，载国际石油网，2011 年 12 月 12 日，参见 http：//oil. in-en. com/html/oil - 09380938681221951. html。

[27]《IEA：欧盟禁运将致更多伊朗原油出口亚洲》，载国际石油网，2011 年 11 月 29 日，参见 http：//oil. in-en. com/html/oil - 10271027511208907. html。

[28]《欧盟专员：欧盟每年所需天然气的 30% 将进口自俄罗斯》，载国际燃气网，2011 年 10 月 8 日，参见 http：//gas. in-en. com/html/gas - 09030903811153417. html。

[29]《欧盟希望扩大从俄罗斯的天然气进口》，载国际燃气网，2011 年 12 月 2 日，参见 http：//gas. in-en. com/html/gas - 08310831181212666. html。

[30]《欧盟计划实施电网和天然气管道联接计划》，载国际电力网，2011 年 2 月 16 日，参见 http：//power. in-en. com/html/power - 1008100895932527. html。

[31]《欧盟天然气市场格局将巨变》，载国际燃气网，2011 年 9 月 23 日，参见 http：//gas. in-en. com/html/gas - 09180918401145293. html。

[32]《欧盟天然气市场格局将巨变》，载国际燃气网，2011 年 9 月 23 日，参见 http：//gas. in-en. com/html/gas - 09180918401145293. html。

[33]《欧盟对页岩气的开采利用提上议事日程》，载国际燃气网，2011 年 10 月 24 日，参见 http：//gas. in-en. com/html/gas - 09040904611170870. html。

[34]《欧盟将“用一个声音”进行能源谈判》，载国际能源网，2011 年 9 月 14 日，参见 http：//www. in-en. com/article/html/energy_ 08030803131134856. html。

[35]《欧盟 2011 年风电行业占所有新发电能力近四分之一》，载国际新能源网，2011 年 3 月 21 日，参见 http：//newenergy. in-en. com/html/newenergy - 11121112811326892. html。

[36]《欧盟 4000 亿欧元风电计划 中国企业有望受益》，载国际电力网，2011 年 3 月 18 日，参见 http：//power. in-en. com/html/power - 1440144076961806. html。

[37]《风电占欧盟电力需求的比重2020年将达15.7%》，载国际电力网，2011年8月4日，参见http://power.in-en.com/html/power-10531053851096347.html。

[38]《报告预测：2050年风电将占欧盟电力半壁江山》，载国际新能源网，2011年8月11日，参见http://newenergy.in-en.com/html/newenergy-09450945631103088.html。

[39]《欧盟今后10年离岸大型风电总装机量将增长35倍》，载国际新能源网，2011年12月2日，参见http://newenergy.in-en.com/html/newenergy-08430843391212688.html。

[40]《欧盟启动核电站压力测试：英法向左 德国向右》，载国际电力网，2011年6月1日，参见http://power.in-en.com/html/power-07240724741031216.html。

[41]《欧盟发言人：欧盟考虑对核电站进行“压力测试”》，载国际电力网，2011年3月15日，参见http://power.in-en.com/html/power-2201220129958026.html。

[42]《欧盟将对境内核电站展开“压力测试”》，载国际电力网，2011年3月18日，参见http://power.in-en.com/html/power-0803080379960743.html。

[43]《欧盟举行能源特别部长会议讨论核电站安全标准》，载国际能源网，2011年3月22日，参见http://www.in-en.com/article/html/energy_0749074937963466.html。

[44]《欧盟7个邻国同意进行核电站压力测试》，载国际电力网，2011年6月24日，参见http://power.in-en.com/html/power-10461046551054931.html。

[45]《欧盟委员会拟资助3国彻底关闭陈旧核电站》，载国际电力网，2011年11月25日，参见http://power.in-en.com/html/power-09060906631205075.html。

[46]《欧盟部分国家或提高核电站安全标准》，载国际电力网，2011年11月25日，参见http://power.in-en.com/html/power-09110911531205191.html。

[47]《欧盟今后两年为热核聚变实验堆拨13亿欧元》，载国际电力网，2011年12月8日，参见http://power.in-en.com/html/power-15141514871219787.html。

[48]《欧盟将对碳排放强制征税 中欧航线受影响大》，载国际能源网，2011年7月20日，参见http://www.in-en.com/finance/html/energy_14031403661080571.html。

[49]《国航准备起诉欧盟碳排放交易体系》，载国际能源网，2011年10月20日，参见http://www.in-en.com/finance/html/energy_10521052791168859.html。

[50]《国际航空业即将纳入欧盟碳排放交易系统》，载国际能源网，2011年12月12日，参见http://www.in-en.com/finance/html/energy_11391139841222555.html。

[51]《中国航企诉欧盟征碳排放费暂时搁浅》，载国际能源网，2011年12月28日，参见http://www.in-en.com/finance/html/energy_09210921181240382.html。

[52]《国内航空公司响应减排 积极备战欧盟航空碳税》，载国际能源网，2011年12月

27 日，参见 http：//www. in-en. com/finance/html/energy_ 10261026171239407. html。

[53]《欧盟过去 10 年可再生能源比重翻番》，载国际新能源网，2011 年 4 月 20 日，参见 http：//newenergy. in-en. com/html/newenergy – 0856085629988762. html。

[54]《机构预测欧盟将超额完成 2020 年可再生能源利用目标》，载国际新能源网，2011 年 1 月 5 日，参见 http：//newenergy. in-en. com/html/newenergy – 1322132263887535. html。

[55]《欧盟新能源目标提上日程》，载国际新能源网，2011 年 12 月 30 日，参见 http：//newenergy. in-en. com/html/newenergy – 1007100784l243676. html。

[56]《欧盟批准中石油收购英力士集团旗下炼油厂》，载国际能源网，2011 年 5 月 16 日，参见 http：//www. in-en. com/finance/html/energy_ 08530853721014373. html。

[57]《国家能源局称中欧确定未来能源合作重点》，载新浪网，2011 年 11 月 9 日，参见 http：//news. sina. com. cn/c/2011 – 11 – 09/212023441196. shtml。

[58]《传欧盟拟限制中国光伏产品进入 光伏产业苦盼政策“甘露”》，载国际新能源网，2011 年 12 月 2 日，参见 http：//newenergy. in-en. com/html/newenergy – 10241024761213544. html。

[59]《欧盟暂不会围剿中国光伏》，载国际新能源网，2011 年 12 月 21 日，参见 http：//newenergy. in-en. com/html/newenergy – 09410941451233036. html。

[60]《欧盟将对碳排放强制征税 中欧航线受影响大》，载国际能源网，2011 年 7 月 20 日，参见 http：//www. in-en. com/finance/html/energy_ 14031403661080571. html。

[61]《国航准备起诉欧盟碳排放交易体系》，载国际能源网，2011 年 10 月 20 日，参见 http：//www. in-en. com/finance/html/energy_ 10521052791168859. html。

[62]《国际航空业即将纳入欧盟碳排放交易系统》，载国际能源网，2011 年 12 月 12 日，参见 http：//www. in-en. com/finance/html/energy_ 11391139841222555. html。

[63]《中国航企诉欧盟征碳排放费暂时搁浅》，载国际能源网，2011 年 12 月 28 日，参见 http：//www. in-en. com/finance/html/energy_ 09210921181240382. html。

[64] 碳信用（carbon credit），排放到大气中的每吨碳当量相当于一个碳信用，与清洁发展机制密切相关。企业如果没有用完分配给它们的碳信用，就可以把剩下的份额卖给需要更多碳信用的企业。

[65] 碳金融，泛指所有帮助限制温室气体排放的金融活动，包括直接投资、碳指标交易和银行贷款等，其中碳基金（carbon trust）较为引人注目。

[66] 碳税（carbon tax），即各国政府对石化能源用户的二氧化碳排放强制征税，欧盟

国家的具体做法是对石化能源使用量或对二氧化碳排放量分别征税或同时征税。

[67] 碳关税（carbon tariffs），即一国政府对尚未实施强制性节能减排的外国企业产品进口征收的一种惩罚性关税，在国际贸易中属于“边境调节税”的范畴。

[68] 陈浩民：《“碳关税”：国际贸易新热点》，载《中国经贸导刊》，2010 年第 7 期，第 38 页。

案例篇

俄罗斯核能发展计划概述[1]

陈小沁*

进入21世纪以来，在全球气候变化的背景下，传统能源的不可再生性、能源使用带来的环境问题及其诱因日益受到世界各国的重视，并由此引发了人类社会继农业文明、工业文明之后又一次新的发展方式的选择。其实质是能源高效利用、清洁能源开发、追求绿色GDP；核心是能源技术和减排技术创新、产业结构和制度创新以及人们生活观念的根本性转变。而对于正在加速融入世界经济的俄罗斯来说，它也必须在节能减排和转变经济增长方式等方面做出自己的回应。

最近几年，俄罗斯在节能环保和提高能源利用效率方面陆续出台了一系列法律法规。2009年11月23日，俄联邦政府令№261—Ф3颁布了新的联邦法《关于节能、提高能源利用效率及俄联邦某些法律的变更》。该法律旨在通过法律、经济和组织措施促进能源节约和提高能源利用效率，确定了将对包括俄联邦预算法在内的部分现行法令进行修订，同时明确指出，提高能源效率已经成为国家最为紧迫的任务之一。2010年12月27日，俄联邦政府令№2446—p正式批准了《2020年前俄罗斯节能和提高能源效率的规划》，标志着俄罗斯提高能源效率的工作部署进入全面深化实施的阶段。当前，俄罗斯主要致力于为贯彻节能措施创造良好的经济环境和建立有利于资源节约的市场机制，为此应进行节能革新、发展新能源和

* 陈小沁，博士，中国人民大学国际能源战略研究中心研究员。

可再生能源、促进能源行业的竞争，为最终达到俄罗斯能源战略所设定的目标积蓄力量，即实现能源产业由在国家经济中发挥主导作用向为国民经济发展提供高效和稳定的动力资源的正常功能转变，确保俄罗斯由资源出口国转变为创新发展型国家。[2]

一、俄罗斯发展新能源与可再生能源的举措

发展新能源和可再生能源是实现节能的一个有效途径。也就是说，在节约资源的同时开辟新的能源，通过运用新技术系统地开发利用各种可再生能源达到节能减排的目标，减轻对环境的压力。当前，国际石油价格一再飙升，能源危机日益临近，新能源在全世界引领的研究热潮方兴未艾。新能源的各种形式都是直接或者间接地来自于太阳或地球内部深处所产生的热能，包括太阳能、风能、生物质能、地热能、核聚变能、水能和海洋能，以及由可再生能源衍生出来的生物燃料和氢所产生的能量。也可以说，新能源包括各种可再生能源和核能。相对于传统能源，新能源普遍具有污染少、储量大、分布广的特点，对于解决当今世界严重的环境污染问题和资源（特别是化石能源）枯竭问题具有重要意义。同时，由于很多新能源分布均匀，对于解决由能源引发的战争也有着重要意义。

在经济全球化与区域经济一体化深入发展的背景下，大力推动新能源技术开发和积极参与国际新能源合作，已经成为欧盟、美国、日本等主要经济体应对国际金融危机、调整产业结构与推动经济发展、维护能源安全与提升国家竞争力、生态环境保护与节能减排发展战略及政策选择的重要方面。因此，未来国际新能源合作的规模将会不断扩大，合作方式也将越来越多样化，并成为当今世界各国综合国力较量的前沿阵地，而作为多极世界重要一极的俄罗斯自然不可能在此问题上置身事外而甘当配角。

俄罗斯杜马于2004年批准加入《京都议定书》，承担着完成议定书所规定的减排任务，即把本国温室气体的排放量维持在1990年的水平。1991年底苏联解体后，俄罗斯的温室气体排放量随之大幅减少，虽然俄罗斯近年来经济增长速度较快，但温室气体排放量仍远低于1990年的水平，这使

俄在全球气候谈判中拥有“讨价还价”的老本。尽管如此，精明的俄罗斯人还是想给自己未来的经济发展提前留出“富余量”，并力争在新能源技术开发和新一轮的国际能源格局调整过程中谋求更大的话语权和实现国家利益最大化。

俄罗斯在电能使用、集中供暖等方面都存在能耗大的问题。为了改善这种高能耗局面，2009 年 1 月，俄政府批准了《2020 年前利用可再生能源提高电力效率国家政策重点方向》（以下简称“政策重点”）方案。该方案确立了可再生能源利用的宗旨和原则，明确规定了相关指标及其落实措施。根据该方案，到 2020 年前，俄罗斯利用可再生能源发电、用电（不含装机容量超过 25 兆瓦的水电站）指标为：2010 年占总量的 1.5%；2015 年占总量的 2.5%；2020 年占总量的 4.5%。制定“政策重点”为俄罗斯可再生能源的发展创造了有利的政策环境，将进一步推动俄开发可再生能源。

由于处于刚起步阶段，俄罗斯可再生能源产品的市场竞争力较弱，还未形成保护独立的生态清洁能源生产商利益的经济机制，特别是需要进一步开放电力市场，建立类似于欧美国家那样的可再生能源电量费用补偿机制和税收减免制度，并可考虑设立可再生能源发展基金用于鼓励对可再生能源市场、技术和产业的投资。[3]

2009 年 12 月，俄总统梅德韦杰夫在哥本哈根会议上提出，到 2020 年俄罗斯温室气体排放量要比 1990 年削减 20%—25% 的新的中期目标，同时强调，气候变化问题是关乎俄联邦安全保障的最重要因素，要优先应对。为了达到新的减排目标，俄罗斯决定采取更为积极的应对策略。2009 年 11 月出台的《2030 年前俄罗斯能源战略》，首次把发展新能源提高到战略高度，提出将对本国能源公司参与新能源发展的国际合作提供外交支持，特别是提倡要大幅增加核电和水电的份额。[4]在石油、天然气等传统能源出口规模不发生较大变化的情况下，俄罗斯希望通过此举彻底改变自身参与世界能源市场的性质，提高俄能源产业在国际活动中的收益与效率。

二、俄罗斯的核能发展规划

俄罗斯是世界核技术领先国家，在核能领域有明显的比较优势，核电产业已成为俄支柱产业之一。作为本国核工业行业重组的结果，俄罗斯核工业集团公司（Rosatom）于 2007 年 12 月 18 日正式成立。该公司继承了俄核工业主管部门的职能，管理俄罗斯的整个核工业系统，同时该公司还拥有商务运营职能，负责制定核工业的发展战略以及保障国家安全、防止核材料与核技术扩散、核应用科学与基础科学的发展等。俄罗斯核工业集团公司是世界上唯一一家拥有整个燃料循环（从开采铀矿到处理核燃料）技术的公司，在世界核电市场上有强大的竞争力，可以为世界核电厂提供 40% 的铀燃料。[5]

俄罗斯高度重视发展核工业，制定了雄心勃勃的核能发展计划。2009 年 4 月，俄总理普京指出，尽管目前面临全球金融危机，但是俄仍然不会放弃建设新核电站的计划，并具体部署了俄罗斯 2030 年前的核电发展计划。按照该计划，俄罗斯准备在 2010—2030 年期间安装 26 台核电机组，预计到 2018 年前核电领域的总投入可达 1.47 万亿卢布，其中国家投入为 6740 亿卢布，计划实施的目标是使俄罗斯的核电发电量达到世界领先水平，即到 2025 年达到发电总量的 25%（现在约为 16%）。[6] 俄罗斯还大力推动核电出口，在国外进一步推广核电站建设，提高俄罗斯在世界核能市场的地位。近年来，俄罗斯与多国签订了核能合作协议，欲在多个国家和地区建立核电站，普京力图“掌控全球 1/4 的核电市场”。

在世界核能领域，俄罗斯通过与铀储量丰富的国家开展合作，力求掌握国际核燃料的供应权，并获取危机后原材料升值所带来的可观经济效益。2009 年以来，俄罗斯与巴西、阿根廷、委内瑞拉、厄瓜多尔、蒙古、澳大利亚等国相继签署了铀矿资源开发与和平利用核能的协议；与日本、白俄罗斯、土耳其、越南、亚美尼亚等国已达成或接近达成共同建设核电站的协议；在提供核燃料、开拓他国市场方面与印度、伊朗、乌克兰、美国、日本、韩国等国开展积极合作，如 2010 年 3 月，俄印两国就建造 16

座核电站，向印度提供核燃料和核废料处理技术等一系列问题签署相关协议，标志着俄印大规模核电合作正式拉开帷幕；[7]俄还试图进军孟加拉国、捷克、塞尔维亚，以及叙利亚、沙特阿拉伯等中东国家的核能市场。此外，俄罗斯核工业集团公司与德国西门子公司共同组建了世界上最大的核工业公司，准备共同参与开发俄、德两国的核能项目，并且还将共同参与开发第三国核能源市场，俄公司将持有合资公司51%的股份。2009年6月，俄罗斯核工业集团公司同意收购加拿大铀一公司（U1）17%的股权，用其在哈萨克斯坦将近一半的铀矿资源来换取立足北美的战略。俄罗斯通过这些措施致力于打造一个全球核能联盟，并谋求欧亚大陆核能联盟的中心位置，进而在全球核能市场占据主导地位。

俄罗斯还积极与国际组织开展合作。2009年12月，欧盟启动了与俄罗斯之间有关“和平利用核能合作协议”的谈判。该协议旨在统一俄欧双方的核安全标准，促进双方在核领域的合法交易，将为双方政府和核能领域的企业提供一个“稳定、可预知”的法律框架。[8]2010年12月，俄罗斯与国际原子能机构（IEA）共同建设的全球首家用于储备低纯度浓缩铀的核燃料银行在西伯利亚落成，可以存储120吨低浓缩铀。[9]目前，俄罗斯已经是欧盟低浓度铀燃料的主要供应国，例如瑞士100%的铀燃料均来自俄罗斯，而法国30%的核反应堆燃料同样是由俄罗斯提供的。俄罗斯上述行动和政策仅是俄方的一次“试水”，用来尝试其通过开拓发达国家的核市场来发展本国核工业的策略是否能够奏效，而无论成功与否，俄罗斯意图进军欧洲市场的决心已表露无疑。[10]

在政府的支持下，俄罗斯逐年加大对以核电和水电为重点的新能源的技术研发投入。2010年1月，俄政府批准了新的联邦专项计划《2010—2015年及2020年远景的新一代核能技术》。根据该专项计划，俄罗斯将在研发新一代核能技术的基础上，建设更为高效和清洁的核电站。为此，俄政府批准的计划预算增加到1283亿卢布（约合43.1亿美元），2010年拨款32亿卢布[11]。根据这项计划，俄罗斯将会发展建造反应堆的钠工艺，并在这种类型的反应堆基础上优化核电站的技术性能，未来几年还将会完成BN反应堆混合氧化铀钚燃料技术的开发工作。在经济参数允许的情况下，开发具有突破性和高自然安全性的反应堆技术。该项目实施的一个重要成果是通过减少废弃核燃料和放射性废物的数量，实现社会和生态经济可接受的封闭核燃料循环，以及将核燃料循环中使用的自然铀含量降到最低，以此来创造更高水平的核安全和辐射安全。为了完成这项任务，现在俄罗斯的核能领域已经集中了大部分的技术潜力和研究所需的基础设施。

俄罗斯目前在运行的核电机组共31台，其中8台在20世纪70年代投运，16台在20世纪80年代投运，1台在20世纪90年代投运，6台在2000年后投运。俄罗斯核能发电占其总发电量的16%。

2011年3月中旬，在日本福岛核电站因地震和海啸发生严重事故后，各国政府开始重新审视本国的核能发电计划。德国决定不再建核电站，并逐渐关闭现有的核电站。其他国家，如法国明确声称，不准备放弃生态清洁能源。核电大国俄罗斯也不打算停建新的核电站，而是提出制定核电站安全保障长期计划。俄罗斯国家原子能集团公司总经理谢尔盖·基里延科3月19日表示，日本灾难的教训之一是必须加快建设新一代核电站。目前俄罗斯只在别罗亚尔斯克核电站有一台实验性的BN—600快中子反应堆，并将建成发电能力更强的BN—800快堆（还将在中国建设类似反应堆）。

据科技部网站报道，根据俄罗斯经济现代化和技术发展总统委员会2011年1月31日会议决议，受政府高技术和创新委员会及俄罗斯联邦总统的委托，俄罗斯国家原子能集团公司开始制定2011—2020年国有公司创新发展和技术改进规划。2011年4月11日，俄罗斯国家原子能集团公司监事会正式批准了该规划。“规划”包括3个创新发展方向：改进已有技术；创造能源市场的新技术；扩大核技术在工业领域内（例如，核医学、碳纤维制造、超级计算机生产）的应用。“规划”中提出要研制更具安全性的第四代反应堆、实施替代能源领域内的各种方案，另外还提出要超前发展医学和农业方面的辐照技术体系。“规划”要求研发的拨款水平从2012年起要达到俄罗斯原子能集团公司经费的4.5%。通过“规划”的实施，按计划到2020年新项目的收入将占到国有公司总收入的15%。实施“规划”不仅可以促进俄罗斯核工业的发展，而且会刺激俄罗斯经济创新成份的整体增长。

国际原子能机构2011年9月所作的评估报告显示，目前国际核电建设市场的总量约为350个新发电机组。基里延科说：“我们将从这个市场获得至少20%的份额，这是未来20年的任务。”在近几年的国际核电市场上，俄罗斯无疑成为最大的赢家，紧随其后的几个国家出口的机组仍是个位数，俄罗斯却以两位数的出口量遥遥领先。

在核电建设起步晚和能源需求旺盛的双重作用下，发展中国家已经成为全球核电建设的主力军。福岛核事故发生后，德国、瑞士等发达国家宣布逐步退出核电，再加上一些国家宣布不再发展核电，发展中国家的核电市场就愈发成为核电设备和技术出口国的必争之地。群雄中自然不会少了俄罗斯原子能公司的身影。福岛核事故后，该公司更是加大承诺和服务力度来拉拢客户。俄罗斯原子能公司的核电机组已经或即将在全球很多国家“落户”。印度、伊朗、保加利亚、土耳其、亚美尼亚、乌克兰、越南、中国、孟加拉国和白俄罗斯都是俄罗斯原子能公司的客户。该公司总裁基里延科强调，俄罗斯原子能公司新建的核电站会满足福岛核事故后核电站建设安全的所有标准。

由于核电发展尚处于起步阶段，一些核电新兴国家面临着人才短缺问题。俄罗斯原子能公司看准这个时机，发出了要把自己打造成全球核电人才培养中心的宣言。在帮助外国培养核电人才方面，俄罗斯原子能公司已经迈开大步，宣布到2030年将培养6万名国际核电专家。俄罗斯还拥有丰富的核燃料资源，俄每年出口的低浓缩铀燃料可以“阔绰”地满足全球需求的17%。俄总理普京在2011年7月召开的核能领域发展会议上指出，要发展核能源、保持俄罗斯在国际市场上的竞争力，必须发展新一代核能技术、完善核能基础设施建设、建立大型核能企业。从2016年起，俄核能领域要实现以投资方式建设核电站，同时必须提高核能在国内能源领域所占的比例。

三、小结

从长远看，经济发展对能源的需求，以及减排二氧化碳、应对全球气候变化将是核电发展的两大根本动力，会持续、有力地推动核电朝着更安全、更先进、更经济的方向发展。日本福岛核事故后，世界各核电大国发展核电的态势并没有发生根本性改变。福岛核事故无疑给全球核电复苏进程带来巨大打击，一段时期内核电复苏步伐将有所放缓，但不太可能出现美国三哩岛核泄漏事故、切尔诺贝利4号机组事故后长达二三十年的萧条期。目前，主要核电国家均宣称要继续保留有核电，美国、法国、英国等老牌核电国家表示将坚持核能发展立场，并采取措施全面审视和评估本国核电安全，尽最大可能保证核能的安全利用。因此，俄罗斯的核政策也并不使人感到意外，这是大国的应有之举。

历史上每次严重的核泄漏事故都是一把“双刃剑”，在给核电产业带来负面影响的同时，也极大地促进了核电安全水平和管理水平的提升与跨越。此次日本核事故也必将促使业界在核电安全设计、预防不可抗力因素、核电厂选址及事故应急响应等技术和管理方面得到进一步改进与提高。中国作为一个人口众多、能源问题十分突出的大国，应该认真吸取日本核事故的经验教训，更加重视核安全，不能因为日本的老旧核电机组出了问题，我们就在核电发展上因噎废食。中国“十二五”规划确定的方针是安全高效发展核电，从辩证的角度来看，“危”恰恰蕴藏着“机”，福岛核事故不仅给中国核能发展提供了经验和教训，也给中国提供了赶超世界核电水平的机遇。

注　释

[1] 本文系中国人民大学科学研究基金（中央高校基本科研业务费专项资金资助）项目成果，项目名称：国际能源安全问题综合研究与中国的战略选择，批准编号：10XNJ051。

[2] Энергетическая стратегия России на период до 2030 года.（Утверждена распоряжением Правительства Российской Федерации от 13 ноября 2009 г. № 1715 – р）.// www. minprom. gov. ru.

[3] Стребков Д. С., О совершенствовании законодательства по развитию возобновляемой энергетики // Энергетическая политика. 2011. № 3. С. 75 – 76.

[4] Энергетическая стратегия России на период до 2030 года.（Утверждена распоряжением Правительства Российской Федерации от 13 ноября 2009 г. № 1715 – р）.// www. minprom. gov. ru.

[5]《俄罗斯可以为世界核电厂提供百分之四十的燃料铀》，载《核电新闻》，2010年1月21日，参见 http://np. chinapower. com. cn/newsarticle/。

[6]《俄罗斯加快本国核电的发展步伐》，载中国能源网，2010年4月21日，参见 ht-

tp：//www. china5e. com/。

[7]《俄罗斯与印度展开大规模核电合作》，载中国能源网，2010 年 3 月 25 日，参见 http：//www. china5e. com/。

[8]《欧盟启动与俄罗斯之间和平利用核能合作谈判》，载《行业要闻》，2010 年 1 月 21 日，参见 http：//www. in-en. com/power/。

[9]《存储 120 吨低浓缩铀，俄罗斯核银行“后台硬”》，载中国能源网，2010 年 12 月 16 日，参见 http：//www. china5e. com/。

[10]《俄罗斯欲进军欧洲核电市场》，载中国能源网，2010 年 10 月 20 日，参见 http：//www. china5e. com/。

[11]《俄罗斯计划斥资 43 亿美元发展核电新技术》，载振兴东北网，2010 年 6 月 6 日，参见 http：//www. chinaneast. gov. cn/。

伊拉克油气开发现状及前景

【伊拉克】拉赫曼·劳安纳·穆哈森*

在经历了经济制裁和战争原因带来的经济和基础设施的崩溃之后，现有的数据都表明中东沉睡的能源巨人已经苏醒。历经长达20年的缺席之后，伊拉克又再次回到了世界的大舞台上。在1990年入侵科威特之后，伊拉克原油产量在同年7月达到了350万桶，这是在伊拉克历史上除去1979年每天产量达370万桶以外的最高生产水平。从联合国条款第七节所规定的在石油和天然气方面的制裁开始，直到2003年萨达姆政权的倒台，对伊拉克的制裁才得以结束。

一、伊拉卡油气资源储藏

尽管目前有充分的数据显示伊拉克的石油储量达1150亿桶，但是现在已经开始逐渐出现新的数据表明伊拉克的实际石油储量要远远超过之前的预计。因此伊拉克前石油部部长侯赛因·沙哈拉斯坦尼在2010年10月称本国确定可开采石油的总量应提高到了1431亿桶。这使得伊拉克在继沙

* 本文作者拉赫曼·劳安纳·穆哈森（Rahman Loan Muhsin Al – Jothery）为伊拉克驻中国大使馆副馆长。

特、委内瑞拉之后，跻身世界第三大石油大国，排在伊朗之前。从丰富的石油储量角度来看，伊拉克庞大的石油储量占了世界储量的11%。从另一方面来讲，伊拉克开采石油的成本现在非常低廉，一些地区只有每桶1.5美元或者是2美元，其他地区也没有超过这一水平，这被认为是世界上石油开采的最低成本。不仅石油的位置较为接近地面，有时候甚至会因为距离地面较近而发现伴随石油而产生的天然气甚至在空气中燃烧出了火花。

伊拉克石油的确定储备量主要集中在南部和东部，尤其是在巴士拉省，因为该省的石油储量超过伊拉克石油总储量的65%，同时北部的基尔库克省也含有大量的石油储量。南部的路米拉油田从储量方面看，被认为是在伊拉克被发现的大型天然气油田之一，据估计它的储量达到了170亿桶。伊拉克的大部分石油储量正好纵穿东部和南部边界地带。伊拉克有9个被认为是大型的油田（即一个大型油田储量为50亿桶以上），同时还有22个油田，每一个油田的产量在10亿桶以上。至于伊拉克的天然气储量，已确定的储量为112万亿立方英尺。这庞大的储量使得伊拉克跻身世界水平第十位。其中70%的储量都位于南部的巴士拉省，其中2/3是依附石油储量，另外的20%为非石油附属品，还有10%的天然气来自于穹顶气体。

美国能源部估计伊拉克生产石油的成本比世界其他地方的产油成本都要低，因为每100万桶油只需要30亿—50亿美元。但是这个国家的能源却因为各种原因使丰富庞大的储量受到了忽视和破坏，如战争、投资和科技化程度的薄弱，尤其是支柱产业，如电力的薄弱等，这使能源领域苦不堪言。如今，伊拉克石油总产量达到了290万桶/天。预计在2012年产量将达到了300万桶/天。伊拉克负责能源事务的副总理侯赛因·沙哈拉斯坦尼在2011年11月5日发表的声明中宣布：“本国的石油出口将在2012年超过300万桶每天。”

二、伊拉克对外油气合作

伊拉克石油部新闻发言人阿西姆．杰哈德称，第一轮、第二轮、第三轮石油许可证的颁发与世界知名企业服务合同的签署，都会使伊拉克石油的出口量在2012年第一个季度增加到330万桶/天。因为已与油田签署合同的公司将会继续发展，接着与新发现的其他油田合作，只是目前还没有进行投资。沙哈拉斯坦尼同时也肯定地说："许多公司（伊拉克及在伊的其他公司）正在以比计划中还要快的步伐进行工作，这也证明了伊拉克将有可能达到，甚至是提前达到它的既定能源目标。"为了促进石油部门的发展，伊拉克制订的计划就是在2013年初石油产量达到400万桶/天，并在未来4年内，达到能源生产的既定目标。

已经开始有超过17家公司致力于伊拉克油田的发展，其中包括：中国、美国、英国、意大利、韩国、马来西亚、俄罗斯、土耳其、法国。这些公司涉及的油田有鲁迈拉、西法莱纳一号和西法莱纳二号、祖贝尔、哈法亚、马杰农、巴德拉和赫拉夫、法卡、巴兹拉卡尼等。巴格达一直致力于在6—7年内将原油产量提高到1200万桶/天。这就意味着伊拉克凭借其强大的石油储量将挺进国际石油市场。而伊拉克的财政预算中相当大的比例——约80%都是依靠原油的收入。

在第一轮和第二轮油田许可竞标中获胜公司的相关数据

Results of Oil Field Bidding Rounds					
First Bidding Round (brownfields)	Oper ators	2009 Prod. 1000 bblld	Target Prod. 1000 bblld	Target Incr. 1000 bblld	Reserves (billion bbl)
Rurnaila	BP.CNPC.SOMO.	1000	2850	1850	17.8
West Qurna.Phase l	ExxonMobil.Shell. NOC	270	2325	2055	8.6
Zubair	Eni.Occidental. Kogas.Misan Oil	205	1200	995	4.0
First Round Total(billion barrels)		1475	6375	4900	30
Second Bidding Round (greentields)					
West Qurna.Phase ll	LUKOil.Statoil.Oil Exploration CO.	0	1800	1800	12.9
Majnoon	Shell.Petronsa. Misan Oil	55	1800	1745	12.3
Halfaya	CNPC.Petronas. Total.South Oil	3	535	532	4.1
Gharaff	Petronsa.JAPES. North Oil	0	230	230	0.8
Badra	Gazprom.KOGAS. Petronsa.TPAO. Midlands	0	170	170	0.1
Qayarah	Sonangol.Nineveh	2	120	118	0.9
Najrtah	Sonangol.Nineveh	0	110	110	0.9
Second Round Total(billion barrels)		60	4765	4705	32
Totals-Rounds 1&2		1535	11140	9605.0	62.7

伊拉克将在2012年3月进行第四轮投资许可招标，为在伊拉克境内已经发现的12处油气田招募投资。在加入了6家新的公司（2家英国的、2家瑞士的、还有中国和罗马尼亚的公司）之后，又有来自于24个国家的46家公司准备参与第四轮的许可竞投。参与到第四轮许可招标中的公司除了阿拉伯公司以外，有英国的“BP”、美国的“雪佛龙”、意大利“埃尼”、瑞士和荷兰的“壳牌”、“俄罗斯天然气工业公司”、中国的“中石油”和日本的“英资派克”，2012年1月的25—26日开始在巴格达公开收集所有公司的投标。第四轮许可招标是建立在前三轮所获得的巨大成功的基础之上。

伊拉克石油部在2011年6月进行第三轮的许可招标中，在西拜和曼苏尔的公司以及土耳其、科威特和韩国的一些公司都签署了协议。位于巴士拉省的西拜油田的开采合同是与土耳其“特宝”（TPAO）和科威特的“艾呐吉”这两家公司签署的，它们旨在20年间每天生产100万立方米天然气。还有针对在迪耶里的曼苏尔油田的开发，是与土耳其“特宝”和科威特的“艾呐吉”以及韩国天然气公司等签署的开采气田合同，旨在20年间达到1.2亿立方米天然气的产量。如果卡扎、曼苏尔、塞拜这三个油田的天然气产量能达到每天生产2万立方米，可以从满足伊拉克部分天然气需求，到使得伊拉克天然气达到自给自足。伊拉克石油工业的最大问题就是基础设施的薄弱，但这些情况在过去的几年间已经有所改善。

三、中伊在石油领域的合作

由于中国石油企业迅速开展了工作，成为萨达姆倒台后首先进入伊拉克的企业。当时，中石油是第一家参与伊拉克东部“艾哈代布”油田开采的外国公司，而在此之前，两国已于1997年签署了相关合同，同时该合同也于2008年进行了修改。从该合同中中国公司取得了很大的益处，中海油和中石化也签署了有关伊拉克的东部和北部油田开采的合同。在进行的第四轮石油气田招标中，伊拉克估计中国的石油公司同样会参加到此轮竞投中。伊拉克旨在让世界上更多的公司参与到其国内建立大型炼油厂的项目中来。除了满足本地附属石油型天然气的提取所需投资外，还有其他石油副产品的需求。

伊拉克总理努尔·马利基于2011年7月成功访华之后，中伊两国政治经济关系发展势头良好。伊拉克一直将中国看作重要的战略合作伙伴。所有指标和数据都印证了中国经济在日益严峻的世界金融危机背景下，依然具有强劲的潜力。但在世界金融危机打击到西方和美国经济的同时，中东和北非的动荡也使得中国在这些动荡和剧变国家的利益受损。

我们看到，美国和西方对于伊朗石油部门最近施加的压力和强加其上的制裁，使得伊朗不得不以关闭霍尔木兹海峡作为胁迫，因此美国很有可能对继续进口伊朗石油的国家施压，其中包括中国。美国将迫使中国改变供油国，切断伊朗的供油。这在某种程度上也提升了伊拉克在地区中的重要性。毫无疑问，中国为了保证经济的可持续发展，将不遗余力地保证能源的持续供给。因此中国也将通过政治合作和提高经济合作水平来增加伊中两国的政治互信，借此在将来的几年中来实现两国的愿望。伊中两国间的贸易往来增长迅猛，据中国统计，在过去5年里，双边贸易额已经上涨了20倍，截至2010年底超过100亿美元，同时，2011年的贸易交易额也已增加了66%。伊中能源合作前景广阔。

波兰页岩气的潜力及开发

宋飞（Piotr Szafraniec）*

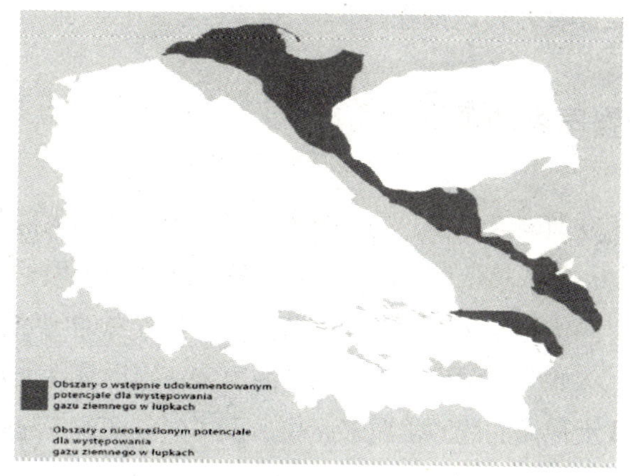

波兰页岩气储层：深色地区标志已确认的储层、浅灰底气标志潜在的页岩气储层。
资料来源：波兰国家地质学学院。

一、美国页岩气“革命”、波兰的能源希望

页岩气是从页岩层中开采出来的天然气，是一种重要的非常规天然气资

* 宋飞，中国人民大学国际关系学院波兰留学研究生。

源。虽然在第二次世界大战之前，科学家已经知道流页气的存在，但因为技术上的问题，直到21世纪开始之前仍无法大规模开采此资源。第一个掌握开采页岩气技术的国家是美国。从2004—2008年之间美国页岩气的开采量增加了两倍。[1]美国出人意料地变成世界上开采天然气最多的国家，并且在很大程度上降低了国内天然气的价格。2010年页岩气在全国天然气消费中只占23%。美国专家预测，到2035年之前，本国的页岩气消费会达到45%。[2]

美国能源部2011年4月的数据显示，波兰页岩气储量达5.3万亿立方米，居欧洲各国之首，可以满足波兰300年的天然气供应。波兰视其为减少能源进口的途径之一。2011年10月波兰石油气矿公司表示，波兰页岩气资源可以在2014年实现工业化开采，本公司已经获得在15个不同地区勘探及开采岩气的政府许可证，预计到2014年初可实现每分钟200立方米的产量。目前，除波兰的几家公司外，还有来自美国、荷兰、英国等国的大型公司共同参加页岩气的勘探。[3]

（一）增强国家能源安全

波兰与其他欧洲国家一样，是一个能源进口国。欧洲大部分国家，不管是芬兰还是希腊，都依赖俄罗斯的天然气供给，而历史证明，俄通常试图将其庞大的能源资源作为外交工具，以便向依赖于其资源的国家实施政治上和经济上的压力。因此陷入过度依赖性困境的国家一直图谋在能源供应上实现能源自给自足或大规模的能源供应多元化，以加强其能源安全以缓和公众的忧虑。波兰现在的国内天然气开采量只能满足国内需求的30%，剩下的需求只能通过进口天然气来满足，而进口的天然气基本上都来自俄罗斯。据波兰专家预测，页岩气会减少波兰对俄罗斯的依赖性。

（二）满足欧盟环保上的要求

迄今为止，德国、法国等国家的能源业都以核能为主，而波兰的能源业绝然依靠煤炭，因此很难使波兰的工业符合欧盟环保规定。开发页岩气将有助于波兰实现其能源业从依靠煤炭变成依靠气体能源业的计划，进而使波兰完全实现欧盟在减少二氧化碳排放上所制定的目标，其中包括到

2020 年之前以 20% 的幅度减少全欧盟的二氧化碳排放。[4]

（三）经济方面的利益

波兰目前所估算的页岩气储量远远超过其消费需求。如果波兰能成功实现其页岩气开采的计划，它将会从能源进口国变成能源出口国，同时也会提供许多工作机会。[5] 开始出口页岩气的主要条件是，波兰要尽快完成建设液化石油气卸货码头。在无法立刻停止进口俄罗斯天然气和同时大规模加快国内天然气开采的情况下，波兰仍将会通过此码头把剩余的天然气出口到国际市场上，并且从中获得不少利润。

波兰天然气未来的潜在出口（进口）输气能力

（单位为 10 亿立方米）[6]

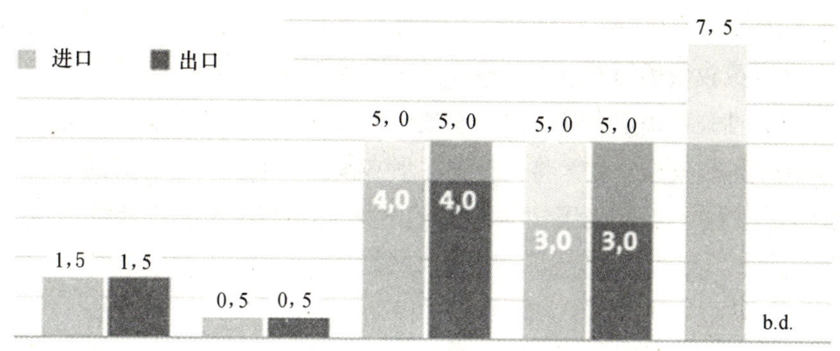

波兰天然气开采和需求（单位为 10 亿立方米）

波兰潜在页岩气储藏	5300
目前国内天然气需求	14.4
2015 年国内天然气需求	18.8
目前国内常规天然气开采	4.2
2015 年国内页岩气开采	1.0

另外，波兰专家认为，因为德国、法国、瑞典等国家暂时不打算开发页岩气，因此波兰在开采页岩气的努力上会得到美国开采流页气公司的帮助，因此将来波兰有可能自己掌握有关技术，并且变成一个页岩气技术开发中心国。如果德国、法国和瑞典将来改变对页岩气开采的政策，或许其他欧洲国家决定开始开采页岩气（譬如有一定页岩气储层的罗马尼亚和保加利亚），这些国家也许会购买波兰所掌握的页岩气技术，并且雇佣波兰页岩气方面的专家。在引进页岩气技术上，波兰在欧洲不会面临任何重要对手。虽然乌克兰也有巨大的页岩气储层，但过大的政治风险不利于其吸收所需要的投资和技术，因此乌克兰暂时无法成为波兰在页岩技术上的对手。[7]

（四）增强国家综合安全

波兰最权威美国专家之一华沙大学教授 Zbigniew Lewicki 认为，如果美国大型石油公司决定大规模投资于波兰能源开发，它们会自己开始努力保卫本国的综合安全。波兰将会得到在华盛顿为本国安全而努力的“免费利益集团”。这一点比美国销售给我们的 F－16 战斗机，更能加强波兰的安全。[8]

二、波兰页岩气开采的主要挑战和问题

（一）开采页岩气是否有利可图?

开采页岩气所需要的成本很昂贵。在一般情况之下，从打第一个钻孔到页岩气开始商务使用，所需要的时间不会短于 10 年。大规模的开采意味着必须建设昂贵的开采基地，其中应有公路、贮水池和输气管道。在匈牙利虽然页岩气勘查已经成功地结束，但因为所估算的开采利润率偏低，准备开采的一切工作都被无限期停止了。瑞典也不考虑开采页岩气，认为页

岩气开采所带来的环保风险太大。[9]

在美国有不少专家公开质疑由页岩气公司所报告的开采利润率估算，认为此估算可能过于乐观，而其后面有一些页岩气公司做小动作，故意夸大利润率的估算，希望能多吸收点私人投资，并且得到更多的政府补贴。不少业内人士把页岩气的炒作比作2000年的互联网泡沫。

一些专家认为，欧盟天然气市场上长期的趋势是，气价要逐步地降低。在美国，页岩气是在价格偏高的情况下开始发展的，而欧洲目前的气价偏低，或许流页气比液化石油气及通过输气管道进口的天然气占优势。欧盟增加其液化石油气的进口完全可以使得俄罗斯天然气工业股份公司以及其他天然气的供应者降低天然气的价格。欧洲天然气市场虽然没有启动页岩气的开发，但其实欧洲天然气市场已经开始发生根本性的变化。以前天然气的供应规模和价格都在为期30年的合同里有规定，天然气的价格完全依赖于石油价格。但现在因为液化石油气进口的增加，供应者（其中也有俄罗斯天然气工业股份公司）被迫重新谈判气价，并且采取更加弹性的合作方式。[10]

（二）页岩气储层估算的测量误差

国家地质学院院长 Jerzy Nawrocki 声明，美国地质勘探局（U. S. Geological Survey）关于波兰页岩气储量的估算有很严重的问题，他认为该机构所估算的地域过于大，甚至在其范围之内有些地区根本没有带页岩气的岩石。另一方面，美国地质勘探局的估算只是涉及志留纪岩石，而完全忽略潜在带有大量页岩气的奥陶纪岩石。因此认为美国所进行的估算“是全凭猜测而得出来的”。[11]

（三）环保上的风险

页岩气开发要耗费大量水资源，并且在开采过程中使用的大量高压水，有可能对地下水造成污染。生产商使用化学物质提取碳氢化合物也会对环境产生影响。[12]所以发展页岩气必须考虑如何避免开采时与民用及农业生产“争水”。

（四）法律和行政方面的问题

波兰矿产资源法与美国的截然不同。此法十分紊乱，甚至波兰公司像波兰石油气矿公司就无法完全掌握它，更何况国外的公司难以理解和实施。除此之外，波兰天然气市场是直接由国家管理的，计价也完全由国家控制。专家认为国家对国内天然气市场的过度干预会导致利润下降，而这不利于波兰吸引大量的海外投资。[13]

Royalty（使用费）就行使权利以取得某物质所支付的款项，其计算方法可以是就取得的数量，或就所取得物质的价值，或就行使该权利的次数。在大力开发页岩气技术的加拿大，最低的使用费为供应者所开采天然气价值的5%，而最高的使用费为此价值的36%。具体的费用取决于钻孔的深度、开采的规模、天然气的市场价格等因素。如果开采是在人口稀少地区进行的，政府可以降低此费用，而如果是在人口稠密地区，费用必定会高一些。这样政府会管理和调整页岩气开采的基本取向，支持在未充分开发地区的发展，限制在发达地区的开采，以便有效减少和制衡环保上的风险。

波兰的矿业使用费制度则不成熟。虽然第一个开采合同最早在2014年才能签署，但今天已经可以说政府在与供应者的谈判中所占的位置很不理想。波兰在所发行的页岩气勘探许可证上规定：政府允许在所勘探过地区找到页岩气的公司获得5年的开采垄断权。开始开采之前，如果在使用费上官方和开发公司发生矛盾，政府无法单方面取消该公司所获得的垄断权，因此开发公司很有可能会在使用费上采取更强硬的态度，而政府已经没有任何手段来避免此种情况发生。雪佛龙、埃克森美孚、马拉松石油公司等跨国公司，都在与各个国家政府和官方的机构谈判中积累了丰富的经验，也拥有优秀的专家和巨大财力。波兰官方并没有此方面的经验，因此有可能无法在谈判过程中说服对方接受自己的意见。而官方如果不接受开发公司在使用费上的要求，只能耽误资源的开采。在已经发行的许可证上关于垄断权的条款无法修改。一旦官方改变此条款，开发公司将有权提出国际仲裁，而仲裁的判断肯定不利于波方，并且会影响波兰政府在国际商界的名誉，甚至妨碍未来投资的进入。[14]

（五）利润分配上潜在的矛盾和冲突

在波兰以及其他欧盟成员国中，页岩气的开采未必会受欢迎。在欧盟范围内地主的所有权不包括地下资源（在美国恰恰相反）。因此开采此资源的开发公司未必会向地主提供补偿。

三、波兰大力发展开采页岩气的一些国际问题

（一）俄罗斯和俄罗斯天然气工业股份公司

页岩气对俄罗斯天然气工业股份公司的影响是不可轻视的。在美国，页岩气行业的突然发展，使得俄公司暂时搁置其在美国扩展商业活动的计划。2010 年，俄天然气工业股份公司总裁亚历山大・梅德韦杰夫声明，本公司打算在四五年之内控制美国液化石油气市场的至少 1/10。但是因为美国页岩气开采逐步增加（2010 年全国天然气开采增加 4%），美国在开采天然气上出人意料地超过了俄罗斯，并变成世界上开采天然气最多的国家。有咨询公司认为，美国的页岩气储层足够满足美国 100 年的天然气消费。加拿大也与美国一样在发生“页岩气革命”。加拿大政府大力支持页岩气开采已有技术的开发，计划在 2030 年之前，使页岩气占全国天然气消费的 20%。

美国开采页岩气对国外也有很明显影响。当增加页岩气开采之后，美国取消了许多与卡特尔以及其他波斯湾国供应者所签的液化天然气订单，因此卡塔尔供应者只能把未出口的天然气以优惠的价格卖给欧盟天然气进口公司，此举措导致全欧盟气价的降低，有助于欧盟以及非欧盟的欧洲国家能源公司向它们所依赖的俄罗斯天然气工业股份公司施加压力，提出调整俄罗斯天然气价格的要求，而俄方因为害怕失去欧洲市场更大的部分，只能同意天然气价格的下降。非欧盟国家也有所获利，譬如乌克兰成功说服俄方在 10 年之内不会向乌克兰征收天然气进口关税。中国与美国、加拿

大一样，大力支持页岩气的开采。美国总统在2010年11月访华时，也声明美方在开发此技术上将会跟中方密切合作。而中国页岩气的顺利开发必然会导致俄方在中俄能源合作中做各种让步，接受中方在从俄罗斯进口天然气价格上所提出的意见。

长期依赖俄罗斯天然气的中欧国家也发生了一系列使俄方不高兴的事情。波兰积极努力开始开采国内的页岩气，打算从天然气进口国变成出口国，并且其计划已得到美国大型页岩气开发公司的支持。波兰的计划如果能够实现，必然会打破俄方在中欧的能源垄断或许至少在一定程度上会减少俄方在此地区所获得的收入。尤其是因为波兰不仅仅努力开发自己的资源，而且大力推广中欧国家之间的能源合作。2011年2月在布达佩斯，中欧国家通过一个关于供应天然气的东北南三角形合作声明。其目的在于联合中欧输气管道，构成一种供应天然气的共同网络，此网络会有两个天然气来源：一为位于波兰Swinoujscie市的液化天然气卸货码头，二为克罗地亚的液化天然气卸货码头和将来要建成的纳布科输气管道（建设纳布科输气管道的目的是向全盟提供在里海和中亚开采的天然气，是欧盟能源政策核心项目之一）。此项目如果实现，有可能导致由于天然气工业股份公司以大笔花费建设的“北溪”和“南溪”输气管道遭受巨大损失，失去其商务和政治价值。[15]

（二）欧 盟

欧盟高层领导对波兰页岩气的开采保持不太积极的态度，一些欧盟的政治家甚至反对任何欧盟国家开发页岩气。

首先，欧盟不会使用Connecting Europe Facility（CEF）[16]的资金来支持液化天然气、常规天然气以及页岩气等天然气资源的开发。欧盟委员会负责能源的委员Günther Oettinger声明天然气资源的筹资应该完全靠自由市场，而且任何页岩气项目必须考察其对环境的影响。[17]

欧洲议会议员、欧洲社会党党员（Party of European Socialists）Jo Leinen建议欧盟应该通过一种关于“能源质量”的指令，以严格控制带有一定环保危险的资源开采，其范围中应包括页岩气以及油沙等资源的开采。[18]

欧洲议会议员、欧洲绿党党员若泽·博韦（Jose Se Bove）要求欧盟在全盟禁止使用页岩气开采中所使用的水力压裂法[19]。支持绿党的“绿色和平”（Greenpeace）、世界上最有影响力的环保非政府组织之一，建议波兰应该大力发展可再生能源，不要开发页岩气。“绿色和平”认为，在波兰开采页岩气与在美国一样，会导致水利资源的严重污染，从而危及开采地的环境以及在此地区居住人们的健康。[20]

有些专家也强调页岩气开采所带来的环保危害，其中有康奈尔大学Robert W. Howarth教授。他在给欧洲会议环保委员会准备的报道中断定，页岩气的开采无助于波兰减少其二氧化碳的排放，也无法作为煤炭能源与可再生能源之间的桥梁。恰恰相反，页岩气的开采必定增加沼气的排放，其破坏性甚至比二氧化碳还要大。[21]

上述反对页岩气利益集团的行动已经有了比较明显的成果。欧盟委员会负责能源的委员Günther Oettinger声明，关于勘探页岩气的全盟规定必须“接纳生态学社所提出的意见”。有不少波兰的政治家和分析人士公开怀疑该委员的观点，认为这不会利于波兰页岩气的顺利开采，并且会减少其商务价值。也有一些波兰政治家认为，欧盟批评页岩气开采的势力背后实际上是代表其他能源行业，并不是担心页岩气在环保上的问题。[22]

（三）法国、德国

作为欧盟中影响力最大法国和德国都不支持国内的页岩气开发势力，但迄今为止，也没有采取什么措施来限制其他欧盟成员国开采和使用页岩气。不过，如果在欧洲页岩气的开采会有更大规模，肯定也会对这两个国家的能源行业产生一定的影响。

法国政府坚持认为页岩气的开采没有任何商务性价值，并且强调此资源开采的环保风险。法国政府是世界上第一个禁止任何采用水力压裂法的页岩气勘探及开采，并且取消了三个已经获得了勘探页岩气的公司勘探许可证。[23]法国对页岩气开采的怀疑态度不会特别让人惊讶。作为一个核能大国，法国不必大力开发这样的非常规能源。页岩气行业在法国的发展，只能损害其核能行业的利益。

不过，当法国总统萨科奇会见波兰总理的时候，声明在开采波兰的页岩气问题上，法国会保持“友好中立”。波兰总理自己也强调过，不管其他国家采取什么样限制页岩气勘探及开采的措施，波兰在此问题上会实行一种“基于自己想法”的政策。[24]

德国也不打算支持页岩气的发展。德国已经在大程度上掌握了新能源的技术，并且拥有优秀的科技人才，因此会把新能源作为其能源业发展的重点。另外，德国正在大规模发展其与俄罗斯的能源合作。德国在俄德共同开发的“北溪”项目上所投放的资金巨大，因此不肯因为其他类型能源的快速发展而损害此项目的商务价值。

四、波兰在开采页岩气问题上应该采取什么样的战略措施？

1. 波兰应该坚持进行页岩气的勘探，以确认其真正的储层和商务价值。
2. 波兰必须消除法律上存在的限制页岩气开采的壁垒，以保证其顺利地开发和相当数字的税收收入。
3. 为了保证在与国外开发公司谈判中不受损失，波兰应该尽快培养有关方面的优秀人才，努力研究先进国家在面临同样困难情况之下所采取的法律和行政上的手段和政策，并且把它们尽快纳入波兰的法律体系中。
4. 波兰不要轻视开采页岩气所带来的环保风险，并且要保证居住在开采地区公民的合法利益和安全，以取得公众对页岩气开采的支持。
5. 在欧盟的各种论坛和会议上，波兰应该强调页岩气的战略性价值以及其对全盟潜在的经济和政治利益，大力反对欧盟左派和绿党政治势力对开采页岩气的偏见，要求欧盟有关机关对页岩气保持客观的、有科学基础的态度。
6. 波兰在积极开发开采页岩气的技术，同时应该增加其液化天然气的进口，并且在Swinoujcie港口尽快完成建设进口液化天然气所需要的设备。之后，波兰天然气矿公司应该向俄罗斯天然气工业股份公司提出要求，重新谈判波俄所签署的天然气合同，以调整波兰从俄罗斯进口天然气的规模和使得俄方在天然气价格上作一定的让步。

7. 波兰有关行政部门和科研机构应该与美国和加拿大等国家在页岩气开采技术问题上保持密切合作，争取自己开发和掌握有关技术。

8. 波兰应该促进欧盟尽可能和谐其环保政策、气候变化政策以及能源安全之间的关系，并且努力打造在这些问题上的全盟共识，以加强全盟在能源方面的安全性和独立性。

注　释

[1]《专家认为页岩气会使得欧洲经济繁荣的观点过于乐观》，载《选举日报》，http：//gospodarka. gazeta. pl/gospodarka/1，33181，8003753，Ekspert_ _ przedwczesne_ nadzieje_ _ ze_ gaz_ lupkowy_ wywola. html。

[2]《对美国能源信息机构 Michael Shaal 的采访》，载《政治周刊》http：//www. polityka. pl/rynek/ekonomia/1515374，2，rozmowa-z-michaelem-schaalem-z-amerykanskiego-zarzadu- ds-danych-energetycznych. read#ixzz1f3SDS0xX。

[3]《不要让人家损害我们页岩气的利益》，载《选举日报》，http：//wyborcza. pl/1，87648，9507151，Nie_ damy_ sie_ zlupic_ . html#ixzz1f308hEgM。

[4] Artur Kacprzak：《波兰的页岩气：天惠还是灾祸?》，http：//futurechallenges. org/local/shale-gas-in-poland-future-blessing-or-a-curse/。

[5] 根据初步预测，波兰页岩气行业在不久的将来会雇佣多于 10 万员工。《页岩气提供工作机会》，载《选举日报》，http：//wyborcza. biz/biznes/1，100969，10530331，DGP_ _ Gaz_ lupkowy_ daje_ prace. html。“从 Swinoujcie 市的液化石油气卸货码头会向世界各国出发波兰页岩气”，载《选举日报》，http：//forsal. pl/grafika/522020，71273，terminal_ lng_ w_ swinoujsciu_ bedzie wysylal w _ swiat_ polski_ gaz_ lupkowy. html。

[6]《从 Swinoujcie 市的液化石油气卸货码头会向世界各国出发波兰页岩气》，http：//forsal. pl/grafika/522020，71273，terminal_ lng_ w_ swinoujsciu_ bedzie_ wysylal_ w_ swiat_ polski_ gaz_ lupkowy. html。

[7]《波兰应该感谢法国禁止勘探页岩气》，载波兰金融网站，http：//forsal. pl/artykuly/520641，polska_ moze_ podziekowac_ francji_ za_ zakaz_ poszukiwan_ gazu_ lupkowego. html。

[8]《页岩气会增强波兰的安全》，载波兰金融网站，http：//forsal. pl/artykuly/

517106，gaz_ lupkowy_ zapewni_ polsce_ wiecej_ bezpieczenstwa_ niz_ f_ 16. html。

[9]《专家认为页岩气会使得欧洲经济繁荣的观点过于乐观》，载《选举日报》，http：//gospodarka. gazeta. pl/gospodarka/1，33181，8003753，Ekspert_ _ przedwczesne_ nadzieje_ _ ze_ gaz_ lupkowy_ wywola. html。

[10]《专家认为页岩气会使得欧洲经济繁荣的观点过于乐观》，载《选举日报》，http：//gospodarka. gazeta. pl/gospodarka/1，33181，8003753，Ekspert_ _ przedwczesne_ nadzieje_ _ ze_ gaz_ lupkowy_ wywola. html。

[11]《国家地质学学院的院长认为美国所进行的关于波兰页岩气的估算“是全凭猜测而得出来的”》，载波兰金融网站，http：//forsal. pl/surowce/artykuly/517308，dyrektor_ pig_ amerykanskie_ szacunki_ dot_ polskich_ zloz_ gazu_ lupkowego_ to_ wrozenie_ z_ fusow. html。

[12]《专家认为页岩气会使得欧洲经济繁荣的观点过于乐观》，载《选举日报》，http：//gospodarka. gazeta. pl/gospodarka/1，33181，8003753，Ekspert_ _ przedwczesne_ nadzieje_ _ ze_ gaz_ lupkowy_ wywola. html。

[13]《美国人开发波兰页岩气会遭受巨大的损失》，载波兰金融网站，http：//forsal. pl/artykuly/519707，szubski_ na_ polskim_ gazie_ lupkowym_ amerykanie_ polamia_ sobie_ zeby. html。

[14]《利用波兰页岩气储层的国家计划》，载《政治周刊》，http：//www. polityka. pl/rynek/gospodarka/1516340，2，narodowy-plan-zagospodarowywania-zloz-gazu-lupkowego. read#ixzz1f3TkxGy6。

[15]《俄罗斯天然气工业股份公司和页岩气的对峙，有人在诽谤波兰吗?》，http：//wyborcza. biz/biznes/1，101562，8009481，Gazprom_ kontra_ gaz_ lupkowy_ _ Czarny_ PR_ przeciw_ Polsce_ . html。

[16]是支持和促进欧盟能源市场一体化的资金会。

[17]《欧盟不会帮助波兰开采页岩气》，载《选举日报》，http：//wyborcza. biz/biznes/1，100896，10500707，UE _ nie _ pomoze _ Polsce _ w _ wydobyciu _ gazu _ lupkowego. html。

[18]《谁在反对页岩气的开采?》，载《选举日报》，http：//wyborcza. biz/biznes/56，100896，10430542，Zobacz _ kto _ jest _ przeciwko _ wydobywaniu _ gazu _ lupkowego. html。

[19]“若泽·博韦”，载《选举日报》，http：//wyborcza. biz/biznes/56，100896，10430542，Jose_ Bove，，3. html。

[20]《绿色和平》，载《选举日报》http：//wyborcza. biz/biznes/56，100896，10430542，Greenpeace_ ，2. html。

[21] 《美国专家警告页岩气的开采会造成各种问题》，载《选举日报》，http：//wyborcza. biz/biznes/1，100896，10418728，Amerykanski_ ekspert_ ostrzega_ przed_ problemami_ z_ gazem. html。

[22]《欧盟委员会通过新的规定会阻止波兰开发页岩气》，载《选举日报》，http：//wyborcza. biz/biznes/1，100896，10263718，KE_ nowymi_ standardami_ zablokuje_ eksploatacje_ gazu. html。

[23]《欧盟会议开始讨论页岩气》，载《选举日报》，http：//wyborcza. biz/biznes/1，100896，10409911，Europarlament_ zaczyna_ debate_ o_ gazie_ lupkowym. html。

[24]《法国人对波兰开采页岩气会保持友好的重力》，载波兰金融网站，http：//forsal. pl/artykuly/520232，francuzi_ zyczliwie_ neutralni_ wobec_ polskich_ lupkow_ nie_ przeszkodza_ w_ wydobyciu. html。

后 记

进入21世纪，中国能源对外国际合作发展日益迅猛，成为中国整体国际合作的最重要组成部分，取得了很大的成就，但也存在许多问题、面临十分严峻的挑战。中国人民大学国际能源战略研究中心尝试在这个研究领域做一些梳理和长期跟踪性的工作。

2009年中国人民大学设立了“明德研究品牌计划”，资助范围包括基础研究项目、跟踪调查与评价项目，还有决策支持研究和基础积累项目等，中心以《中国能源国际合作的理论与实践》为题目获得了学校的立项资助。在项目的基础上，中心将每年推出一部《中国能源国际合作报告》，作为项目的代表性成果。

2011年我们尝试引入几位世界一流的能源问题专家和经济学家，从他们各自的视角来剖析国际能源治理在当前形势下的发展。为了使读者能更准确地捕捉这些学者们的学术精髓，在翻译和统稿过程中尽量保持他们论文的原汁原味，不做过多改动。报告中涉及的国外地名和公司名绝大多数也保持其外文名，方便读者的查询。

参与报告写作工作的除中心的研究人员外，还有国际关系学院2010级国际政治经济专业的硕士生许丹、王微、张博均、任明杰、刘笑天、张怡然、乔珍、唐健、符云川和国际政治专业的博士研究生李大陆。报告的写作亦为同学们在校学习期间的一项实践活动，以此体现国际关系学院培养一流国际问题研究人才的宗旨和行动。

本书绝大多数资料均来自国内外能源公开专业网站，如所引数据及信息与事实有所出入，敬请读者谅解。在此感谢这些网站提供的信息，我们希望通过整合各个网站信息的办法，给读者提供一个整体的年度国际能源发展形势和国际能源合作概貌，作为进一步比较研究的基点。

由于本报告是对中国能源国际合作的实践所做的一种尝试性梳理，限于资料和能力的局限性，尚存在许多不足，我们的目的是抛砖引玉，敬请读者批评指正，我们将努力在今后的报告中弥补并修正这些不足。让我们为中国能源的对外合作和中国能源事业发展共同努力。

最后，感谢时事出版社对本报告出版的大力支持。

中国人民大学“中国能源国际合作的理论与实践”课题组

2012 年 3 月